Claudia Schulz

Ausgegrenzt und abgefunden?

W0044354

Protestantische Impulse für Gesellschaft und Kirche

herausgegeben von

Gerhard Wegner

für das Sozialwissenschaftliche Institut
der Evangelischen Kirche in Deutschland

Band 6

LIT

Claudia Schulz

Ausgegrenzt und abgefunden?

Innenansichten der Armut

Eine empirische Studie

LIT

Bibliografische Information der Deutschen Nationalbibliothek
Die Deutsche Nationalbibliothek verzeichnet diese Publikation in der
Deutschen Nationalbibliografie; detaillierte bibliografische Daten sind
im Internet über http://dnb.d-nb.de abrufbar.

ISBN 978-3-8258-0940-9

© LIT VERLAG Dr. W. Hopf Berlin 2007
Auslieferung/Verlagskontakt:
Fresnostr. 2   48159 Münster
Tel. +49 (0)251–62 03 20   Fax +49 (0)251–23 19 72
e-Mail: lit@lit-verlag.de   http://www.lit-verlag.de

INHALT

VORWORT

Neben dem Einkaufszentrum in Hamburg-Wilhelmsburg sitzen Menschen in einem Straßencafé und genießen die Sonne. Mehr als ein Viertel der Menschen in diesem Stadtteil lebt von staatlichen Zuwendungen, weitere tragen ein „Armutsrisiko": Sie haben keinen Schulabschluss, keine Ausbildung oder keine Arbeit. Ob aber die Menschen, die heute im Café sitzen, dazu gehören, lässt sich schwer sagen. Es ist hier wie überall: Über Armut wird nicht geredet, sie wird versteckt, wo immer es geht. Ob und wie sich die Betroffenen aus gesellschaftlichen Prozessen ausgegrenzt fühlen und welche Veränderungen sie ersehnen, bleibt zumeist verborgen.

Diese Studie blickt hinter die Kulisse. Sie bestätigt die Vermutung, dass zwischen den Innen- und den Außenansichten der Armut oft Welten liegen. Sie nimmt die Lebenswirklichkeit der Betroffenen wahr. Deren Perspektiven bereichern den Diskurs darüber, was denn nun zu verändern und wie zu helfen sei. Innenansichten der Armut machen die Diskussion um eine gerechtere Teilhabe und um Veränderungen der gesellschaftlichen Situation präziser.

Diese Studie lebt von der Offenheit der vielen Frauen und Männer, Mädchen und Jungen aus Hamburg-Wilhelmsburg, die im Rahmen des Projekts „Teilhabe von unten" in Gruppendiskussionen und Gesprächen Einblicke in ihre Situation gewährt haben. Ihnen danke ich ganz besonders für ihr Engagement. Die Studie kam zustande durch den Einsatz derer, die bereit waren, Fragen zu stellen und sich mit den Antworten auseinander zu setzen. Heike Riemann, Katharina Seiler-Neufert, Gerhard Wegner, Liesel Amelingmeyer, Angela Halberstadt, Jürgen Dege-Rüger und Wolfgang Völker haben über ein Jahr lang das Projekt entwickelt und seinen Verlauf begleitet, die Diskussion der Ergebnisse mit Menschen aus dem Stadtteil Wilhelmsburg ermöglicht und die Publikation um ihre Einschätzung ergänzt. Anja Bednarz, Hans-Jürgen Benedict, Harry W. Jablonowski und dem Team des Sozialwissenschaftlichen Instituts der EKD in Hannover danke ich für fachliche Unterstützung, kritische Anmerkungen und Beiträge zu dieser Arbeit.

Diese Studie hat Erfolg, wenn Leserinnen und Leser durch sie ebenso in Bewegung geraten, wie es allen Beteiligten während der Forschungsarbeit ergangen ist.

Claudia Schulz

Hannover im Oktober 2007

KAPITEL 1

EINLEITUNG

Armut ist für ein reiches Land wie Deutschland eine besondere Herausforderung. Die christliche Kirche ist hier gefordert, Stellung zu beziehen, eine genaue Wahrnehmung der Problematik und entsprechende Konsequenzen zu fordern. Was heißt all das aber in der Praxis genau? Wer sind die Armen? Welche Probleme haben sie konkret und was kann es für sie bedeuten, wenn jemand „an ihrer Seite" steht? Welche Schwierigkeiten können sie selbst bewältigen und welche Strukturen hindern sie daran? Wo brauchen sie Hilfe, und wie kann diese Hilfe aussehen, damit sie auch nachhaltig nützt und keine neuen Abhängigkeiten schafft?

Parallel zur allgemeinen Diskussion über Armut verläuft die innerkirchliche Diskussion. Die Denkschrift der Evangelischen Kirche in Deutschland „Gerechte Teilhabe. Befähigung zu Eigenverantwortung und Solidarität" von 2006 steuert schon im Vorwort praktische Konsequenzen an: „Armut muss, wo möglich, vermieden und dort, wo es sie dennoch gibt, gelindert werden." [1] Evangelische Christen – und durch sie Ortsgemeinden und andere kirchliche Einrichtungen – sind entsprechend gefordert, sich zu engagieren und Hilfestellungen zu geben. Was aber sind angemessene Hilfestellungen? Wann kann man Projekte der Armutsbekämpfung als gelungen bezeichnen?

Zunächst einmal gibt es klassische Bilder einer helfenden Kirche, etwa dort, wo man am Pfarrhaus klingeln kann und etwas zu essen bekommt, wo Gemeinden sich in der Arbeit mit Obdachlosen engagieren oder einen Mittagstisch für unterversorgte Kinder anbieten. Diakoniekassen in Gemeinden springen ein, wenn es bei einer armen Familie für den Schulranzen zur Einschulung nicht reicht oder wenn Eltern den Beitrag für die Konfirmandenfreizeit nicht bezahlen können. Hier ist dann bereits zu spüren, dass Armut ihre eigene Logik hat: Welche allein erziehende Mutter fragt schon in einer Gemeinde um Hilfe? Wann melden sich Konfirmandeneltern und bitten um eine Ermäßigung

---

[1] Kirchenamt der EKD (2007), 7.

der Kosten für die Freizeit? Viel eher melden sie ihre Kinder gar nicht erst an, geben vor, andere Verpflichtungen zu haben. Oder noch schlimmer: Sie sind gar nicht erst in der Lage, die Kinder beim Besuch einer so regelmäßigen Veranstaltung wie dem Konfirmandenunterricht zu unterstützen.

Die Armutsforschung hat sich längst dieser Phänomene angenommen und beschrieben, dass in einem Land, in dem Armut nicht in jedem Fall unmittelbar Hunger und Verelendung bedeutet, das zentrale Problem nicht „Armut", sondern „Ausgrenzung" heißen muss. Wo Menschen mit einem extrem niedrigen Einkommen leben, sind sie in vieler Hinsicht unterversorgt. Man redet von Bildungsarmut, Netzwerkarmut oder kultureller Armut. Vor allem aber führt diese Unterversorgung dazu, dass die Betroffenen auf Dauer von gesellschaftlichen Prozessen abgekoppelt werden. Sie nehmen nicht mehr teil – und teilen mit der Zeit auch die Werte und Ziele anderer Menschen nicht mehr. Sie sind „abgehängt", bilden manchmal eigene „Milieus" und verlieren nicht selten den Glauben an ein Leben ohne Not.

Die Option der Kirche für die Armen könnte darum bedeuten, in erster Linie Teilhabe zu fördern. Aber auch das eröffnet neue Fragen: Worin genau sind Menschen „abgehängt"? Wo und wie fühlen sich Arme ausgegrenzt? Was hindert sie immer wieder daran, sich an gesellschaftlichen Prozessen zu beteiligen? Das Beispiel der Konfirmandenfreizeit zeigt: Oft kann von einer objektiven Ausgrenzung keine Rede sein. Auch Arme könnten teilnehmen – und haben doch zumeist keinen echten Anteil am gemeinsamen Leben. Manchmal scheint es, als ob sich die Armen selbst ausgrenzten. Wie kann man also – als Betroffene und nicht Betroffene – über Armut reden und entscheidende Veränderungen bewegen? Was bedeutet es dann, wenn Innen- und Außenansichten der Armut nicht recht zusammen passen? Wie ist Verständigung möglich zwischen den Lebenswelten?

Mit der Veröffentlichung der EKD-Denkschrift „Gerechte Teilhabe" im Herbst 2006 bekam die christliche Aufgabe der Armutsbekämpfung bzw. Teilhabeförderung in der evangelischen Kirche einen höheren Stellenwert. Wo in der Gesellschaft die Aufmerksamkeit für das Thema Armut wächst, „entdecken" Gemeinden und Kirchenkreise das Problem von Armut und Ausgrenzung und nutzen es immer stärker als ein Instrument der Gemeindeentwicklung und inhaltlichen Profilierung. Projekte zur Förderung von Diakonie in Kirchengemeinden werden zahlreicher, zugleich erfassen verschiedene Studien die Qualität und die Dimensionen des Erfolgs solcher Aktivitäten. Ein

Beispiel dafür ist ein Projekt des Sozialwissenschaftlichen Instituts der EKD aus dem Jahr 2007, in dem Heinrich Grosse gelungene diakonische Projekte in Kirchengemeinden darauf untersucht hat, worin das Gelingen liegt und welche Erkenntnisse sich daraus für andere Gemeinden formulieren lassen.

Die hier vorgestellte Studie arbeitet gewissermaßen quer zu dieser, eher an der Praxis des Helfens orientierten Herangehensweise. Sie fragt zunächst nach den Hintergründen: Wie geht es Menschen, die man gemeinhin als arm oder ausgegrenzt beschreiben würde? Wie werden die Armen mit ihrer schwierigen Situation fertig? Wie bewältigen sie Belastungen? Welche Strategien kennen und nutzen sie schon? Wo suchen sie sich Hilfe, welche Wünsche äußern sie selbst? An welche Kompetenzen und Ressourcen könnte eine Teilhabeförderung also sinnvoll anknüpfen? In diesem Sinn sollte der Respekt vor der Lebenswelt der Befragten und ihrer spezifischen Sicht der Dinge die Untersuchung wesentlich prägen. Dabei darf Ressourcenorientierung die Problematik von Armut nicht verwischen: Dass viele Betroffenen über enorme immaterielle Ressourcen verfügen und ihr Leben subjektiv akzeptabel bewältigen, macht ihre Unterversorgung, Benachteiligung und Ausgrenzung von gesellschaftlichen Prozessen nicht weniger problematisch.

Diese Studie hat das Ziel, Innenansichten der Armut zu erkunden und umfassend darzustellen. Sie ist Teil des Projekts „Teilhabe von unten", einem Gemeinschaftsprojekt des Sozialwissenschaftlichen Instituts der EKD, des Kirchlichen Dienstes in der Arbeitswelt (KDA), der Diakonischen Werke im Kirchenkreis Harburg und in Hamburg sowie der Koordinierungsstelle Bildungsoffensive Elbinseln der IBA Hamburg GmbH. Eine Steuerungsgruppe aus Fachleuten dieser Einrichtungen hat die Studie konzipiert, ihre Durchführung kritisch begleitet und es ermöglicht, dass erste Auswertungen, ein Workshop für Interessierte und eine öffentliche Diskussion in Wilhelmsburg die Ergebnisse vertiefen konnten. Daran beteiligt waren Heike Riemann (KDA der Nordelbischen Evangelisch-Lutherischen Kirche), Angela Halberstadt (KDA Bundesgeschäftsstelle), Katharina Seiler-Neufert (Diakonisches Werk Hamburg-Harburg), Wolfgang Völker (Diakonisches Werk Hamburg), Jürgen Dege-Rüger (Bildungsoffensive), Prof. Dr. Gerhard Wegner und Dr. Claudia Schulz (Sozialwissenschaftliches Institut der EKD) und Liesel Amelingmeyer (Projektmitarbeit).

Ein geographisch begrenztes Gebiet, die Hamburger Elbinsel mit dem Stadtteil Wilhelmsburg, bildet als „sozialer Brennpunkt" die Umgebung dieser qualitativen Untersuchung. Im Folgenden soll das Konzept der Studie dargestellt werden, der Forschungskontext, die theoretischen Vorentscheidungen und methodischen Einzelheiten. Abschließend gibt ein Portrait des Stadtteils Hamburg-Wilhelmsburg einen sozialgeographischen Einblick in den lokalen Kontext der Studie. Die Teile II. bis IV. bieten dann, in einem mehrstufigen Verfahren der Auswertung und Reflexion, die Ergebnisse der qualitativen Befragung, eine Auswertung des Prozesses sowie eine Diskussion der Ergebnisse im Kontext von Diskursen der beteiligten Disziplinen.

1.1 Teilhabe als Leitfrage und Konzept

Das Risiko, in Deutschland von Armut betroffen zu sein, ist in den vergangenen Jahren größer geworden. Dass dies ein ernst zu nehmendes Problem ist, zeigen die Ergebnisse des 1. und 2. nationalen Armuts- und Reichtumsberichts der Deutschen Bundesregierung aus den Jahren 2001 und 2005. Vor allem nach der Zusammenlegung von Arbeitslosen- und Sozialhilfe im Zuge der Hartz-Reformen hat sich zudem die öffentliche Wahrnehmung der sozialen Ungleichheit deutlich gesteigert. Das Risiko der Armut ist jetzt – zumindest gefühlt – auch für Menschen aus der Mittelschicht eine realistische Bedrohung geworden. [2]

Was jedoch ist Armut, wie lässt sie sich definieren? Wo ursprünglich, in Erinnerung an Kriegsjahre in Deutschland oder mit Blick auf Menschen in ärmeren Ländern, mit den Armen solche Menschen gemeint waren, die nicht für sich selbst sorgen können und entsprechend von Unterversorgung bedroht sind, geht es inzwischen darum, Armut im Verhältnis zum Reichtum zu begreifen: Relative Armutsdefinitionen, wie auch die der Armuts- und Reichtumsberichte der Bundesregierung, erfassen nicht die absolute Verelendung, sondern das Verhältnis der Armen zu Menschen, die in (wiederum relativem) Wohlstand leben. Die Definition der Armuts- und Reichtumsberichte der Bundesregierung beziehen sich auf das Median-Einkommen, den Zentralwert, der die Bevölkerung nach ihrem Einkommen in zwei gleich große Gruppen teilt: Die Hälfte der Bevölkerung verfügt über ein höheres, die andere Hälfte über ein geringeres Einkommen. Wer mit weniger als einem bestimmten Anteil dieses Wertes leben muss, etwa mit 50 oder 60%, gilt als von Armut gefährdet. Der Anteil der Personen, die nach dieser Definition von Armut bedroht sind,

---

[2] Zur öffentlichen Wahrnehmung und Bewertung von Armut vgl. Wegner (2007).

an der Bevölkerung insgesamt wird als „Armutsrisikoquote" bezeichnet.[3] Für eine allein lebende, erwachsene Person in Deutschland lag diese Grenze der Armutsgefährdung nach dem 2. nationalen Armuts- und Reichtumsbericht der Bundesregierung von 2005 bei 938 Euro im Monat.

Nach Angaben des Sozioökonomischen Panels des Deutschen Instituts für Wirtschaftsforschung sind im Jahr 2005 insgesamt 17,4% der Bevölkerung in Deutschland von Armut bedroht. Dies ermöglicht noch keine Aussage über die tatsächliche Unterversorgung dieser Personengruppe. Hier spielen individuelle Faktoren, die jeweilige Lebenssituation, die Motivation und die Teilhabechancen eine wesentliche Rolle. Die Studentin, der Familienvater und die Rentnerin haben unterschiedliche Perspektiven auf ihr Einkommen, sehr verschiedene Bedürfnisse, Verpflichtungen oder Möglichkeiten, vorübergehend oder dauerhaft auf Güter zu verzichten.

Eine solche relative Definition von Armut bedeutet erstens, dass hierin Menschen als arm definiert werden, die aus der Perspektive von Menschen in anderen Ländern ebenso gut als wohlhabend bezeichnet werden könnten. Zweitens ist hiermit Armut – im Vergleich zum Reichtum – als eine letztlich unvermeidliche Schattenseite des Reichtums verstanden: Was Armut bedeutet, hängt jetzt entscheidend davon ab, welches Ausmaß der Wohlstand angenommen hat. Wesentlich verringern lässt sich Armut nur, wo die Menschen in der Gesellschaft „gleicher" werden, wo sich Distanzen und die Unterschiede in den Teilhabechancen verringern.

Das bedeutet drittens, und darin liegt die entscheidende Wendung im Armutsdiskurs der vergangenen Jahre,[4] dass mit der relativen Definition das Verständnis von Armut in Deutschland deutlich erweitert ist: Als problematisch gilt jetzt nicht in erster Linie die materielle Unterversorgung der Betroffenen, sondern ihre vergleichsweise geringen Ressourcen. Sie verfügen über weniger Möglichkeiten, ihr Leben zu gestalten, ihre Situation zu verbessern oder Verantwortung für sich und andere zu übernehmen. Hier bekommt nun der Begriff der Teilhabe seine Bedeutung: Armut bedeutet eine Beeinträchtigung der individuellen Chancen, das effektiv zu nutzen, was eine Gesellschaft den Menschen an Möglichkeiten der Entwicklung oder der Teilnahme an diversen

---

[3] In der Regel wird für diese Definition ein „Äquivalenzeinkommen" berechnet, das die Haushaltsgröße berücksichtigt, nach der sich die Bedarfe deutlich unterscheiden, vor allem wenn Erwachsene mit Kindern in einem Haushalt zusammenleben.

[4] Vgl. Eiffe / Heitzmann (2006), sowie Sen (1999).

Prozessen bietet, und zumindest längerfristig damit die eigene Lebenssituation zu verbessern.

Wer wenig Geld hat, schafft es beispielsweise deutlich seltener, sich und die eigenen Kinder dazu zu motivieren, Bildungschancen in Anspruch zu nehmen. Darum bedeutet Armut im Sinn schlechterer Teilhabechancen, von gesellschaftlichen Prozessen oder Möglichkeiten mehr oder weniger abgekoppelt zu sein. Je länger dies der Fall ist, je stärker etwa in Kirchengemeinden die Armen aus dem alltäglichen Erscheinungsbild verschwinden, auf Konfirmandenfreizeiten ebenso fehlen wie in der Flötengruppe oder in Angeboten der Erwachsenenbildung, desto stärker wirkt diese Abkopplung, desto schwerer ist Teilhabe zu realisieren. Ausgrenzung ist in diesem Sinn zumeist zu spüren als „Unsichtbarkeit" bestimmter Personengruppen – in der Kirche ebenso wie in Bildungseinrichtungen, Parteien, Bürgerinitiativen und Podiumsdiskussionen.

Die Evangelische Kirche in Deutschland hat in ihrer Denkschrift „Gerechte Teilhabe. Befähigung zu Eigenverantwortung und Solidarität" zugleich einen Beitrag zum Verständnis des Problems erbracht und eine Stellungnahme aus christlicher Perspektive erarbeitet. Darin bringt der Begriff der „Teilhabe" zum Ausdruck, welches Leitbild hier die Diskussion bestimmt: Ziel ist eine gesellschaftliche Inklusion aller Menschen, also etwas, was eine bloße „Armutsbekämpfung" deutlich übersteigt. Ohne zu übersehen, dass in vielen Fällen Menschen tatsächlich unterversorgt sind, problematisiert die EKD mit der Denkschrift die soziale Ungleichheit als Ursache mangelnder Teilhabechancen.

Damit ist das Problem der Armut ein Problem der gesamten Gesellschaft, nicht ein Problem von Professionellen im sozialen Bereich. Die Ausgrenzung der Armen beeinträchtigt die Situation aller und erfordert darum auch das Engagement aller sowie einen kritischen Umgang mit einem gesellschaftlichen System des „Oben und Unten" oder des „Drinnen und Draußen". Was in einer Gesellschaft den Reichtum hervorbringt, also die in ihr vorhandenen Zugänge zu Bildung oder Arbeit, soll in gerechter Weise die Teilhabe aller Menschen fördern. In diesem Sinn ist Gerechtigkeit nicht eine Forderung allein zugunsten der Armen, sondern zugunsten des Wohlstands aller: Sie erhöht die Gestaltungsmöglichkeiten der Gesellschaft.

Mangelnde Teilhabechancen oder Ausgrenzung lassen sich in verschiedenen Bereichen des gesellschaftlichen Lebens wahrnehmen und in unterschiedlichen Dimensionen darstellen.[5] Die ökonomische Ausgrenzung ist dabei die am deutlichsten sichtbare und statistisch messbare. Sie ist mit einem mangelnden sozialen Status verbunden und bedeutet häufig, dass die Betroffen ihren Lebensunterhalt nicht innerhalb des regulären Erwerbssystems bestreiten können. Es entsteht eine finanzielle Abhängigkeit vom Sozialstaat. Damit eng verbunden ist der Verlust des Zugangs zum Arbeitsmarkt oder eine prekäre Anbindung an das Beschäftigungssystem.

Eine Ausgrenzung im Feld der sozialen Bezüge, durch gesellschaftliche Isolation, macht Armut dagegen unsichtbar: Die sozialen Kontakte sind verringert, der Radius der Bewegung wird kleiner, man spricht von der Bildung von „Armuts-Milieus". Hier ist dann von einer kulturellen Ausgrenzung die Rede: Menschen können oder mögen den gesellschaftlich anerkannten Verhaltensmustern, Werten oder Lebenszielen nicht mehr entsprechen. Sie werden dann häufig stigmatisiert und sind Sanktionen ausgesetzt. Das spiegelt sich wider im Bereich der Institutionen bzw. der Politik: Die Betroffen haben weniger Möglichkeiten, eigene Interessen zu vertreten. Häufig ist ihr Zugang zu Bildungseinrichtungen, Arbeits- und Sozialämtern oder öffentlichen und privaten Dienstleistungen beschränkt. Vor allem in den Städten entspricht dem eine Ausgrenzung in räumlicher Hinsicht: Benachteiligte konzentrieren sich räumlich und werden gemeinsam mit anderen Menschen in ähnlicher sozialer Lage isoliert.

Als Ursachen für Armut und die damit verbundene Ausgrenzung nennt die Denkschrift – in Anlehnung an einschlägige Untersuchungen – Arbeitslosigkeit, fehlende Bildungsabschlüsse und das Leben in Eineltertnfamilien. Unmittelbare Auswirkungen sind häufig eine ungünstige oder sogar die Gesundheit beeinträchtigende Wohnsituation, Einschränkungen etwa in der Auswahl der Lebensmittel und grundsätzlich ein (subjektiv) schlechterer Gesundheitszustand der Betroffen bis hin zu einer höheren Sterblichkeit.

Dass es eine gerechte Teilhabe geben muss, begründet die EKD in ihrer Denkschrift mit dem biblischen Gerechtigkeitsprinzip. Dieses, verstanden als direkte Parteinahme Gottes für Ausgegrenzte, ist dann sogar der Ausgangspunkt für eine entsprechende Parteinahme der Kirche. Parallel dazu fungiert ein weiteres Bild als Grundlage für den Anspruch auf Teilhabeförderung: die Teilhabe jedes Menschen an Gottes Wirklichkeit und entsprechend die Zu-

---

[5] Für Übersichten, Begriffsklärungen und die Diskussion einschlägiger empirischer Ergebnisse siehe Bude / Willisch (2006).

gehörigkeit jedes Menschen zum Leib Christi. Abgesehen davon, dass jedem
Menschen so eine unverlierbare Würde zukommt, begründet sich darin ein Anspruch an jeden Menschen auf die Entfaltung der ihm geschenkten Gaben zugunsten des Leibes Christi – für sich selbst und damit indirekt für das Gemeinwohl. Die Teilhabeforderung ist darum eine Forderung nach geeigneten
gesellschaftlichen Rahmenbedingungen, die es Menschen ermöglichen, ihre
Begabungen sinnvoll zu entwickeln und der Gesellschaft zur Verfügung zu
stellen. [6]

Der Begriff der Gerechtigkeit steht in diesem Kontext erneut zur Debatte –
über die Denkschrift der EKD hinaus. Wie lässt sich die soziale Ungleichheit,
die einerseits kaum zu vermeiden ist, andererseits durchaus Anreiz und Pro-
duktivität zur Folge haben kann, so gestalten, dass man dennoch von „Gerechtigkeit" sprechen kann? Dass theoretisch alle Menschen in Deutschland Zugang zu Bildungseinrichtungen, politischen Parteien oder dem Arbeitsmarkt
haben, schafft noch keine Gerechtigkeit. Vielmehr müssten gesellschaftliche
Prozesse so gestaltet sein, dass viele und immer mehr Menschen Zugang zu
ihnen haben, sich als Mittragende des Miteinanders – als Teilhabende – verstehen. Dann wäre „Gleichheit" nachrangig gegenüber einer Gerechtigkeit im
Bezug auf die Chancen, die eigenen Fähigkeiten zu entwickeln und an gesellschaftlichen Prozessen teilzuhaben.

Hier verlangt dann schließlich auch der Begriff der Teilhabe nach einer
Klärung: Es kann nicht nur um Möglichkeiten gehen, um Zugänge und Chancen. Es bedarf vermutlich der Legitimation von Zugängen: Wer ausgegrenzt
ist, braucht ein „Recht auf Teilhabe" und damit auch ein Recht auf die Befähigung zur Teilhabe. Solche Forderungen sind umfassend und werden schließlich zu politischen Forderungen (vgl. Teil IV.). Hier geht es weniger um die
Würde als vielmehr um die Mündigkeit der Menschen, die von Armut und
Ausgrenzung betroffen sind.

Um die Exklusion als Gegenstück der Teilhabe hat sich in der Sozialforschung wie in der Sozialethik ein breiter Diskurs entwickelt. [7] Das Wissen um
die Dimensionen der Ausgrenzung schlägt sich in zahlreichen Begriffen nieder, die wiederum zueinander in Beziehung gesetzt werden: Entkopplung, Segregation, Prekariat, Überflüssigkeit, Empowerment oder Integration. In die-

---

[6] Hier findet sich eine formale Nähe zum Verwirklichungskonzept von Sen, wobei hier die
    ökonomische Sicht auf die Teilhabeproblematik ausgeblendet ist.
[7] Übersichtlich dargestellt bei Böhnke (2006).

sem Diskurs spiegelt sich nicht nur das Ringen um sinnvolle Zuordnungen von Dynamiken sozialer Benachteiligung und ihren Auswirkungen, es kommen hier auch bereits typische Verläufe von Ausgrenzungsprozessen zur Sprache, die den Sinn so mancher Hilfestellung für die Betroffenen in Frage stellen: Transferleistungen stabilisieren die Hilflosigkeit so mancher Betroffenen, die dann in nachfolgenden Generationen oft zur „erlernten Hilflosigkeit" wird. Menschen mit vielfacher Benachteiligung (Migrationserfahrung, geringe Bildung, Arbeitslosigkeit etc.) erleben „Karrieren der Ausgrenzung", in denen sich das Misstrauen gegenüber Institutionen oder auch der Gesellschaft ganz allgemein verfestigt und die Chancenlosigkeit sich in der körperlichen Verfassung und im Äußeren niederschlägt. Man spricht von einer „Versorgungsparadoxie", wo Menschen vordergründig beschäftigt, prinzipiell aber gar nicht gebraucht werden. Hier bilden die Betroffenen dann eigene Netzwerke und teilen miteinander das Gefühl, abgeschrieben zu sein. Ihre Zugehörigkeit zum Netzwerk ist begründet in ihrer Ausgrenzung aus anderen Zusammenhängen.

Die Debatte um eine Förderung von Teilhabe[8] greift den Diskurs über die Exklusion auf und fragt, wo Dynamiken zu stoppen, Fehlentwicklungen umzukehren oder verfestigte Strukturen aufzubrechen sind. Dafür sind – aus Sicht der Kirche – einerseits der theologisch formulierte Begründungszusammenhang einer gerechten Teilhabe und andererseits die Erkenntnisse der Exklusionsdebatte um einen empirischen Befund dessen zu erweitern, inwieweit sich Berührungspunkte ausmachen lassen zu Teilhabekonzepten der von Armut und Ausgrenzung betroffenen Menschen.

Die vorliegende Studie greift zum einen auf den Teilhabebegriff der EKD-Denkschrift zurück und stellt die Forderung nach Teilhabegerechtigkeit in den Mittelpunkt. Zum anderen steht aber gerade der Teilhabebegriff – in empirischer Perspektive – zur Disposition: Welche Teilhabewünsche lassen sich beobachten und wie sind sie mit den Diagnosen der Armutsproblematik ins Verhältnis zu setzen? Welche Rolle spielt für die Betroffenen Teilhabe an gesellschaftlichen Prozessen und in welcher Beziehung stehen für sie Teilhabe und die Bewältigung ihrer Situation? Bewegen sich Menschen, die von Ausgrenzung betroffen sind, (noch) innerhalb der hier formulierten Leitbilder? Inwieweit teilen sie die gesellschaftlich anerkannten Werte – oder wo steht ihre spezifische Perspektive diesen Werten entgegen, haben sich bereits eigene

---

[8] Im wissenschaftlichen Bereich wahrnehmbar etwa in Studien zu Faktoren, die eine Inklusion begünstigen, vgl. Burzan / Lökenhoff / Schimank / Schöneck (2005).

Perspektiven entwickelt, denen gegenüber gesellschaftliche Prozesse gar nicht mehr anschlussfähig sind? Die Hintergründe der Armutsproblematik und des Leitbilds der Teilhabe dienen dazu, im Gespräch mit Betroffenen zu erörtern, welche Dynamiken deren Teilhabe behindern und wo sich Ansätze zur Stärkung von Teilhabe beobachten lassen.

1.2 „TEILHABE VON UNTEN" – EINE QUALITATIVE STUDIE

Was kann Teilhabe also bedeuten – aus der Sicht von Menschen, die von Armut und Ausgrenzung betroffen sind und von denen viele ihre Teilhabewünsche gar nicht offensiv formulieren? Was für eine Teilhabe ist für sie attraktiv und erstrebenswert? Was hilft ihnen wirklich? Um dies zu erkunden und in einem zweiten und dritten Schritt die Erkenntnisse wieder in den Dialog mit professionell Helfenden und mit der theoretischen Diskussion über eine gerechte Teilhabe einzuspeisen, hat diese Studie ihren Schwerpunkt „im Feld", im Dialog mit den Betroffenen und der Herausforderung der damit verbundenen, notwendigen Subjektivität.

Zwischen Dezember 2006 und April 2007 wurden neun *Gruppendiskussionen* geführt mit Menschen, die auf der Elbinsel leben und ganz unterschiedliche Perspektiven auf die Problematik von Armut und Ausgrenzung haben: ältere und jüngere Menschen mit geringem Einkommen, Jugendliche, Langzeitarbeitslose mit einem 1-Euro-Job oder Menschen mit einer Arbeit, die ihre Existenz nicht sichert. Nicht befragt wurden Menschen, die zwar von Armut betroffen sind, aber ein geringes Armutsrisiko tragen, weil sie gut ausgebildet und erwerbsfähig sind wie etwa hochqualifizierte Erwerbslose oder Studierende, die mit geringen finanziellen Mitteln auskommen müssen.

In die Befragung wurden, wo das möglich war, bestehende Gruppen einbezogen, die sich beispielsweise in einer Bildungseinrichtung, einer Beratungsstelle, einer Einrichtung der Jugendhilfe oder in unmittelbarer Nachbarschaft einer der Wilhelmsburger Tafeln treffen. Hier hatten wir es mit Menschen zu tun, die sich regelmäßig mit anderen über ihre Schwierigkeiten austauschen und es gewöhnt sind, sich in einer Gruppe zu äußern, auch im Beisein Fremder. Die Gruppen umfassten in der Regel vier bis sechs Personen. In Einzelfällen, vor allem für die Untersuchung der Armut Erwerbstätiger, wurden jedoch auch Gruppen von Menschen gebildet, die sich vorher größtenteils noch nicht

kannten. Die Schwierigkeiten, die sich hier auf der Suche nach Gesprächspartnerinnen und Gesprächspartnern ergab, sind im Teil 3.1 ausführlich besprochen, weil dieser Prozess eine Quelle von Erkenntnissen über das Phänomen
von Armut und Ausgrenzung darstellt.

Ein *Gesprächsleitfaden* strukturierte die Gruppendiskussionen, die von
Claudia Schulz und Liesel Amelingmeyer durchgeführt wurden und zwischen
einer und zwei Stunden dauerten. Nach einer kurzen Einführung, in der die
Interviewerinnen sich, das Projekt und den Ablauf des Gesprächs vorstellten,
begannen die Diskussionen mit einer Warming-up-Phase. Auf einem Tisch im
Raum waren Fotos mit Motiven aus Wilhelmsburg ausgelegt, die zentrale Orte
(Bahnhof, Hafen, Windmühle) und bekannte Einrichtungen (Rathaus, Bürger-
haus, Krankenhaus, Bibliothek) sowie Eindrücke von Natur und Stadtteilatmo-
sphären wiedergeben. Die Teilnehmenden wurden gebeten, sich ein Foto von
einem Ort auszusuchen, den sie gut kennen oder mögen. In der anschließenden Vorstellungsrunde berichteten die Befragten über den gewählten Ort, von
Erlebnissen und Erinnerungen, die für sie mit diesem Ort verbunden waren.
Diese Phase war besonders gut geeignet für Gruppenmitglieder mit größeren
Hemmungen oder sprachlichen Unsicherheiten, die hier zunächst ganz nach
ihren Möglichkeiten über etwas Vertrautes berichten konnten.

Der erste Gesprächsimpuls war allgemeiner Art: *„Was beschäftigt Sie in
Ihrem Leben am meisten?"* Die Interviewerinnen beschränkten sich während
des anschließenden Gesprächs aufs Zuhören und fragten nur nach, wo Beiträge unverständlich waren und darin das Gespräch stark erschwerten oder wo
das Gespräch ins Stocken geriet. Der zweite Impuls war auf die Situation im
Stadtteil und das Lebensgefühl der Befragten ausgerichtet: *„Drüben in Hamburg* (also jenseits der Elbinsel) *sagen die Leute: „In Wilhelmsburg möchte ich
nicht wohnen. Die da wohnen, gehören ja schon nicht mehr dazu." Wie sehen Sie das?"* Hier kamen die Befragten über ihr Lebensgefühl ins Gespräch,
aber nahezu immer anschließend auf die Frage, wer in der Gesellschaft „oben"
und „unten" ist, wer „drinnen" oder „draußen" ist, welche Rolle Migration
hierbei spielt und wie soziale Differenzen sich auf ihr alltägliches Leben auswirken. Auch Teilhabewünsche spielten hier eine Rolle und die Erfahrungen,
die die Beteiligten hier bereits gemacht hatten. In Einzelfällen fragten die Interviewerinnen genauer nach: *„Wer oder was könnte Ihnen helfen? Was müsste
geschehen, damit Sie besser…"*

Der abschließende Gesprächsimpuls bezog sich auf Wünsche und Träume der Gruppenmitglieder und war orientiert an der „Wunderfrage" aus der systemischen Beratungsarbeit: [9] *„Stellen Sie sich vor, morgen früh wachen Sie auf und merken: Es ist über Nacht ein Wunder geschehen. Alles ist genau so geworden, wie Sie es sich gewünscht haben. Wie sieht Ihre Welt jetzt aus? Was werden Sie jetzt als erstes tun?"* Die anschließende Diskussion beschäftigte sich zum einen mit den persönlichen und dann in der Gruppe geteilten Wünschen, Hoffnungen, aber auch Befürchtungen der Teilnehmenden, zum anderen mit der Frage, welche Rolle die eigenen Träume im Leben spielen (dürfen), welchen Sinn es hat, eigene Ziele zu beschreiben und zu verfolgen. Im Anschluss an die Diskussion wurden alle Beteiligten gebeten, einen knappen Fragebogen mit wenigen Angaben zum Alter, zu Lebensform, Haushaltsgröße und Einkommenssituation auszufüllen.

Parallel zu den Gruppen von Betroffenen wurden *Expertinnen und Experten* aus dem Stadtteil zur Thematik von Armut, Ausgrenzung und Chancen der Teilhabe befragt und die Ergebnisse in Form von Protokollen in die Erhebung einbezogen: Professionelle aus Diakonie, Kirche und Sozialarbeit, aus den Bereichen Bildung und Jugendhilfe, aus der Arbeit mit Migrantinnen und Migranten, aus Architektur und Stadtentwicklung sowie Engagierte aus Bürgerinitiativen und Vereinen. Diese Ergebnisse wurden protokolliert und in den Auswertungsprozess einbezogen.

Die Methode der Gruppendiskussion mit einem Gesprächsleitfaden bzw. Impulsfragen liefert zunächst Einsichten in Meinungen und Einstellungen einzelner Befragter. Sie ist hier weniger genau und bezieht weitaus weniger biographische Perspektiven ein, als das in Einzelinterviews möglich wäre. Sie hat aber den Vorteil, dass in der Auseinandersetzung der Gruppenmitglieder miteinander und mit den Frageimpulsen sichtbar wird, wie subjektive Bedeutungsstrukturen sozial verarbeitet und eingebunden werden. Man könnte sagen: Die Gruppe erarbeitet eine gemeinsame Sicht der Dinge – oder auch mehrere, in Konkurrenz stehende Muster der Argumentation. Was Armut für Einzelne bedeutet, wird sichtbar als diskursiv verhandelter Erfahrungshintergrund der Gruppenmitglieder. Hier wird nun die in der Gruppe geteilte, üblicherweise milieuspezifische Erfahrung erhoben, immer im Kontext des Miteinanders im Stadtteil und der Unterschiede und Gemeinsamkeiten von Lebenswirklichkeiten.

---

[9]   Beschrieben etwa bei Schlippe / Schweitzer (1997).

In der *Auswertung* stehen entsprechend nicht die Erfahrungen oder Meinungen der Einzelnen im Vordergrund, sondern die Muster, in denen diese Erfahrungen geteilt, verhandelt und präsentiert werden: Was steht für die Befragten eigentlich zur Debatte – und was nicht? In welcher Form laufen solche Debatten ab, mit welchem Ziel und welchen Arten von Ergebnissen. Neben konkreten Erkenntnissen über Sorgen und Wünsche der Befragten ist hier auch festzustellen, welche Themen entgegen der Erwartungen nicht oder auf eine überraschende Weise behandelt werden. Diese Ergebnisse bilden gewissermaßen den Kern der Auswertung – das, was sich mit anderen Methoden in dieser Form nicht erreichen lässt.

Die Durchführung der Gruppendiskussionen und deren Auswertung wurden im Sinne der Grounded Theory und des Theoretical Samplings [10] miteinander verschränkt: Die Erkenntnisse der ersten Diskussionen bestimmte die weitere Erhebung und führte auf diesem Weg zu einer theoretischen Vertiefung. So entstand aus der Erfahrung mit einer Diskussion von Männern in 1-Euro-Jobs der Auswertungsschwerpunkt „Arbeit". Zu diesem Zweck fanden weitere Diskussionen mit Menschen statt, die von ihrem Erwerbseinkommen ihren Lebensunterhalt nicht bestreiten können. Aus der Erfahrung mit einer Gruppe von älteren Frauen entstand die Frage nach der Bedeutung von Alter und dauerhaften Armutserfahrungen. Dies führte zu einer Diskussion, in der speziell Frauen befragt wurden, die schon seit vielen Jahren, manche auch seit mehreren Generationen, mit sehr geringen finanziellen Mitteln auskommen müssen, die fast alle verschuldet und allein erziehend sind.

Die Auswertung erfolgte nach dem Verfahren der Diskursanalyse: [11] Zunächst stand der Verlauf der Diskussionen im Vordergrund, die Wahrnehmung der thematischen Entwicklungen, Assoziationen und Diskurse. Anschließend wurden ausgewählte, besonders dichte Passagen einer Untersuchung des immanenten Sinngehalts unterzogen: Was meinen die Befragten genau, was sind ihre wichtigsten Aussagen und durch welche Sicht der Dinge erhalten sie ihre subjektive Logik? Besonderes Augenmerk liegt auf der Identifikation so genannter Fokussierungsmetaphern, auf Kernaussagen der Gruppe darüber, was für sie einen übergreifenden Orientierungs- oder Deutungsrahmen bildet. In einem anschließenden Schritt wurde das Gesagte auf den gemeinsamen Erfahrungsraum der Gruppe hin untersucht: Wie stellt sich die Welt, wie stellen sich

---

[10] Nach Glaser / Strauss, Grounded Theory (1998).
[11] Vgl. Loos / Schäffer (2001), besonders 61-72.

einzelne Themen, Probleme oder die Sicht auf die Zukunft für die Gruppe dar –
im Vergleich zu anderen Gruppen, aber auch im Vergleich zu Vorannahmen der
Interpretierenden und aus der Literatur?

Zu dieser letzten Phase gehört dann auch die Untersuchung des Diskurses
selbst: Wie verhandeln die Befragten ein Thema? Welche Interessen und Ziele
sind leitend? Welche „Rollen" spielen die Mitglieder der Gruppe im Verlauf
der Diskussion? Aus den Kernaussagen und zentralen interaktiven Mustern
sind die Kategorien entwickelt, in denen das Problem von Armut und Ausgrenzung in dieser Studie präsentiert wird. So sind auf den ersten Blick die in
der öffentlichen und binnenkirchlichen Diskussion um Armut üblichen Themen wie „Bildung" und „Arbeit" sofort sichtbar, andererseits sind sie jeweils
so behandelt, dass die Denkweisen der Befragten – hierauf richtet sich das
Erkenntnisinteresse dieser Studie – in den Mittelpunkt rücken.

Wie es in einer qualitativen Studie zu erwarten ist, bieten die *Ergebnisse*
zunächst Ansichten der Binnenlogik der betroffenen Menschen und ihrer Sicht
der Dinge. Erst in einem zweiten Schritt werden diese Ansichten mit dem Erkenntnisinteresse einer helfenden Kirche und der hier engagierten Menschen
in Beziehung gesetzt. So ergeben sich zum einen tatsächlich neue Erkenntnisse, die sich für die Planung oder Durchführung diakonischer Projekte nutzen
lassen. Es ergeben sich darüber hinaus aber auch Einsichten, die zahlreiche
bisherige „Erkenntnisse" in Frage stellen, etwa indem sich zeigen lässt, dass
Teilhabe für die von Armut Betroffenen etwas anderes bedeutet als für Menschen, die üblicherweise zu den Helfenden gehören.

Die Perspektive der professionell Helfenden in Diakonie oder Sozialarbeit hat in unterschiedlichen Stadien des Forschungsprojekts eine Bedeutung
bekommen. Zunächst prägte sie im Rahmen einer interdisziplinär besetzten
Steuerungsgruppe die Konzeption der Studie und bedingte die Auswahl von
Gruppen. Im weiteren Verlauf der Untersuchung bekam die Diskussion mit
„Professionellen" einen noch größeren Stellenwert: Mehrfach wurden, in Gesprächen innerhalb der Steuerungsgruppe und ebenso in einem Fachworkshop
in Wilhelmsburg, erste Ergebnisse mit den Vorerfahrungen und Deutungen der
Expertinnen und Experten verglichen. Die Dynamik, die sich aus solchen Kon-
trasten ergab, ist bereits ein Resultat des Projekts.

Die Ergebnisse, die in diesem Buch zur Sprache kommen, befinden sich
entsprechend auf drei Ebenen der Auswertung und Diskussion von Erkenntnissen, die sich jeweils in einem der Hauptkapitel niederschlagen: *Der zweite*

Teil bietet eine Auswertung der Gruppendiskussionen nach den wichtigsten Dimensionen der Problematik von Armut und Ausgrenzung: Wahrnehmungen von Armut (2.1), Arbeit (2.2), Bildung (2.3), öffentlicher Raum (2.4), Körper und Gesundheit (2.5), Selbstwert und Schuldgefühle (2.6), Träume und Lebensziele (2.7). Der Abschnitt 2.8 nimmt zusammenfassend die Frage nach den unterschiedlichen Dynamiken der Ausgrenzung in den Blick. In diesen zweiten Teil sind zahlreiche, oft längere Zitate aus den Gruppendiskussionen eingearbeitet, damit die Ergebnisse anschaulich bleiben und die Voten der Befragten auch von anderen genutzt werden können.

Der dritte Teil dokumentiert auf einer weiteren Auswertungsebene den Prozess der Untersuchung aus der Sicht von „Fachleuten" und nimmt die Diskurse auf dieser Ebene in den Blick: Welche Einsichten lassen sich aus der mitunter wenig erfolgreichen Suche nach Betroffenen gewinnen? Welche Kontraste ergeben sich zwischen der Perspektive der Betroffenen, der Forscherin und der einer Sozialarbeiterin und was lässt sich – auch innerkirchlich – daraus für die Frage nach gelungener Teilhabeförderung lernen?

Im vierten Teil reagieren Fachleute aus Diakonie, Kirche, Bildungsarbeit und Sozialpolitik auf die Ergebnisse, ordnen sie in ihre Deutungskontexte ein, führen sie weiter und fragen nach möglichen Konsequenzen. Diese Kommentare und Widersprüche sollen die Ergebnisse der empirischen Analyse mit aktuellen Debatten, theologischen Leitlinien und Anforderungen konkreter Teilhabeförderung zusammenführen und der Studie auf diese Weise zu einem weiteren Schritt verhelfen.

DIE GRUPPENDISKUSSIONEN DER STUDIE IM ÜBERBLICK

1. *Ältere Frauen*, Nutzerinnen der „Tafeln" in Wilhelmsburg und Teilnehmerinnen an einer Gesprächsgruppe, Alter zwischen 60 und 70 Jahren.
2. *Männer in 1-Euro-Jobs* in einer sozialen Einrichtung, Alter zwischen 44 und 56 Jahren.
3. *Jugendliche bzw. junge Männer*, Nutzer eines Jugendhauses in Wilhelmsburg, Alter zwischen 17 und 25 Jahren.
4. *Jugendliche bzw. junge Frauen*, Nutzerinnen eines Jugendhauses in Wilhelmsburg, Alter zwischen 17 und 20 Jahren.
5. *Frauen, die schon lange Zeit in Armut leben*, überwiegend Nutzerinnen einer Beratungseinrichtung, Alter zwischen 28 und 60 Jahren.

6. *Erwerbstätige (Working Poor), Frauen und Männer,* Alter zwischen 33 und 48 Jahren.
7. *Erwerbstätige Frauen (Working Poor),* zum Teil Nutzerinnen einer Bildungseinrichtung für Migrantinnen, Alter zwischen 30 und 51 Jahren.
8. *Erwerbstätige Männer (Working Poor),* Alter um die 40 Jahre.
9. *Männliche Mitglieder eines Moscheevereins* in Wilhelmsburg, Alter zwischen 34 und 60 Jahren.

1.3 DER STADTTEIL HAMBURG-WILHELMSBURG – GEZEITEN EINER ELBINSEL

LIESEL AMELINGMEYER

In einem Gewerbehof am Veringkanal ist im Januar 2007 das Team der Internationalen Bauausstellung (IBA Hamburg GmbH) eingezogen. Hier wird bis zum Jahr 2013 an neuen Konzepten für die Zukunft der Stadt im 21. Jahrhundert gearbeitet. Ein ehrgeiziges Vorhaben, sich den Herausforderungen einer IBA gerade auf der Hamburger Elbinsel zu stellen. Die Themen der Ausstellung („Internationale Stadtgesellschaft", „Bildungsoffensive", „kulturelle Vielfalt", „stadtverträgliches Wachstum" und „Stadt im Klimawandel") beschäftigen die Planenden der IBA und die Bewohnerinnen und Bewohner Wilhemsburgs gleichermaßen. Das Motto des ersten Infomagazins der IBA transportiert die hohe Bedeutung, die die Bauausstellung für den gesamten Stadtteil haben soll: „Und der Sieger ist ... die Elbinsel!" [12]

Nachbarn im Gewerbehof sind ein Beschäftigungsträger und die Arbeitsloseninitiative Wilhelmsburg e.V. mit ihrer Fahrradwerkstatt. Beide Einrichtungen kümmern sich um die Zukunftschancen von langzeitarbeitslosen Menschen. Dass die Elbinsel „Sieger" sein soll, würden sie gern glauben, aus ihrer Perspektive ist jedoch fraglich, ob dies realistisch ist. Dem Beschäftigungsträger wurden – als Auswirkung der Agenda 2010 – qualifizierende Weiterbildungsmodule gestrichen. Heute beschäftigt er, wie die Arbeitsloseninitiative Wilhelmsburg e.V., so genannte Ein-Euro Jobber. Fahrradwerkstätten und „Lernorte" für den betrieblichen Bereich sind entstanden. Für zehn Monate verdienen sich die Ein-Euro Jobber rund 150 Euro zum Arbeitslosengeld II dazu. Es ist kein sozialversicherungspflichtiges Beschäftigungsverhältnis, in dem sie dort arbeiten. Wenn sie nicht zu den wenigen Qualifizierten gehören,

---

[12] Vgl. IBA Blick 01 (2007).

die über den Ein-Euro-Job wieder einen Einstieg ins Berufleben schaffen, werden sie, wenn sie das Renteneintrittsalter erreicht haben, über kaum mehr als eine Grundrente verfügen.

Die Chancen für Nicht-Qualifizierte im ersten Arbeitsmarkt sind gering. Und das in einem Stadtteil, wo 21% der Schüler und Schülerinnen die Schule ohne Abschluss verlassen. [13] Der Stadtteil Wilhelmsburg, wo mehr als ein Viertel der Bevölkerung Arbeitslosengeld II (SGB II) oder Grundsicherung (ehemalige Sozialhilfe, SGB XII) bezieht [14], gehört eindeutig zu den Problemzonen der reichen Hansestadt. Beide Einrichtungen wissen um diese Defizite. Ginge es nach ihrem Willen, würden sie dauerhafte sozialversicherungspflichtige Arbeitsstellen für Geringqualifizierte schaffen. Arbeit und Ideen für neue Projekte haben sie genug. „Zwei Welten in einer Stadt" titelt das Straßenmagazin Hinz&Kunzt im Januar 2007.

Beratungsstellen und soziale Einrichtungen zählen immer mehr Menschen, die unter Suchterkrankungen leiden und dem Arbeitsmarkt darum nicht zur Verfügung stehen. Die Arztpraxen in Wilhelmsburg vermelden seit Jahren ein gestiegenes Versorgungsvolumen. Auch hier zwei Welten in der Hansestadt. Während seit 1980 die Menschen in Hamburg insgesamt immer gesünder leben, gibt es eklatante Unterschiede zwischen den Stadtteilen. Die Behörde für Arbeit, Gesundheit und Soziales (BAGS) hat im Jahr 2001 einen Hamburger Gesundheitsstadtplan erstellt. Danach sterben Menschen in benachteiligten Stadtteilen wie Veddel, Wilhelmsburg und Billstedt zum Beispiel 3,1 mal so häufig an Alkoholabhängigkeit und 1,9 mal so häufig an Lungenkrebs als Menschen in bevorzugten Wohngebieten wie Eppendorf, Volksdorf oder Winterhude. Der Bericht zeigt, dass Menschen bis zum Alter von 50 Jahren in sozial benachteiligten Gegenden fast doppelt so häufig sterben wie in bevorzugten Wohngebieten. [15]

Aktuell werden diese Zahlen bestätigt von Berichten über eine deutliche medizinische Unterversorgung in Wilhelmsburg. Das Hamburger Abendblatt titelt am 28. Januar 2007: „Hausärzten in Randbezirken droht Unterversor-

---

[13] Durchschnittswerte der Schuljahre 2000-2005 der allgemeinbildenden Schulen in Wilhelmsburg; vgl. Bürgerschaft der Freien und Hansestadt Hamburg, Drucksache 18/3445 vom 10.1.2006. Im Vergleich dazu beträgt die Schulabgänger-Quote an Hamburger Schulen insgesamt im gleichen Zeitraum 12%.

[14] Nach Angaben des Statistikamts Nord, Stand Juli 2007.

[15] Freie und Hansestadt Hamburg (2001), 27.

gung – Wilhelmsburg: 2331 Patienten pro Arzt."[16] „Wir haben ein Problem mit
der Abwanderung der Ärzte von armen in reiche Stadtteile", so Michael Späth
von der Kassenärztlichen Vereinigung Hamburg im genannten Artikel. Bernd
Kalvelage, Mediziner in Wilhelmsburg, interpretiert es im gleichen Artikel so:
„Die Wilhelmsburger sind nicht das Problem. Die haben viele Probleme: Rund
zehn Prozent können weder lesen noch schreiben. Viele sind arbeitslos und leben in Armut, außerhalb der Gesellschaft."

In Wilhelmsburg leben rund 49.000 Menschen, davon mehr als ein Drittel
in Sozialwohnungen. Der Anteil der Menschen, denen auf Grund ihres Einkommens oder ihres Bezugs von Transferleistungen (insbesondere Arbeitslosengeld I und II gem. SGB II, Grundsicherung gem. SGB XII) eine Sozialwohnung zusteht, liegt in Wilhelmsburg um knapp ein Viertel höher als im
Hamburger Durchschnitt. Hinzu kommen zahlreiche Menschen, die nach einer Wohnungsräumung kein Anrecht mehr auf eine Sozialwohnung haben und
auf preiswerte, privat vermietete Wohnungen, meist mit schlechten Standards,
zurückgreifen müssen.

Wilhelmsburg ist ein ausgesprochen junger Stadtteil: Der Anteil der Kinder
und Jugendlichen unter 18 Jahren liegt bei 23% – der Hamburger Durchschnitt
liegt bei 16%. Stellt man aber diesen Zahlen die aktuellen Daten über Schul-
abgänger und Arbeitslose gegenüber, so wirken sie alarmierend. Wilhelmsburg
ist ein Einwanderungsstadtteil. Seit über 100 Jahren ziehen Menschen aus Ost-
und Südeuropa, Afrika und Asien auf die Elbinsel. Damals vor allem, weil es
im Hafen Arbeit für sie gab, heute, weil die Mieten hier nach wie vor verhältnismäßig niedrig sind und der Stadtteil als multiethnisches Viertel Gelegenheit bietet, sich in einer westeuropäischen Großstadt beheimatet zu fühlen. Der
Ausländeranteil liegt in Wilhelmburg bei rund 35%, der Anteil der Menschen
mit Migrationserfahrung ist in vielen Straßenzügen deutlich höher. Das Reiherstiegviertel bildet dabei – neben dem Bahnhofsviertel und Kirchdorf-Süd –
einen migrantischen Schwerpunkt.

Die meisten Menschen in Wilhelmsburg mögen ihren Stadtteil. Wie die
Verantwortlichen der IBA und der Internationalen Gartenschau (IGS) 2013
wissen sie, dass er trotz aller Problemlagen Chancen und Potenziale in sich
birgt: die Gunst der Lage mit der geringen Distanz zu Hafencity und Hamburger Stadtzentrum, die zahlreichen Grünflächen vor allem im Osten der Insel,

---

[16] Artikel von Tanja Gerlach, Hamburger Abendblatt, 28.01.2007.

die Vielfalt der Menschen und Orte, der Kinderreichtum und die Beispiele guter Nachbarschaft.

Um die Menschen, die im Rahmen der Studie befragt wurden, heute mit ihren Vorstellungen von Teilhabe zu verstehen, ist es sinnvoll, einen Blick auf die Geschichte der Elbinsel Wilhelmsburg zu werfen: Die größte Flussinsel Europas liegt im Stromspaltungsgebiet der Elbe zwischen Harburg und Hamburg. Sie ist aus einer Anzahl kleinerer Inseln zusammengewachsen. Im Norden und Westen wird Wilhelmsburg begrenzt durch Industrie, Gewerbe- und Hafenanlagen, während im Osten der Insel landwirtschaftlich genutzte Flächen mit viel Grün für Naherholung überwiegen. Bis Mitte des 19. Jahrhunderts ist Wilhelmburg die Insel der Milchbauern und Schiffszimmerer. Der Ausbau des Hafens und große Industrieansiedlungen verändern schlagartig das Bild. Der Lage zwischen den Elbarmen verdankt Wilhelmsburg seine herausragende Bedeutung für die große Hansestadt. Hier auf den ehemals bäuerlichen Inseln der Marsch baut Hamburg seinen Hafen, hier entwickelt sich das ökonomische Herz der Stadt. Das Südufer der Norderelbe wird zum Zentrum des Hafens ausgebaut, und die Elbinsel bietet sich als arbeitsstättennaher Wohnort der Hafenarbeiter an. Ehemaliges Bauernland wird in Bauland, Straßen, Kanäle und neue Hafenbecken umgewandelt. Vor allem Massengüter verarbeitendes Gewerbe siedelt sich an. Die Nachfrage nach Arbeitskräften ist groß.

Wilhelmsburg zieht Einwanderer aus den so genannten Ostgebieten des Reichs an. Am Reiherstieg siedeln vor allem polnische Arbeiter mit ihren Familien aus der preußischen Provinz Posen. Bereits zu Beginn des vorigen Jahrhunderts zählt die Insel 22.000 Einwohner. 1903 wird das Wilhelmsburger Rathaus erbaut, und zwar im geometrischen Mittelpunkt der Insel. Man glaubt zu dieser Zeit, in wenigen Jahrzehnten werde Wilhelmsburg von Ost nach West vollständig bebaut sein. 1925 wird Wilhelmsburg mit 32.000 Einwohnern die größte preußische Landgemeinde und kreisfreie Stadt. Im Jahr 1937 verliert es seine Selbständigkeit und wird mit dem Großhamburg-Gesetz als Stadtteil in Hamburg eingemeindet.

Nach dem 2. Weltkrieg werden auch in Wilhelmsburg die Trümmer schnell beseitigt. Neue Arbeitsplätze entstehen. Es werden Wohnungen gebaut und ebenso Kindergärten, Schulen, ein Freibad und mehrere Kinos. Auch der Hamburger Hafen ist 1960 wieder derartig auf Expansionskurs, dass es Anwerbeverträge für Arbeitsmigranten aus Süd- und Osteuropa sowie Nordafrika gibt.

Sie ziehen Anfang der 60er Jahre in die Arbeiterviertel, nach Wilhelmsburg und auf die Veddel.

Die große Sturmflut von 1962 bereitet vielen positiven Entwicklungen ein jähes Ende. 215 Menschen ertrinken alleine auf der Elbinsel Wilhelmsburg in den Fluten. Das Ausmaß der Katastrophe zeigt sich auch darin, dass ganze Stadtviertel ihre Wohnqualität durch den Wassereinbruch verlieren. Nach der großen Flut erwägt der Hamburger Senat, den Wohnstandort Wilhelmsburg-West allmählich aufzugeben und für die Hafenerweiterung freizugeben. Die Wilhelmsburger Bevölkerung – quer durch alle Schichten und Parteien – widersetzt sich diesen Plänen und kämpft für die Rücknahme dieses Dekrets. Die jahrelange Planungsunsicherheit führt zu einem anhaltenden Investitions- und Modernisierungsstillstand. Ein großer Teil der bei der Flut evakuierten Bevölkerung kehrt nicht auf die Insel zurück. In die teilweise ungenügend sanierten und preisgünstigen Wohnungen ziehen viele ausländische Arbeitskräfte aus Süd- und Osteuropa ein, Ende der 60er und Anfang der 70er vermehrt auch mit ihren Familien.

Im Jahr 1977, fünfzehn Jahre nach der Flut, trifft der Senat endlich die Entscheidung, dass Wilhelmsburg-West als Wohnstandort weiterentwickelt werden soll. Mit einer „Pilotstudie Wilhelmsburg" von 1978, einem Konzept des Hamburger Senats unter Mitwirkung von Menschen, die im Stadtteil leben, werden erste Maßnahmen getroffen, um die Wohnqualität zu stärken und zusätzliche soziale Infrastruktur zu schaffen. Das Trauma der Flut brachte auch ein besonderes Zusammengehörigkeitsgefühl der Elbinsulaner hervor. Die ausländischen Arbeitnehmer sind trotz beginnender Massenarbeitslosigkeit seit Ende der 70er Jahre nicht mehr aus dem Produktionsprozess wegzudenken. So bleiben sie und bereichern den Stadtteil mit ihrer Kultur und Gastronomie. Trotz vereinzelter Ressentiments und Zuzugssperren des Senats gelang den Menschen vor Ort ein weitgehend respektvoller und gewaltfreier nachbarschaftlicher Umgang miteinander.

Der Strukturwandel im Hafen bringt für die Arbeiterquartiere Wilhelmsburgs eine spürbare Verarmung mit sich. Ganze Werften schließen Mitte der 80er Jahre ihre Werktore. In Wilhelmsburg findet im April 1983 eine Protestversammlung statt, auf der neben den Betriebsratsvorsitzenden auch der Bundestagsabgeordnete Hans-Ulrich Klose vor einer Verarmung des Stadtteils warnt und den Hamburger Senat zum Handeln auffordert. Der Mangel an Strategien in der Hamburger Politik hat dramatische Folgen für Wilhelmsburg und führt zu einer regelrechten Abkopplung von der ökonomischen Entwicklung Hamburgs. Während in Hamburg insgesamt seit Ende der 80er Jahre die Arbeitslosenzahlen wieder zurückgehen, steigt die Arbeitslosigkeit in Wilhelmsburg kontinuierlich an. Den Verbesserungen, die in Wilhelmsburg seit der Pilotstudie realisiert werden, stehen somit gegenläufige ökonomische und strukturelle Rahmenbedingungen gegenüber. Die strukturellen Defizite, unter denen Wilhelmsburg fortan zu leiden hat, und der damit verbundene Imageverlust führen zu einem Wegzug großer Gruppen von Menschen mit geregeltem Einkommen. Dies gilt auch für Migranten mit entsprechenden finanziellen Spielräumen. Dagegen ist der Zuzug bzw. die Zuweisung von Menschen, die Transferleistungen erhalten, ungebrochen.

Im Oktober 2000 heißt es in einem Artikel des SPIEGEL: „Wilhelmsburg – das ist ein gesellschaftliches Zukunftslabor der Republik mit Chancen für Synthesen. Aber auch das Risiko von Explosionen der Radikalität und Brutalität liegt in der Luft.“ [17] Dem vorausgegangen war im Sommer des Jahres der Tod des kleinen Volkan. Am 26. Juni 2000 wurde er von einem Kampfhund auf dem Gelände seiner Schule totgebissen. Ein Trauma für seine Eltern und Geschwister, für die Schule, die türkische Gemeinde, für einen ganzen Stadtteil. Eine deutliche Verbesserung des Lebensumfeldes und der Lebensbedingungen von Kindern fordern seither alle aktiven Kräfte im Stadtteil. Die evangelische Pastorin Corinna Peters-Leimbach in einem Gedenkgottesdienst für Volkan in der Kirche St. Raphael im Wilhelmsburger Bahnhofsviertel ein Jahr später: „Das Leben geht auch nach schrecklichen Ereignissen weiter. Aber es geht anders weiter. Wir werden Volkan mit Sicherheit nie vergessen. Sein Tod hat uns und unseren Stadtteil verändert. Noch viel mehr Menschen als vorher setzen sich für Wilhelmsburg ein. Sie setzen sich ein für einen lebens- und liebenswerten Stadtteil, für Zukunftsperspektiven, für ein friedliches Miteinander aller Menschen. Damit das gelingt, müssen wir zusammenarbeiten.“ [18] Die im Jahr 2001 durchgeführte „Zukunftskonferenz Wilhelmsburg“ trägt eine beeindruckende Fülle von Ideen und Projektvorschlägen zusammen und präsentiert sie in einem „Weissbuch“ [19].

Mittlerweile ist die Elbinsel unter dem Motto des „Sprung über die Elbe“

---

[17] „Ein ungeheuer belastendes Klima“ von Ariane Barth, DER SPIEGEL, 30.10.2000. Weitere Presseartikel unter www.insel-im-fluss.de > FORUM Wilhelmsburg.
[18] Predigt vom 26.06.2001, Gottesdienst in der Ev.-luth. Kirche St. Raphael in Wilhelmsburg.
[19] Zukunftskonferenz Wilhelmsburg (2002).

in den Fokus des Hamburger Senats gerückt. Auch in der Wohnungswirtschaft
verändert sich Vieles: Seit 2006 ziehen vermehrt Studierende in den Stadtteil.
Das Wohnungsunternehmen SAGA GWG renoviert einen großen Teil ihrer
Wohnungen in der Veringstraße und bietet zu Sonderkonditionen Wohnungen
für Studierende an. Die Entwicklungspartnerschaft Elbinseln (EP) regt in ihrem Abschlussmemorandum im Jahre 2005 an, die Internationale Bauausstellung um eine Internationale Bildungsausstellung zu ergänzen. Damit hat sie
den Nerv vieler Menschen getroffen. Aus der Bildungsausstellung wird 2006
die Bildungsoffensive Elbinseln, die im Rahmen der IBA Hamburg GmbH eine Initiative für die Erhöhung der Bildungschancen von Kindern, Jugendlichen
und Erwachsenen startet. Es sollen Orte der Begegnung entstehen, um vorhandene soziale Netze und Nachbarschaften weiter zu entwickeln und zu stärken.
Die Potenziale der Menschen in Wilhelmsburg, ihre Mehrsprachigkeit und kulturelle Vielfalt sollen genutzt und gefördert werden. Die Bildungsoffensive
wird kulturelle Bildung, Freizeit-, Sport- und Bewegungsangebote sowie soziale Projekte mit dem klassischen Bildungsspektrum in Kindertagesheimen,
Schulen und den Beratungseinrichtungen verbinden. Dabei soll die Chancen-
gleichheit von benachteiligten Gruppen erhöht werden.

Mit ihrer Bereitschaft zum sozialen Engagement, ihrem Interesse für kom-
munale Politik und einem hohen Maß an Kreativität tragen Einrichtungen, Kirchengemeinden, Initiativen und aktive Bürgerinnen und Bürger zu den Verän-
derungsprozessen bei. Sie verfolgen Pläne und Entscheidungen von Verantwortlichen in Politik, Verwaltung und Wirtschaft und vertreten nach eigenem
Selbstverständnis die Interessen der Elbinsel – nicht in Konkurrenz zu anderen Stadtteilen Hamburgs, sondern als Teil der gesamten Stadt und ihrer Entwicklung. Darüber, welche Folgen die IBA und die IGS im Jahr 2013 für den
Stadtteil haben werden, sind sich die Menschen in Wilhelmsburg nicht einig.
Die einen fürchten steigende Mietpreise oder die Zerstörung so mancher Reize
des Stadtteils. Die anderen versprechen sich eine positive Entwicklung durch
die verstärkte Aufmerksamkeit von Öffentlichkeit und Politik für Wilhelmsburg, durch Investitionen und einen entsprechenden Imagegewinn. Sicher ist
aber bereits, dass die Perspektive von IBA und IGS den Blick der Menschen
auf den Stadtteil verändert hat – vor allem das, was sie gern wahrnehmen und
öffentlich besprochen sehen mögen.

Vor dem alten Deichhaus im Reiherstiegviertel stehen an fast jedem Wo-
chentag die Menschen bei der „Wilhelmsburger Tafel" Schlange. Sie kom-

men morgens um zehn Uhr, um sich eine „Bezugsmarke" zu holen, und stellen sich ab mittags wieder an, um mit dem dortigen Lebensmittelangebot für Einkommensschwache ihr Budget aufzubessern. Dieses Angebot trifft in Wilhelmsburg auf derartig viel Bedürftigkeit, dass es dafür im Stadtteil bereits drei Standorte gibt und die Arbeitsloseninitiative Wilhelmsburg im Juni 2007 eine vierte „Tafel" in der evangelisch-lutherischen Kirchengemeinde auf der benachbarten Elbinsel Veddel eröffnet hat. Die älteste „Tafel" am Vogelhüttendeich gehört schon so selbstverständlich zu Wilhelmsburg wie das Rathaus an der Mengestraße. Kinder spielen bei Sonne und Regen neben ihren Eltern, während diese geduldig vor der Ausgabestelle der Tafel warten. Ein Fotograf der Hamburger Morgenpost fotografierte unlängst die Schlange vor der Eingangstür. Der Artikel mit Bild löste geteilte Ansichten bis hin zum Unmut aus unter Menschen in Hamburg, die die Tafel nicht nutzen. „Es ist ja realistisch, aber nicht schön" meinten die einen, „ziemlich geschmacklos" fanden es die anderen.

Die Meinungen darüber, wie mit der Armut auf der Elbinsel umzugehen sei, sind geteilt. Interessant ist jedoch die Heftigkeit, mit der sich die Kritik am „Reden über die Armut" äußert: Die meisten Menschen in Wilhelmsburg scheinen sich einig darin zu sein, dass solche Berichterstattungen mit Fotos von Schlange stehenden Bedürftigen nur einen Teilaspekt Ausschnitt der Elbinsel zeigen. Der Stadtteil bekomme viel zu häufig negative Schlagzeilen, besser sei es, positiv über ihn zu reden. Die „Tafel" sei ja eine gute Einrichtung, man müsse sie aber nicht fotografieren und in der Presse ausschlachten, brachte es ein Anwohner auf den Punkt. Auf der Suche nach Gesprächspartnerinnen und -partnern stießen die Interviewerinnen in dieser Studie in einem Jugendhaus auf große Zurückhaltung: Kommt jetzt hier schon wieder jemand, um Armut und Verwahrlosung zu dokumentieren? Gibt es nicht schon genug einschlägige Berichte über die Elbinsel? In letzter Zeit, so die Sozialarbeiterinnen, haben bereits Eltern als Reaktion auf die mediale Darstellung Wilhelmsburgs angedroht, ihren Kindern den Besuch des Jugendhauses zu verbieten. Sie wollten nicht als „Eltern, die ihre Kinder nicht versorgen können" stigmatisiert werden.

Ganz anders eine Künstlerin, die in Wilhelmsburg wohnt und arbeitet. Sie mahnt auf einem Workshop der IBA im Juli 2007 an, das eigentliche Problem in Wilhelmsburg sei doch die Armut. Ihr müsse man sich viel stärker stellen. Über Armut werde aber nicht gesprochen. Wer könne sich, wenn auf der schönen Elbinsel bald die Mieten steigen, von den ursprünglich Ansässigen dann hier noch Wohnraum leisten? Eine Sozialarbeiterin stellt fest, dass in den ressourcenorientierten Konzepten ihrer Einrichtung nur noch von „Chancen" und „Potentialen" die Rede sei, die Begriffe „Problemlagen" und „Armut" dagegen zu Unwörtern geworden seien und entsprechend konsequent gemieden würden. Ist die Armut seit der „Entdeckung" der Elbinsel mit dem „Sprung über die Elbe" und dem Wirken der IBA zum Tabu geworden? Vieles deutet jedenfalls darauf hin, dass die Lust, über Chancen und Charme Wilhelmsburgs zu reden, zunimmt, das Interesse an der Armut sich aber weiterhin beschränkt auf eine Berichterstattung über Kinder, die hungrig zur Schule kommen.

KAPITEL 2

AUSWERTUNG DER GRUPPENDISKUSSIONEN

Diese Studie fragt nach der subjektiven Sicht auf Armut und Ausgrenzung. Sie fragt darum danach, wie die betroffenen Menschen leben, was sie beschäftigt – und was nicht. Sie ist gewissermaßen eine Exkursion in einen Bereich, der den meisten Nutzerinnen und Nutzern dieser Studie möglicherweise „von außen", aber nur selten „von innen" vertraut ist. Hieraus ergibt sich eine Distanz, die nicht zu überwinden ist, auf die man jedoch im Ringen um Erkenntnisse aus dieser Exkursion auch nicht verzichten kann. Hieraus ergeben sich zahlreiche Irritationen, Momente, an denen die Kategorien, in denen Armut und Ausgrenzung üblicherweise diskutiert werden, nicht so gut zu dem passen, was in den Gesprächen der Betroffenen zur Sprache kommt. Diese Irritation ist unvermeidlich, wenn die Betroffenen tatsächlich zu Wort kommen und ihr Denken sich in den Kategorien der Diskussion niederschlagen sollen. Sie ist darum gewollt und bildet das eigentliche Ergebnis dieser Studie.

Was die befragten Menschen äußern und wie sie es tun, ist die Ausgangsbasis der Untersuchung. Nun haben die Gruppen nicht direkt auf die Fragen geantwortet, die den fachlichen Hintergrund dieser Studie bilden. Sie befassen sich nur am Rande mit der Problematik von Ausgrenzung und Teilhabe – auch nicht in ihren eigenen Worten und im Reden über ihre Erfahrungsbereiche. Fast scheint es, als geben die Befragten Antworten auf Fragen, die wir nicht gestellt haben – und verzichten im Gegenzug auf so manche Antwort, die wir gern gehört hätten. Die Auswertungsarbeit im folgenden Kapitel soll das Kunstwerk vollbringen, die Ansichten und – noch eine Ebene tiefer – die Perspektiven und Argumentationsmuster der Befragten so zusammenzustellen, dass sie ihre innere Logik behalten und zugleich mit den aktuellen Diskursen der Armutsforschung und der kirchlichen Auseinandersetzung um eine angemessene Haltung kompatibel sind.

2.1 „ICH SEH KEINE ARMEN" ODER „ICH BIN NE ARME SAU" – DIE SUBJEKTIVE SICHT AUF ARMUT

Die erste Erkenntnis im Gespräch mit den Betroffenen lautet: Darüber, was Armut ist und wer „die Armen" sind, gibt es keineswegs einen Konsens. Die jeweilige Sicht hängt davon ab, welche Maßstäbe man wählt, welche Vergleichsgrößen und Erfahrungen man heranzieht und davon, ob das eigene Lebensgefühl momentan ein überwiegend positives ist. So war es eine der größten Überraschungen der Gruppendiskussionen, dass die gängigen Definitionen der Problematik durchaus im Gegensatz dazu stehen können, was die Befragten über das eigene Leben denken. Ein Beispiel:

Eine Gruppe von Jugendlichen und jungen Männern in einem Jugendhaus in Wilhelmsburg schildert die eigene Lebenssituation. Diese Männer sind tatsächlich für Wilhelmsburger Verhältnisse relativ gut gestellt: Sie haben den Hauptschulabschluss geschafft und leben in großer Nähe zur Ursprungsfamilie, zum Teil noch bei den Eltern. Trotzdem ist ihr Armutsrisiko enorm groß, vor allem, wenn man berücksichtigt, dass es sich hier um Migranten handelt: Die meisten sind bereits über 20 Jahre alt, haben aber noch keine Ausbildung abgeschlossen. Zwei haben eine Ausbildung abgebrochen, einer hat noch keine Ausbildungsstelle gefunden und die letzten Jahre in diversen Fördermaßnahmen verbracht. Einer macht Musik und schlägt sich mit Gelegenheitsjobs, offenbar auch mit Schwarzarbeit durchs Leben. Fast alle gehen Nebenbeschäftigungen nach und haben die Erfahrung gemacht, sich einigermaßen verlässlich ein zu geringes Einkommen jederzeit aufbessern zu können. Ein „normales" Einkommen aus einer regulären Erwerbstätigkeit im Beruf gehört für die Männer nicht zu den Erwartungen für die absehbare Zukunft. Erst mit einer Perspektive von zehn Jahren erwarten sie, den Lebensunterhalt für sich und eine Familie auf diese Weise selbst verdienen zu können.

JUNGE MÄNNER IM JUGENDHAUS (17-25 JAHRE) ÜBER OBEN UND UNTEN IN DER GESELLSCHAFT

Fatih: Und wenn man so sieht, es gibt schlimmere Leut, die's trifft, also ich bin zufrieden. Also ich hab jeden Tag Essen, nicht so was, wie die anderen Leute, die in den dritten Ländern, die haben gar nichts zum Beispiel. Deswegen, wir danken Allah.
Zidane: Bedanken sich, bedankt man sich bei Gott.
Fatih: Genau. Was du hast.

I: Ja, du sagst, es gibt die einen und die andern.

Fatih: Aber ich muss keine abgetragenen Klamotten anziehen oder was weiß ich. Ich hab ja alles. (...) Wenn man sich Reportagen anguckt, die Leute, die essen vom Müll. Und so was müssen wir ja nicht machen, deswegen. (...)

I: Ihr habt vorher gesagt, es gibt die oben und die unten. Wo seid ihr?

Orhan: Gott sei Dank bin ich noch in der Mitte.

Aslan: Ich auch, also. (leicht lachend) Wir sind in der Mitte.

Kasim: Natürlich. Bin nicht reich, nicht arm.

Tarik: Genau. Also ich kann mir alles leisten, was ich haben will.

Aslan: Ich versteh gar nicht, wie die Leute arm werden können eigentlich. Ich versteh das irgendwie nicht. Hier gibt's alles.

Orhan: Hier in Deutschland meinst du.

Aslan: Hier in Deutschland mein ich. Also hier gibt's irgendwie alles. Du kannst hier hinkommen, Fußball spielen, musst du nicht mal Geld bezahlen. Ich mein in der Türkei musst du immer Geld bezahlen. Da gibt's nicht mal Fußballplätze.

I: Was braucht man denn, damit man in der Mitte bleibt?

Tarik: Ja. Musst du arbeiten.

Kasim: Musst arbeiten und nachdenken, wofür du dein Geld ausgibst.

Tarik: Ich gebe dir ein gutes Beispiel. Meine Schwester macht Ausbildung. Ich auch. Aber die verdient 100, gibt 200 aus. Die hat in fünf Tagen gleich ihr ganzes Ausbildungsgeld ausgegeben. Da ist kein Wunder, dass sie an dem Monat kein Geld hat. Die restlichen 20 Tage. Bei mir ist das so halt, ich teil mir das auf.

Aslan: Man muss immer so einen Plan machen, was mach ich diesen Monat. Ich hab so viel Geld, was kann ich damit machen. Immer so aufteilen.

Tarik: Du kannst dir nicht jeden Monat Schuhe, jeden Monat Hosen und so alles kaufen. Du musst dir das einteilen. Dann klappt das auch.

I: Und wie ist das mit den Armen? Was machen die falsch?

Aslan: Also ich hab grad, ich seh grad keine Armen.

Stefano: Dass sie sich nicht Hilfe holen. Das ist doch so hier.

Kasim: Die machen sich selber arm.

Aslan: Ich kenn gar keine Armen.

Zunächst überrascht, dass die Männer sich nicht arm und auch nicht von Armut bedroht fühlen. Berücksichtigt man die engen Familienbande und die gute Versorgung, mit der sie in ihrer Ursprungsfamilie rechnen können, versteht man, warum die Männer nicht das Lebensgefühl von „armen Leuten" haben, sondern sich auch finanziell autonom fühlen. Dazu kommen Vergleiche, zunächst vage mit den „dritten Ländern", die man sich im Fernsehen anschauen kann, später aus eigener Erfahrung mit der Türkei: Das Leben in Deutschland ist ein reiches Leben. Es gibt hier viele günstige Gelegenheiten, von der

Arbeit bis zum Freizeitbereich. Viele angenehme Dinge sind selbstverständlich. Existenzängste gibt es nicht. Ihr relativ angenehmes Leben gibt es für sie
geschenkt, es ist nicht mühsam errungen – „Gott sei Dank". Die Männer empfinden Glück: eine hohe Sicherheit, Unabhängigkeit und Gestaltungsfreiheit.
Und sie befinden sich in einem Netzwerk sozial Gleichgestellter, mit denen sie
ihre Ansichten und ihr Lebensgefühl teilen.

In dieser Hinsicht, in ihrem subjektiven Erleben, sind diese jungen Männer nicht arm. Die eigentliche Überraschung liegt aber dort, wo die Männer
eine innere Distanz zur Armut ganz allgemein miteinander teilen. Während
sie sich in den geeigneten Strategien zur Lebensbewältigung keineswegs einig sind, haben sie eine gemeinsame Sicht auf Armut: Man muss arbeiten, um
nicht arm zu sein, und das kann jeder, wenn er nur will. Wer arm ist, hat nicht
nachgedacht, nicht gut geplant und seine Ausgaben nicht kontrolliert. Einer
der jungen Männer, Stefano, ist in vielen Diskursen während dieser Gruppendiskussion ein Außenseiter. Er macht Musik und lehnt es ab, eine Arbeit zu
machen, die ihm nicht entspricht, hat deswegen auch die geringsten Ressourcen zur Verfügung. Er vermutet in der hier zitierten Sequenz wohl, dass es
durchaus Menschen gibt, die Hilfe brauchen und ihre Armut nicht aus eigener
Kraft überwinden können. Aber auch er teilt die Sicht der Gruppe, so dass es
hier zu einem klaren Konsens kommt: Wer es nicht schafft, kann sich Hilfe
holen. Wer nichts tut, trägt selbst an seinem Elend die Schuld.

Prinzipiell könnte man diese optimistische Sicht der Dinge aus dem Mund
von jungen, von Armut bedrohten Menschen sehr positiv bewerten: Sie wissen
um ihre Fähigkeiten, haben ein Verständnis für Notwendigkeiten und soziale
Regeln. Sie haben Netzwerke und nutzen sie. Man könnte sagen: Sie haben
teil an der Gesellschaft in Wilhelmsburg. Sie füllen öffentliche Räume, nutzen
Sportanlagen und Jugendhäuser, diskutieren über den Stadtteil und wollen für
sich und ihre Familie etwas erreichen. Dennoch gibt es hier ein Moment der
Ausgrenzung, zumindest in Bezug auf die Logik des Bildungssystems: Die
jungen Männer teilen die Ansicht, man müsse eine gute Ausbildung haben,
um sich und eventuell auch eigene Kinder ernähren zu können, nur in sehr geringem Maß. Sie gehen davon aus, dass sie dazu in der Lage sein werden, ohne zu berücksichtigen, welche formalen Anforderungen damit verbunden sein
werden. Festzuhalten bleibt, dass das Teilhabe-Empfinden dieser Männer nicht
unwesentlich auf Vergleiche mit anderen Gesellschaften baut: „In der Mitte"
sind sie nur, weil sie an einer Perspektive festhalten, in der mindestens die Tür-

kei, wenn nicht auch Entwicklungsländer, zu ihrer Lebenswirklichkeit zählen und die Skala von Oben und Unten mitbestimmen – ebenfalls eine Sicht, die die meisten Menschen in Hamburg nicht teilen würden. [1]

Eine andere Sicht der Dinge auf die eigene Situation bietet eine Gruppe von Frauen zwischen 28 und 60 Jahren, die seit Langem, zum Teil bereits seit Generationen arm sind, manche von ihnen seit ihrer Kindheit, die ohne ein reguläres Beschäftigungsverhältnis sind und fast alle verschuldet und allein erziehend. Diese Frauen treffen sich in einer sozialen Einrichtung, manche arbeiten dort in einem 1-Euro-Job, andere nutzen die Tafel in der Nähe, trinken hier zu den Öffnungszeiten einen Kaffee und tauschen sich aus. Diese Frauen wären mit der Einrichtung nicht in Kontakt gekommen, hätten sie sich nicht selbst als arm oder zumindest in einer schwierigen sozialen Lage gesehen. So ist es zunächst kein Wunder, dass das Problem der Armut und Ausgrenzung sofort im Mittelpunkt des Gesprächs steht.

FRAUEN, DIE SEIT VIELEN JAHREN ARM SIND, ÜBER OBEN UND UNTEN IN DER GESELLSCHAFT

Sabine: Ich fühl mich scheiße. So. Ich muss mit 200 Euro meine beiden Kinder durch-
kriegen.
Elke: Ist scheiße. Auf gut Deutsch.
Sabine: Ja, ist scheiße. Ich muss mit 200 Euro meine Kinder durchkriegen. Ich muss
Essensgeld für die Schule bezahlen, ich muss meine Schulden bezahlen, und ich
weiß gar nicht wie. Die Kinder brauchen Klamotten, und ich bin alleinerziehende
Mutter von zwei Kindern. Der Vater von den Kindern kommt alle 14 Tage. Ich
bin ne arme Sau. Tschuldigung. Aber ist doch so. Ich bin ich bin ne arme Sau.
Also ich, nach meiner Meinung, ich bin unten. Was soll ich dazu noch sagen.
Weil ich muss zusehen, wie ich meine beiden Sprösslinge allein groß krieg. Ne.
Und dann noch mit Schulden, und HEW und Telefon und das alles. Deswegen.
Und 15 Jahre such ich schon ne Arbeit. Aber hab nix gefunden.
Yasemin: Also ich fühle mich sehr arm. (lacht leicht) Weil ich würde gerne arbeiten.
Dass ich was habe auch selber. Weil ich komm nicht vorne und nicht hinten, so
reicht für gar nichts dieses Geld aus. Und deswegen würd ich gerne arbeiten, weil
ich muss was einkaufen für meinen Sohn. Kleidung, oder Sachen, Wohnung. Ich

---

[1] Dörre (2006) schildert solche Differenzen in den Sichtweisen als ein Symptom dafür, dass Prekarisierungsprozesse im Bereich von Qualifizierung und Beschäftigung eine separieren-de Funktion haben: Sie schaffen (neue) Sichtweisen auf das Erwerbsleben, die „zur wech-selseitigen Abschottung unterschiedlicher Arbeits- und Lebenswelten führen."

brauche mehr Geld, weil das ist zu wenig, 345 Euro. Das reicht überhaupt nicht.
(...)
I: Würden Sie denn sagen, es gibt Leute, denen es schlechter geht als Ihnen?
Nicole: Ja.
Elke: Ja.
Sabine: Ja.
Yasemin: Stimmt.
I: Hier in Wilhelmsburg auch?
Elke: Ja. Also wir haben bei uns einen Arbeitskollegen, der ist teilweise durchs Raster
   gefallen. Und dem geht's also, der lebt teilweise auf der Straße. Und der kann
   auch nicht reden, weil er Kehlkopfkrebs hatte. Dem geht es also verdammt mies,
   und der ist auch am Ende seines Lebens. Also es sind einige hier.

Die langen Jahre des Bezugs von Transferleistungen haben bei den Frauen das Gefühl hinterlassen, keine Option auf eine positive Veränderung zu haben. Eine Arbeit gibt es für sie nicht, darin sind sich die Frauen einig. Wer Kinder hat oder eine andere familiäre Verpflichtung, wer nicht voll und ganz flexibel und einsatzbereit ist, hat auf dem Arbeitsmarkt keine Chance.

Im Verlauf der Diskussion wird deutlich: Die staatlichen Zuwendungen erscheinen den Frauen als Gegenstück zur Erwerbstätigkeit. Sie dienen als eine Art monatliche Abfindung: Diese sichert – zumindest prinzipiell – den Lebensunterhalt und entschädigt für die Chancenlosigkeit in Bezug auf alle weiteren Ansprüche. Das Gespräch der Frauen, so erscheint es beim Zuhören, dient dazu, sich selbst in diesen Gewissheiten zu bestärken: Wer Kinder hat, bekommt keinen Job. Wer arm ist, hat automatisch Schulden. Sätze wie „Ich muss meine Kinder durchbringen" oder „345 Euro sind zu wenig", wiederholen sich unzählige Male, werden wie ein Mantra von allen wiederholt. Man spürt den hohen Wert der gemeinsam geteilten Wirklichkeit, in der alle Träume von einem anderen Leben mit den Transferleistungen quasi abgefunden sind.

Ebenso einig sind sich die Frauen darin, dass es gewissermaßen ein soziales Stockwerk unter ihnen gibt, eine noch extremere Armut, dort wo Menschen die monatliche Abfindung, von der sie leben, nicht mehr haben, weil sie eben nicht mehr die Sätze sprechen können, die sie vor sich selbst oder beispielsweise Ämtern aufrecht halten. Dann bedroht Armut die eigene Position, in der man zumindest durch soziale Leistungen noch gehalten wird, und wird schließlich lebensbedrohlich.

Aus der Beobachterperspektive betrachtet zeigt sich die Armut dieser Frauen unter anderem darin, dass sie zwar davon träumen, ihre Möglichkeiten zu erweitern, ihren Kindern oder auch einmal sich selbst mehr kaufen zu können, aber nicht davon ausgehen, die Chance dazu zu bekommen. Weil es keine Arbeit gibt, schon gar nicht für Mütter, ist der 1-Euro-Job das Höchste der Gefühle. Wer hier angekommen ist, erlebt für einige Monate eine echte Verbesserung – immer im Wissen darum, dass dies nicht von Dauer ist. Darin, dass sich diese Frauen abgekoppelt von Idealen wie Arbeit und Bildung darauf verständigen, dass das Leben sie benachteiligt hat und Arbeit im Wesentlichen dort nötig ist, wo die monatliche Abfindung nicht genügt, besteht wohl der Kern ihrer Ausgrenzung. [2] Für die Beobachterin wird sie optisch fassbar, wo die Frauen mit ihrem ganzen Körper, ihrer Frisur und ihrer Körperhaltung ausstrahlen, dass sie nicht damit rechnen, jemals ein anderes Leben zu führen.

Wer ist Subjekt dieser Ausgrenzung? Die Frauen würden sagen: Das System, die Arbeitgeber oder auch die grundlegenden Verhältnisse am Arbeitsmarkt, die Männer, die sie allein gelassen haben, oder die Politiker, die die Sätze der Transferleistungen zu niedrig angesetzt, die Dauer von Ein-Euro-Jobs begrenzt und die GEZ noch nicht abgeschafft haben. Zugleich wird deutlich, welche stabilisierende Wirkung ihre soziale Umgebung hat – und wie diese die Ausgrenzung stabilisiert. Wie das vor sich geht, zeigt die folgende Passage aus der Gruppendiskussion. Die Interviewerin fordert eine 30jährige Frau, die bisher geschwiegen hat, auf, ihre Sicht beizutragen:

FRAUEN, DIE SEIT VIELEN JAHREN ARM SIND, ÜBER IHRE CHANCEN AUF DEM ARBEITSMARKT

I: Und was beschäftigt Sie am meisten in Ihrem Leben im Moment?

Nicole: Ja. Also ich bin ja auch schon seit vier Jahren arbeitslos, ich bin ja momentan in der Schule, ich mach meinen Abschluss. Ein-Euro-Job wollt ich nicht gerade machen. Das ist dafür ein bisschen jung, ich bin ja grad 30 geworden. Ja, und jetzt hab ich ne Ausbildung gefunden, und das mach ich dann jetzt. (...) Ich denk auch, Nicole, du bist noch jung, dass du vielleicht noch gewisse Chancen hast, und nehm das denn an, ne. Denn hab ich mir selber 'n Job gesucht. Und

---

2   Bourdieu (1987) beschreibt mit dem „Habitus der Notwendigkeit" die Anpassungsprozesse von Menschen, die über längere Zeit von Armut betroffen sind, als kreative Leistung im Umgang mit der problematischen Situation. Die Betroffenen fügen sich nicht nur in ihre Situation, sondern entwickeln einen „Geschmack" für Ästhetik und sogar Verhaltensweisen, die nur noch das unmittelbar Notwendige in Betracht ziehen (585-601).

dann, hat zwar lange gedauert, aber nun endlich hab ich gedacht, Gott sei Dank.
Diesmal hältst du's durch, Nicole. Ja, wenigstens etwas, ne. 345 Euro, wie die
schon sagten, das ist wirklich wenig. Weil, wenn ich da was bezahlen muss, ich
hab grad mal 100 Euro zur Verfügung, monatlich. Das ist auch nicht viel. Und
wie sie sagte, es gibt keine Arbeit. Gut, es gibt keine Arbeit, aber wenn man sich
bemüht, kriegt man schon Arbeit. Das ist nicht, dass man jetzt hier sieht, man
kriegt keine Arbeit oder was. Ist egal, ob man nun Ein-Euro-Job oder irgendwel-
che andern Arbeits-, äh, also meine Meinung ist, man kriegt noch Arbeit. Also
man braucht nur jetzt Zeitung gucken oder Internet gucken, und dann sind noch
einige, die für fünf 300 oder 400 Euro
Petra: Aber Internet muss man ja bezahlen können, von 345 Euro, geht nicht.
Nicole: Ja. Es gibt ja, gibt ja hier Internetcafé für einen Euro und so. Da kannst ja
    angucken, und so weiter und so fort. Überall. Es gibt Zeitungen zum Beispiel.
Elke: Alles schön und gut gesagt. Du bist 30. Ich bin 51. Heike ist über 40. Geht auf
    die 40 zu. Beate ist über 40.
Beate: 51.
Elke: Yasemin hat Kinder. Sie ist über 40.
Nicole: Man kann ja auch putzen gehen. Es gibt ja auch Putzstellen.
Elke: Du, halt! Putzen gehen. Es ist alles schön gesagt. Aber
Petra: 51jährige
Elke: Ja. Ja. Als 50jährige.
Petra: Keine Chance.
Elke: Ich würd auch gerne putzen gehen, ja. Aber ich bekomme kein – was glaubst du
    überhaupt, was ich schon versucht hab, Arbeit zu bekommen.
Nicole: Mhm.
Elke: Ich bin nicht flexibel genug. Weil ich nebenbei auch noch 'n kranken Mann zu
    pflegen habe. Ich kann nur von um acht bis um eins. (...) Ich werd immer die Ge-
    fahr haben, dass er zum Beispiel ins Krankenhaus muss, dass ich 'n Arzttermin
    hab, und so weiter und so fort. Die Heike hat x-mal versucht, Arbeit zu bekom-
    men. Null. Petra hat 'n Kind. Von sechs Jahren. Da sagen sie, du bist Mutter.
    Beate hat 'n Kind. Samuel ist drei, ne.
I: Vielleicht lässt du doch mal die Leute selber reden?
Elke: Ja. Nein, weil ich selber, nein, weil ich wollt ja, ich wollt ja soeben erklären, weil
    du hast keine Kinder. Du hast keine Verpflichtung. Alle haben sie irgendwelche
    Verpflichtungen. Das ist der Unterschied. Und bei 30, ob du 30 bist
I: Stimmt das? Haben Sie keine Verpflichtungen?
Elke: Also Verpflichtung in dem Sinne jetzt, dass Kinder
Nicole: Doch, für mich ja. Jeder hat Verpflichtungen. Ich selber hab meine Verpflich-
    tungen.
Elke: Ja. Aber ob man 30 ist, oder man ist über 38, das ist 'n Unterschied!

Nicole schert aus der Weltsicht aus, die die anderen Frauen teilen. Zwar kennt sie die meisten der Frauen, sie ist aber durch ihren beruflichen Status eine Außenseiterin: Sie hat sich, wenn auch noch nicht vollständig, vom Modell der Abfindung und dem Glauben an die Chancenlosigkeit verabschiedet. Sie glaubt, noch Chancen auf dem Arbeitsmarkt zu haben, obwohl sie, nach vielen Krisen, abgebrochenen Ausbildungen und langer Arbeitslosigkeit, mit 30 Jahren längst jenseits der üblichen Erwerbsbiographie lebt. Sie tut sich schwer damit, etwas „durchzuhalten", und ist dennoch dazu entschlossen. Im weiteren Diskussionsverlauf isoliert sich Nicole endgültig in ihrer Haltung, indem sie nicht nur die eigene Position beschreibt, sondern dies auch in Abgrenzung zu den Frauen, die vor ihr gesprochen haben, formuliert. Zum ersten Mal ist an dieser Stelle die Gemeinschaft, die die Frauen in ihren Überzeugungen bilden, auch im Gesprächsverlauf zu beobachten: Sie bilden eine Einheit in der Ablehnung der Haltung Nicoles, verteidigen sich gegenseitig und begründen füreinander ihre Arbeitslosigkeit.

Ausgrenzung ist, so scheint es in diesen Gruppendiskussionen, keine einseitige Handlung. Vielmehr liegt ein wesentlicher Bestandteil der Ausgrenzung darin, dass die Betroffenen, hier die Armen, Arbeits- und Mittellosen, sie selbst zumindest unterstützen – gewissermaßen zu ihrem eigenen Schutz vor Vorwürfen und Schuldgefühlen. Möglicherweise, so die Hypothese, ist eine Vernetzung von Ausgegrenzten nur möglich, indem die Betroffenen miteinander eine Solidarität in der Ablehnung von gesellschaftlichen Idealen pflegen, die sie aus ihrer Sicht nicht erfüllen können. Dies hätte Konsequenzen für ein zweckmäßiges Verständnis von Teilhabe: Sie zu fördern, würde bedeuten, in mancher Hinsicht gegen Mechanismen zu arbeiten, mit denen die Betroffenen ihre Situation bewältigen. Diese Überwindung ausgrenzender Mechanismen ist es, was die Betroffenen aus eigener Kraft nicht schaffen.

2.2 Vom Stellenwert der Arbeit

Das Thema „Arbeit" ist aus gutem Grund ein Angelpunkt der Armuts- und Ausgrenzungsdebatte: Wer Arbeit hat und damit den eigenen Lebensunterhalt verdienen kann, trägt ein relativ niedriges Armutsrisiko. Umgekehrt betrachten die meisten von Armut Betroffenen die Arbeit als Schlüssel zur Bewältigung ihrer Armut, und zwar unabhängig davon, ob sie Arbeit haben oder nicht. Dies spiegelt sich auch in den Gruppendiskussionen wider: Wer nicht erwerbsfähig ist, wer keinen Zugang zum Erwerbsleben oder das Renteneintrittsalter

erreicht hat, hat es schwer, eine Veränderung der eigenen Situation herbeizuführen. Darin sind sich die Betroffenen einig. Arbeit ist in dieser Hinsicht ein
Schlüssel zur Teilhabe. Weil diese jedoch nicht nur über die rein materielle
Bedeutung von Arbeit definiert ist, steht hier die Frage im Vordergrund, in
welchen Funktionen Arbeit den Betroffenen nützt.

Nach der Analyse der Gruppendiskussionen mag man meinen: Für viele
Befragte bedeutet Arbeit so etwas wie die *Legitimation des Daseins*. Von den
meisten Erwerbstätigen hörten wir immer wieder Sätze wie „Ich habe mein Leben lang gearbeitet", vor allem dann, wenn die Befragten zusätzlich zum Lohn
oder Gehalt für ihre Arbeit noch ergänzendes Arbeitslosengeld bekommen.
Mit einer qualitativen Untersuchung ist nun die Frage nicht zu beantworten, ob
dies wirklich eine typische Haltung bei Menschen ist, die staatliche Transferleistungen in Anspruch nehmen, oder ob wir mit der Auswahl von Menschen,
die zur Gruppendiskussion bereit sind, unwillkürlich auch Menschen mit einer bestimmten Haltung angetroffen haben. Interessant ist jedoch, dass diese
Auseinandersetzungen mit der „Legalität" der eigenen Person und Lebenssituation, mit Eigenverantwortung und Schuld und mit der bedrückenden Frage,
ob vielleicht „etwas mit mir nicht stimmt", immer mit dem Thema „Arbeit"
verknüpft sind.

Besonders gut ist das zu beobachten am Beispiel so genannter Working
Poor, also Menschen, die trotz ihrer Erwerbstätigkeit nicht oder nur mit Mü-
he die eigene Existenz sichern können. Ein Beispiel: Eine Mitarbeiterin einer
Kindertagsstätte muss Arbeitslosengeld II beantragen, als die Einrichtung von
einem neuen Träger übernommen wird und sie für ihre Arbeit deutlich weniger Geld bekommt. Sie muss nicht nur die Demütigung verarbeiten, die es für
sie bedeutet, Transferleistungen zu beantragen, sie sieht sich auch angefragt in
der Berechtigung, einen staatlichen Zuschuss zu erhalten und zugleich grundlegende Rechte in Anspruch zu nehmen – einschließlich einer Alterssicherung.

ERWERBSTÄTIGE FRAUEN ÜBER IHRE PERSPEKTIVE AUF
STAATLICHE TRANSFERLEISTUNGEN

Sandra: Also ich hab die Erfahrung, weil ich hab ja noch nie vom Amt gekriegt, mein
     ganzes Leben noch nie, und da jetzt hinzugehen. Was mach ich, weil ich hatte
     überhaupt keine Erfahrung. Dann hat meine Chefin sich überall erkundigt, was
     ich machen muss (...) Und dann bin ich da hingegangen mit meinen ganzen
     Unterlagen, und dann sagt er, was wollen Sie jetzt von mir. Ich sag, ja, ich möchte

ne Unterstützung haben, weil ich komm so nicht mehr zurecht. Ja, das müssen wir erst mal ausrechnen. Dann sagt er, aber Sie haben hier Rentensachen. Damals hab ich so Vertrag abgeschlossen, oder der Arbeitgeber, dass so vom Lohn wird gleich die Rente einbehalten. Also so ne Zusatzrente. Ja, das können Sie jetzt kündigen, dann haben Sie erst mal genug Geld, damit können Sie dann leben. (...) Dann konnte ich den Vertrag aber nicht kündigen, weil das ist festgelegt. Also vom Arbeitgeber. Ich kann das nicht kündigen. Also das wird auf mein Rentenkonto eben irgendwie gutgeschrieben.
I: Das ist auch nicht zulässig.
Sandra: So und wusste ich aber auch nicht. Ja, also er war auch richtig frech zu mir. Also wo ich auch nächsten Tag 'n Beschwerdebrief mit meiner Chefin geschrieben hab, weil ich bin da behandelt worden wie der letzte Dreck. Und ich wollt da nicht mehr hingehen. Ich war mit den Nerven richtig am Ende. Ich bin auch seitdem, oder jetzt seit diese Lage ist, in psychologischer Behandlung. (weint)
I: Da brauchen Sie Unterstützung.
Gülsen: Ja. Manchmal ich auch Nerven kaputt, ich hier sitzen. Einfach Hause und weinen. Ich was machen? Meine Arbeiten Geld bezahlen alles. Was kaufen?

Die Unsicherheit darüber, was ihr zusteht, mit welcher Hilfe sie rechnen darf und welche persönlichen Sicherheiten sie dafür aufgeben muss, belastet Sandra schwer. Als sie in der Gruppe über ihre Erfahrungen berichtet, ist die Aufmerksamkeit sehr hoch. Alle sind bewegt und nehmen im Folgenden den Faden auf. Sogar die Interviewerin wird zu einer parteilichen Intervention verlockt. Einig sind sich die Befragten jedoch darin, dass sie arbeiten wollen – auch wenn sie von ihrer Arbeit allein nicht leben können. Die Stimmung in dieser Gruppe, die hohe Intensität der Kommunikation, in der die Teilnehmerinnen auf das Gesagte eingehen, sich gegenseitig unterstützen und bestätigen, obwohl sie sich vor der Diskussion nicht kannten – all das ist im Überblick über die Gruppendiskussionen typisch für Gespräche besonders unter Erwerbstätigen.

Darin spiegelt sich ein Wert der Arbeit wider, der implizit von allen Befragten genannt wird: Wer arbeitet, nimmt gewissermaßen offiziell am Leben teil, hat Kontakte und eine kommunikative Basis, sie zu nutzen. Arbeit erscheint als eine *Sozialform*, die nicht nur ein *geregeltes Leben* schafft, sondern auch die Motivation stärkt, auf sich, den eigenen Körper und sein Aussehen zu achten und am gesellschaftlichen Leben teilzunehmen. In diesem Sinn stärkt Arbeit ohne Zweifel die Teilhabe der Befragten. Interessanterweise fördert diese Teilhabe am gesellschaftlichen Leben, sozialen Prozessen und Wertschöpfungsprozessen umgekehrt die *Selbstverantwortung* der Menschen.

Möglicherweise spiegelt die hohe Intensität dieses Gesprächsgang aber zugleich ein *Spannungsverhältnis*, dem die Working Poor in der Gruppendiskussion wie in ihrer Lebensführung insgesamt ausgesetzt sind: Andere Befragte, wie die Gruppe der seit Langem von Armut betroffenen Frauen, haben durch zahlreiche negative Erfahrungen oder auch schlicht durch eine lange Zeit der Armut den Glauben an den Wert von „Leistung" und „Arbeit" verloren. Dagegen teilen die Working Poor diese Werte noch, wie im Folgenden noch deutlicher werden wird: Sie glauben, dass Erwerbstätigkeit unverzichtbar ist, dass berufliche Anstrengungen sich lohnen, dass es quasi um jeden Preis sinnvoll ist, den eigenen Lebensunterhalt selbst zu bestreiten, so weit es eben möglich ist – obwohl sie in ihrer gegenwärtigen Situation ständig Erfahrungen machen, die Grund genug wären, sich von diesen Werten abzukoppeln. Die Anstrengung, die es bedeutet, in diesem Spannungsverhältnis zu leben und zu arbeiten, drückt sich in den Tränen Sandras und in der Solidarität der anderen Frauen untereinander nur ansatzweise aus und kann wohl kaum überschätzt werden.

Unter 2.1 (und hier im Kontrast zu den Working Poor) ist bereits eine Gruppe von Frauen vorgestellt worden, die seit langer Zeit arm sind. Sie teilen die Einstellung, dass es für sie in ihrer Situation keine „echte" Arbeit gibt, mit der sie sich und ihre Familien versorgen könnten. Diejenigen Frauen in der Gruppe jedoch, die in jüngerer Vergangenheit Erfahrungen mit einem Ein-Euro-Job gemacht haben, betrachten diese Arbeit als Notwendigkeit in verschiedener Hinsicht:

FRAUEN, DIE SEIT VIELEN JAHREN ARM SIND, ÜBER DIE
BEDEUTUNG VON ARBEIT

Elke: Also du brauchst Miteinander. Und wir sind nun auch Kollegen, unsere Reibereien, Wortgefechte, das fechten wir meistens miteinander aus. Aber wir sind zusammen, wir arbeiten zusammen. Und es sind auch einige, die sind auch privat befreundet.

Petra: Und wir sind schon so was wie Freunde.

Elke: Ja. Oder dass man dem einen auch mal Druck gibt. So nun mach das so, hab ich oft schon gesagt, so 'n kleinen Tritt gibt. Also es sind einige, die brauchen's. Aber sonst im Allgemeinen, also in dieser Lage braucht man Freunde. Dringend. (…)

Heike: Also ich denk mir schon mal, jeder, der schon mal den Weg hier hin geschafft hat. Dass er einmal sich Lebensmittel holt und auch eventuell versucht, ehrenamtlich hier zu arbeiten oder in diesen einen Aktivjob reinzukommen. Ist schon

mal ein Anfang. Also denn das kostet ja auch Überwindung, ich kann nur von
mir reden, mich hat das am Anfang ganz schön Überwindung gekostet, zur Tafel zu gehen und mich da anzustellen. (...) Und man ist ja auch wieder unter
Leute. Man sitzt nicht nur den ganzen Tag vorm Fernseher, und die Bildzeitung
kann man auch nur einmal lesen. Und man lernt ja auch wieder andere Leute
kennen. Und ich denk mir mal, dass das schon mal 'n Anfang ist. Und man muss
ja wieder 'n bisschen mehr auf sein Äußeres achten. (...) Das macht man ja eigentlich automatisch. Wenn man rausgeht auf die Straße, und mit'm Publikum
verkehrt, dann läuft man ja nicht im Schlafanzug durch die Gegend. Was man in
der Wohnung zum Beispiel den ganzen Tag machen könnte. Und dann kommen
auch wieder andere Ziele, Wertvorstellungen, als wenn man nur den ganzen Tag
vorm Fernseher, und die kann man sich nur selber setzen. Da kann mir gar keiner
helfen.

Die Frauen konstruieren hier eine Art „Karriere" aus der Armut heraus: Erst
trauen sie sich zur „Tafel", dann gibt es dort den „Aktivjob", aus Kolleginnen
und Kollegen werden Freunde. Den Frauen erscheint in diesem Kontext *Arbeit als Hilfeleistung*. Sie unterscheiden, was die Bedeutung der Arbeit angeht,
nicht zwischen einer ehrenamtlichen Arbeit, einem „Aktivjob" und einer sozialversicherungspflichtigen Arbeit. Es gibt lediglich Vorstufen der Arbeit, etwa
indem man es wagt, die eigene Wohnumgebung zu verlassen und etwas für sich
zu tun. Der Umgang mit dem Körper drückt dann aus, was diese Veränderung
bewirkt: Quasi von allein entstehen neue *„Werte" und „Ziele"*, damit Wünsche, Hoffnungen oder sogar Ansprüche. Und aus dieser Perspektive erscheint
die Entwicklung von Zielen und das Bestreben, sie zu erreichen, nun als etwas,
für das der Mensch selbst verantwortlich ist und was nur er selbst schaffen
kann – nicht andere Menschen, die Umgebung, die zugewiesenen Möglichkeiten oder Spielräume. Während die meisten Frauen im Verlauf der Diskussion
immer wieder eine zutiefst pessimistische Haltung zeigen, was ihre Chancen
auf eine Besserung ihrer Situation anbelangt, berichten sie dort, wo es um die
Arbeit geht, von Erfolgserlebnissen, ermutigenden sozialen Erfahrungen, persönlichen Entwicklungen und der Lust auf Veränderungen.

Insgesamt spielt der *Zusammenhang von Arbeit und Persönlichkeit* eine
wichtige Rolle: Arbeit wirkt dort auf Menschen, die von Armut betroffen sind,
besonders förderlich, wo sie die eigene Person stärkt, ermutigende Kontakte
schafft, den Tag strukturiert und mit Sinn erfüllt. Bei näherem Hinsehen sind
aber die objektiven Folgen der Arbeit, vor allem in der Gestalt des Einkommens, und die beschriebenen, subjektiven oder auch psychosozialen Folgen

nicht selbstverständlich zwei Seiten derselben Medaille. Schon bei den zitierten Frauen ist deutlich: Sie schätzen den Gewinn, den ihre Arbeit ihnen im
psychosozialen Bereich beschert, sie schätzen den *Zugewinn an Lebenssinn*
sowie den (geringen) finanziellen Zugewinn aus einer Arbeitsgelegenheit im
„Aktivjob". Sie rechnen aber grundsätzlich nicht damit, jemals von staatlichen
Transferleistungen unabhängig zu leben. Im Gegenteil: Gerade in den sozialen
Kontakten, die sie in ihren Arbeitszusammenhängen gewonnen haben, stützen
sie sich gegenseitig in der Annahme, aus verschiedenen Gründen kein sozialversicherungspflichtiges Beschäftigungsverhältnis eingehen zu können.

Mit Blick auf die Teilhabeproblematik der Frauen könnte man formulieren:
Wesentliche Elemente der Teilhabeförderung durch Arbeit scheinen unabhängig davon zu sein, ob die Betreffenden von ihrer Arbeit tatsächlich leben können oder ob es sich „nur" um eine Tätigkeit auf dem „dritten Arbeitsmarkt"
handelt. Man könnte daraus auch die Vermutung ableiten, dass Maßnahmen
zur Integration in das Arbeitsleben in sich das Risiko tragen, das Streben nach
einem Beschäftigungsverhältnis auf dem ersten Arbeitsmarkt zu dämpfen.[3]
Zum einen könnten die psychosozialen Effekte dieser Maßnahmen derartig
greifen, dass die Betroffenen die Notwendigkeit eines solchen Beschäftigungs-
verhältnisses nicht mehr empfinden. Zum anderen könnte das Sinnangebot einer Tätigkeit im „Aktivjob" derartig sein, dass ein gewöhnliches, für die Befragten erreichbares Beschäftigungsverhältnis dem kaum vergleichbar ist.

Der Kontrast von „sinnhafter Arbeit" und „Arbeit um des Einkommens
willen" erscheint bei solchen Gruppen besonders deutlich, in deren Perspektive staatliche Transferleistungen keine Rolle spielen. Eine Gruppe von jungen
Männern, die sich in einem Wilhelmsburger Jugendhaus treffen, inszeniert diesen Kontrast sehr lebhaft, indem sie unterschiedliche Lebensentwürfe gegeneinander ausspielt.[4] Zwei der Männer, Orhan und Tarik, sind in der Ausbildung
und verfügen damit über ein kleines Einkommen. Zwei andere, Stefano und
Kasim, haben noch keine Ausbildung begonnen, freiwillig oder unfreiwillig.
Die Männer ringen um einen Weg zwischen eigenen Interessen und der Not-

---

[3] Solche Lock-in-Effekte werden in der Diskussion um geeignete arbeitsmarktpolitische In-
     strumente diskutiert und empirisch erforscht; vgl. Wolff / Hohmeyer (2006), 6-8.
[4] Ellen Friedrich (2003) zeigt in ihrer Untersuchung von Wilhelmsburger Jugendlichen die
     Wechselbeziehung zwischen schulischen und beruflichen Orientierungen der Jugendlichen
     auf (209-237). Dort findet sich der Bezug von Bildung und Arbeit berücksichtigt, der an
     dieser Stelle zu diskutieren ist. Er findet sich bei Friedrich vor allem als Bezug der Jugend-
     lichen auf gesellschaftliche Werte und Normen wieder.

wendigkeit, Geld zu verdienen und langfristig auf eigenen Füßen zu stehen. Angeregt durch die Eingangsfrage der Interviewerin, erarbeiten die Befragten diskursiv das Für und Wider der Konzepte:

JUNGE MÄNNER IM JUGENDHAUS (17-25 JAHRE) ÜBER DIE ARBEIT

I: Okay, die erste Frage ist: Was beschäftigt euch im Moment am meisten?
Orhan: Meine Arbeit, meine Ausbildung als Lackierer.
Aslan: (lachend) Mein ganzes Leben.
Kasim: Meine Zukunft.
Tarik: Auch Arbeit, Ausbildung. Fußball.
Stefano: Tja. Dass ich nichts eigentlich aus meinem Leben gemacht habe. (Orhan schnaubt) Ist so. Nein, also kann ja noch passieren. Also ich mach ja Musik. Ist eigentlich schade, dass ich nichts aus meinem Leben gemacht hab. Aber ich bin ja noch jung halt, ne. Und man weiß ja nie im Leben, ne. Von heut auf morgen. (...)
Tarik: Also wenn ich ehrlich sein soll, also ich würde mal so sagen, ich bin voll glücklich mit meinem Leben, ich wohn auch alleine, und wenn jeder was von seinem Leben macht, also das kommt immer auf die Person an. Wenn du die ganze Zeit rum gehst, ja dann kannste halt nichts zustande bringen. Aber wenn du was dafür tust, dann kommt das, und wenn du arbeitest, hast du Geld. Wenn du nicht arbeitest, hast kein Geld. Das kommt immer auf die Person an.
Aslan: Wenn du draußen rum gehst, kannst du ja kein Geld verdienen. Du musst ja arbeiten, um Geld zu verdienen.
Tarik: Und den einigen ist das wahrscheinlich nicht bewusst, und den anderen ist das noch bewusster.
Aslan: Also ich bin zufrieden. Tja. Na ja.
Kasim: Ich auch. Also nicht so ganz, ich hab die höhere Handelsschule abgeschlossen, aber ich hab keinen Ausbildungsplatz gefunden. Und jetzt mach ich meinen Taxischein. Ich lerne, aber ist nicht mein Ding, aber muss ja. (...) Ich möchte auch was anderes werden, aber in der Zeit ist es nicht so, da musst du dir, also nicht was dein Ziel, also Ziel erreichen ist schwer. Also mein Ziel war nicht, Taxifahrer zu werden, aber ich hab ja nichts gefunden. (...)
Stefano: Was ich eigentlich damit sagen will, ist dass ich nicht mit meinem Leben zufrieden bin in der Hinsicht, weil ich noch nichts erreicht habe. Das kann ja noch kommen. Aber ich hab nicht gesagt halt, dass ich nichts zum Essen hab. (...)
Tarik: Wenn du arbeiten gehen würdest, würdest du auch Geld haben. Du bist ja faul, das weiß ja jeder.
Stefano: Das hat ja nichts mit faul zu tun.

Tarik: (lacht leicht) Ja wenn du arbeitest, hast du Geld.
Stefano: Was hat das damit zu tun? Ich muss nicht das machen, auf was ich keine Lust
  hab. Ich hab Lust, wenn ne Arbeit zu tun, die macht mir Spaß, und das mach
  ich. Warum soll ich irgendwas machen, worauf ich keine Lust hab? Ich will inner
  Arbeit Spaß haben, wenn ich arbeite. Sie haben ja auch Spaß in Ihrer Arbeit. Also
  möchte ich auch gerne, wenn ich ne Arbeit habe, Spaß dran haben. Ich muss ja
  nicht jeden Müll machen oder jeden Scheiß.

Die Männer wollen „etwas aus ihrem Leben machen". Was sie jedoch darunter verstehen, ist besetzt mit inneren und äußeren Konflikten: Das Konzept der einen basiert auf dem Willen, mit einer wie auch immer gearteten Beschäftigung ausreichend Geld zu erwirtschaften, um den eigenen Lebensunterhalt zu sichern und sich gewisse Konsumwünsche zu erfüllen. Als Gegenbild dazu konstruieren sie das Bild des Menschen, der „draußen rum geht", nicht arbeitet, kein Geld hat und auf diese Weise auch nichts erreicht. Arbeit ist in diesem Konzept nichts, was einen Sinn bietet, indem es mit den eigenen Interessen zu tun hat und Spaß macht. Der Sinn entsteht indirekt, indem die finanziellen Möglichkeiten wachsen. Wer das nicht erstrebt, ist faul.

Das Konzept der anderen, vor allem repräsentiert durch Stefano, leugnet diesen indirekten Sinn der Arbeit: Dass man sich die finanzielle Basis selbst erwirtschaftet, ist zweckmäßig, aber in seiner sinnstiftenden Funktion von der Art der Arbeit abhängig. Das bedeutet: Arbeit muss der eigenen Person entsprechen, sie muss Spaß machen, damit Geldverdienen mehr ist als nur Mittel zum Zweck. Mehr noch: Wenn Arbeit keinen Spaß macht, bedroht sie ein sinnerfülltes Leben. Stefano findet innerhalb der Gruppe für seine Sicht kaum Unterstützung, gleichzeitig teilt er im Grundsatz offenbar die Bewertung der anderen, man müsse „etwas aus seinem Leben machen", also einer geregelten Arbeit nachgehen oder eine Ausbildung absolvieren. So gerät er in eine Zwickmühle und sucht die Solidarität der Interviewerin, mit der er sich vor der Gruppendiskussion kurz unterhalten hatte. Er fordert, was sie hat, als sein Recht ebenfalls ein: „Sie haben ja auch Spaß in Ihrer Arbeit. Also möchte ich auch gerne, wenn ich ne Arbeit habe, Spaß dran haben."

Stefano scheint hier eben jenes Hemmnis zu verspüren, das bei den Frauen in der oben zitierten Diskussion sichtbar ist: Im Vergleich mit einer als sinnvoll empfundenen Arbeit, dort mit der Tätigkeit in einer sozialen Einrichtung, hier im Vergleich etwa mit einer Tätigkeit als Musiker, tritt die Bedeutung der Arbeit als Broterwerb deutlich zurück. Sie belastet das Selbstwertgefühl, erscheint als „Müll" und ist prinzipiell weder verlockend noch akzeptabel. Kasim sieht sich in einem ähnlichen Dilemma, indem er den erstrebten Ausbildungsplatz trotz erheblicher Weiterqualifizierung nicht bekommt. Er wählt aber einen Zwischenweg, akzeptiert, dass es nicht immer möglich ist, das eigene Ziel zu erreichen, und glaubt an ein Nebengleis, auf dem er zwischenzeitlich etwas tun kann, das „nicht sein Ding" ist.

An diesem Beispiel wird deutlich, wie, abhängig vom jeweiligen Konzept der Befragten, Arbeit als Zugang zu Konsum und Lebenssinn erstrebenswert oder als potenzielles Hindernis eines sinnerfüllten Lebens erscheinen kann. Auch wenn Stefano letztlich „irgendwas" macht und sich mit kleinen Jobs über Wasser hält, ist für ihn Arbeit als Instrument zur Verbesserung seiner Lebenssituation grundsätzlich ambivalent. Aus der Perspektive der Teilhabefrage drängt sich die Frage auf, wie Arbeit als Instrument der Teilhabeförderung gehandhabt werden kann, ohne dass die für die Teilhabe hinderlichen Dimensionen der Arbeit zum Tragen kommen.

Die Sinndimension der Arbeit wird dort besonders zu beachten sein, wo Arbeit in staatlich geförderten Maßnahmen und in Zusammenarbeit mit gemeinnützigen Einrichtungen stattfindet. Im Rahmen dieser Studie ist eine Gruppe von Männern befragt worden, die in einer sozialen Einrichtung arbeiten – in einer „Arbeitsgelegenheit mit Mehraufwandsentschädigung". Die Männer sind zwischen 44 und 56 Jahren alt und mit der Einrichtung hochidentifiziert: Sie halten ihre Tätigkeit, die bedürftigen Menschen im Stadtteil zugute kommt, für enorm wichtig. Darum halten sie sich nicht an ihre regulären Arbeitszeiten, packen in der Einrichtung an, wo Hilfe gebraucht wird. Sie haben das Gefühl, anders als früher wieder etwas gestalten zu können, eine Aufgabe zu haben und darin unverzichtbar zu sein. Sie sehen sich in einer sozialen Position, in der noch eine Differenz zu denen „ganz unten" zu spüren ist. In dieser Hinsicht bewerten diese Befragten ihre Arbeit durchweg als sinnhaft und ihre Teilhabe am gesellschaftlichen Leben fördernd:

Männer mit Ein-Euro-Jobs über den Sinn ihrer Arbeit

Günter: Wir dürfen ja als Ein-Euro-Jobber nur 30 Stunden die Woche machen, aber du, meine Wenigkeit und noch andere Leute sind von Montagmorgen 8 Uhr bis Samstagnachmittag 15 Uhr hier, und wir kriegen die Stunden nicht bezahlt. Ich mein, ich mache es gerne, wenn ich das nicht machen würde, wie ich das früher gemacht habe, bevor ich hier angefangen habe, bin morgens aufgestanden, hab mir meine Zigaretten geholt, meine Zeitung, und dann ganzen Tag Glotze an, hat Strom gekostet, ich hatte Schwierigkeiten gehabt mit damals noch HEW, jetzt Vattenfall, ich hatte Schwierigkeiten mit denen, weil ich das Geld einfach nicht hatte, aber dann wurde ich von Leuten angesprochen, und jetzt mach ich es gerne, auch wenn ich's 200 Stunden im Monat mache oder vielleicht 20, das interessiert mich nicht, ich sag mir, wenn du das machst, dann unterstützt du nicht nur hier die Einrichtung, sondern auch die Bevölkerung, die Leute, die wirklich wenig haben, und es müssen ja Leute da sein, die solche Aufgaben übernehmen (...) und dafür brauchen sie Leute wie uns. Wenn jeder nur sagen würde, unter zehn Euro mach ich das nicht, dann wäre der Laden tot.

Diese Arbeit wirkt ohne Zweifel sehr positiv auf die Befragten: Sie stabilisiert, stärkt die Einbindung ins soziale Leben, erhöht das Verantwortungsgefühl und nicht zuletzt das Selbstbewusstsein der Männer. Betrachtet man jedoch, wie die Männer im Laufe der Gruppendiskussion eine Gesamtperspektive auf den Ein-Euro-Job erarbeiten, wird das Bild weitaus differenzierter. Im Ensemble aus den Ärmsten, für die sie jetzt arbeiten, auf der einen Seite und auf der anderen Seite den Menschen, die die Arbeit der Einrichtung strukturieren und bestimmen, geraten sie in ein Mittelfeld, das sich als unangenehme Position entpuppt:

MÄNNER MIT EIN-EURO-JOBS ZWISCHEN TEILHABE UND AUSGRENZUNG

I: Meine erste Frage an Sie wäre, was Sie im Moment am meisten beschäftigt.

Günter: Was mich im Moment am meisten beschäftigt, gut ich bin jetzt seit August Ein-Euro-Jobber, aber wir müssen ja richtig arbeiten und es wird von sehr vielen Leuten nicht anerkannt, die sagen uns, was wollt denn ihr, verdient das dicke Geld wir haben gar nichts, wir sind Hartz-IV-Empfänger. Bevor ich den Ein-Euro-Job gekriegt habe, seit April letzten Jahres, habe ich jeden Monat um die 190 Stunden gemacht (...)

Nadir: Ja ich beschäftige mich fast drei Jahre, aber leider keine normalen Arbeitsverhältnisse und keinen Lohn, hab so ehrenamtliche Arbeit und Ein-Euro-Job. Das große Problem, kein Arbeitsverhältnis. Damals bin ich bereits normal gearbeitet und habe ich so Lohn gekriegt und hab ich auch in Woche so richtig frei gehabt die Tage, jetzt hab ich überhaupt keine freie Tag. Ich arbeite auch am Wochenende, aber ich krieg keine richtige Lohn.

Günter: Darf ich dazu noch mal was sagen. Ich finde es ja als ganz gut und schön mit dem Ein-Euro-Job, nur finde ich jetzt auf deutsch gesagt scheinheilig, es werden uns pro Monat zwei Tage Urlaub angeboten, die werden nicht bezahlt, Krankheitsfall wird auch nicht bezahlt, warum, wieso, weshalb?

I: Ein Job zweiter Klasse.

Günter: Zweiter, dritter und vierter Klasse. Was wir hier verdienen, dieser eine Euro, den wir kriegen pro Stunde, wir müssten normalerweise, was wir hier, nicht nur die Ein-Euro-Jobber, auch die Ehrenamtlichen leisten, viel mehr Geld kriegen. Wir werden behandelt wie der letzte Dreck, auf deutsch gesagt, wie der letzte Dreck.

Nadir: Ich möchte auch ergänzen, ich hab schon vor Anfang von die Ein-Euro-Job freiwillig angefangen. Ich war auch gegen die Ein-Euro-Job, das meine ich auch, was der Kollege gesagt, da muss man richtigen Weg finden, die Stadt und Regierung.

Es scheint, als ob die Männer darauf gewartet haben, einmal ausgiebig über ihre Arbeitssituation sprechen zu können. Sie sind tatsächlich dankbar für diese Gelegenheit zur Arbeit, dennoch scheint die gesamte Struktur dieser Arbeit ihre Zufriedenheit stark zu beeinträchtigen. Obwohl sie die Position, in der sie für sozial noch Schwächere arbeiten, schätzen, schildern sie erhebliche Nachteile: Sie werden von denen, die die Einrichtung nutzen, als Vielverdiener betrachtet und erfahren schmerzlich eine soziale Distanzierung bis hin zur Ablehnung. Dem entspricht jedoch das Lebensgefühl der Befragten durchaus nicht. Im Gegenteil: Sie haben den Eindruck, überhaupt erst mit dem zusätzlichen Einkommen aus der Arbeit ihr Leben bewältigen zu können. Und sie formulieren ihrerseits, an dieser und anderen Stellen in der Diskussion, eine Ablehnung derer, die die Einrichtung leiten: Sie verwehren den Ein-Euro-Jobbern ein faires Gehalt und angemessene Sozialleistungen, sie beuten die Mitarbeiter aus, überfordern sie und verwehren ihnen die verdiente Wertschätzung. Sie haben auch nicht in erster Linie das Wohl der Mitarbeitenden im Blick, sondern „die Dollarzeichen im Auge", wie die Befragten es ausdrücken. Sie orientieren sich an Leitbildern von gesellschaftlichem Ansehen und wirtschaftlichem Erfolg.

Die Männer empfinden ihr monatliches Arbeitslosengeld II nicht als Teil ihrer Entlohnung. In ihrer Wahrnehmung wird ihre Arbeit tatsächlich nur mit einem Euro pro Stunde vergütet. Auch wenn sie wissen, dass dies im Prinzip der Maßnahme begründet ist und von staatlicher Seite so gewollt ist, haben sie den Eindruck, auf diese Weise „wie Dreck behandelt" zu werden. Hinzu kommen Rahmenbedingungen der Vergütung, die sie immer wieder daran erinnern, dass es sich hier nicht um ein wirkliches Arbeitsverhältnis handelt:

Dass sie keinen Anspruch auf Lohnfortzahlung im Krankheitsfall oder bei Urlaub haben, empfinden die Männer als „Strafe", als Angriff auf die finanzielle Basis ihres Lebens. Weil sie im Grunde nur mit dem Einkommen aus einer zusätzlichen Arbeitsgelegenheit existieren können und nicht allein mit dem Arbeitslosengeld, sehen sie sich gerade dann, wenn sie keine Leistung mehr erbringen können, in ihrer Existenz gefährdet:

Günter: Krankheitsfall? Ja püh! Du bist krank, kriegst kein Geld, fertig, Feierabend. Und es quälen sich Leute bei uns hierher, obwohl wir krank sind. Aber, bleibst zu Hause, Pech gehabt, hast sechs Stunden weniger, oder, wie der Kollege sagte, 14 Tage, das sind 60 Euro weniger.

Insofern ist die Situation dieser Befragten in doppelter Hinsicht schwierig: Sie leiden nicht nur unter den Schattenseiten der staatlich geförderten Tätigkeit, sie sind zugleich in einer *Zwickmühle*, die sie stark irritiert. Sie empfinden eine große Verbundenheit mit ihrer Einrichtung, bringen den dort Engagierten eine hohe Wertschätzung entgegen, ja geradezu Dankbarkeit. Ihre Einsatzbereitschaft für die Ziele der Einrichtung ist hoch. Gegenüber derselben Einrichtung empfinden sie aber zugleich eine deutliche Antipathie: In ihr und den dort Verantwortlichen sehen sie Subjekte ihrer Demütigung. Was die Befragten schätzen, trägt gleichzeitig dazu bei, sie sozial stetig weiter zu degradieren – von der zweiten in die dritte und vierte Klasse. Was sie auf der einen Seite vor der Isolation und dem Verkommen bewahrt, sorgt auf der anderen Seite dafür, dass sie von dem, was ihnen „normalerweise" zusteht, abgeschnitten bleiben. Diese Ein-Euro-Jobber sehen sich keinesfalls als „Teilhaber" ihrer sozialen Einrichtung, sie erscheinen gefangen in ambivalenten Gefühlen und ringen um eine klare Position.

So ist besonders diese Gruppendiskussion von einer hohen *Aggressivität* der Befragten geprägt, von Aversionen gegen „Staat" und „Politiker", von harten Angriffen gegen die Einrichtung und ebenso gegen die Interviewerin, die es wagt, im weiteren Verlauf nach ihren Perspektiven auf den ersten Arbeitsmarkt zu fragen. Dieser erscheint den Männern tatsächlich unerreichbar – er bekommt nicht einmal dort eine Bedeutung, wo die Befragten nach ihren Träumen und Wünschen gefragt sind. Vielmehr dient auch dieses Gruppengespräch den Männern letztlich dazu, sich gegenseitig darin zu bestätigen: Es gibt überhaupt keinen Arbeitsplatz, den einzunehmen sie eine gewisse Chance haben, und „denen da oben" ist es vollkommen gleichgültig, wie Menschen in der dritten und vierten Klasse ihr Leben bewältigen.

Eine völlig andere Stimmung ist in den Gesprächen mit den Gruppen von Erwerbstätigen zu spüren. Auch hier sind aggressive Äußerungen zu hören. Die Befragten erleben sich hier jedoch viel stärker als Gestaltende ihres Lebens – und entsprechend in soziale Prozesse deutlich besser eingebunden als die Arbeitslosen und Ein-Euro-Jobber. Auch ist die Wahrnehmung von Arbeit und dem, was sie bedeutet, hier eine andere als bei den anderen Gruppen:

In den Augen der erwerbstätigen Befragten legitimiert Arbeit das Dasein, das ist oben bereits sichtbar geworden. Nur die Tatsache, dass sie erwerbstätig sind, so weit es ihnen möglich ist, sichert in ihrer Wahrnehmung das Recht, ergänzende Transferleistungen zu beziehen. Zugleich formulieren auch diese so genannten *Working Poor*, wie ihre Arbeit sie vor der sozialen Isolation bewahrt. Dies ist vor allem mit Blick auf ihre Kinder ein ganz wesentliches Argument dafür, eine Arbeit anzunehmen, auch wenn sie nicht den Lebensunterhalt sichert. Dabei zeigen sich gerade mit Blick auf die Kinder eine Ambivalenz. Hier erscheint gewissermaßen die *Arbeit als Erziehungsinstrument*. Sie dient dazu, den Kindern, gerade in einem Stadtteil voller schlechter Vorbilder und in einer Umgebung, in der es vielleicht nicht mehr selbstverständlich ist, nach Kräften den eigenen Lebensunterhalt zu erwirtschaften, erfahrbar zu machen, was das richtige Verhalten ist. Eva, die überwiegend nachts als Zeitungszustellerin arbeitet, beschreibt ihre Position und wird von der Gruppe unterstützt und ergänzt. Die Schattenseiten dieses Lebens, die große körperliche Anstrengung, die Doppelbelastung und der Ärger über Menschen, die sich anders entscheiden, tragen die Frauen bewusst mit:

ERWERBSTÄTIGE FRAUEN ÜBER DEN SINN DER ARBEIT

I: Wie kommt es, dass Sie gerne arbeiten?
Eva: Ich möchte meinen Kindern eigentlich zeigen, dass es mit Arbeit geht.
Sandra: Mhm.
Eva: Dass man ja, wie soll ich das sagen. Wir wohnen in einem Stadtviertel, wo sehr viel Arbeitslosigkeit ist. Und ich hab mir einen Job ausgesucht, in dem ich trotzdem tagsüber für die Kinder da bin. Es geht mit Arbeit. Und so sollen die aufwachsen. Die sollen sehen, man kann. Wenn man will. Das nervt mich oft, dass ich nachts aufstehen muss. Aber es geht nicht anders. (lacht)
Alda: Aber das nervt mir, wenn ich sehe auf einen arbeitslos, ganzen Tag setzt im

Spielplatz. Und esst mein Geld. Weil ich hab 400 Euro die Abzügen von mein Geld. Das nervt mich auch.

Zugleich sehen die Betroffenen, wie auf der anderen Seite ihre Erwerbstätigkeit die familiäre Situation und besonders die Kinder belastet: Erstens erschweren für alle Befragten die geringen finanziellen Spielräume das Leben enorm. Auch durch Arbeit gelingt es ihnen nicht, den eigenen Lebensstandard deutlich zu erhöhen. Sie berichten ausführlich über die Schwierigkeit, ihren Kindern beibringen zu müssen, dass Schuhe ausschließlich auf dem Wilhelmsburger Markt und niemals im Fachgeschäft gekauft werden. Zweitens bedeutet die Arbeit letztlich eine große *Einschränkung der persönlichen Möglichkeiten* in Bezug auf die Kinder. Eva schildert, wie ihre kleinen Kinder sich morgens häufig allein anziehen und auf den Schulweg machen. Befragte aus einer anderen Gruppe berichten, wie sie mit der Arbeit quasi ihre Zeit mit den Kindern „verkaufen", auf Zuwendung und Kontakt verzichten müssen:

ERWERBSTÄTIGE ÜBER DEN ZWEIFELHAFTEN SINN DER ARBEIT

I: Was beschäftigt Sie im Moment am meisten in Ihrem Leben?

Pablo: Also, was mich persönlich wirklich zur Zeit beschäftigt, ist, dass ich, ich stehe morgens um vier Uhr auf, muss ich zur Arbeit, hab ich eineinhalb Stunde bis dahin. Dann hau ich mir noch neun Stunden um die Ohren. Und dann noch mal eineinhalb Stunde zurück. Ich bin 14 bis 15 Stunden weg von zu Hause. Und das alles nur für 1000 Euro im Monat.

Helga: Da freut man sich aufs Bett, ne.

Pablo: Da kommst nach Hause, hast deine Frau und deine Kinder auch noch da. Ich hab keine Zeit, überhaupt mit meiner neunjährige Tochter mal die Hausaufgaben zu machen. Gott sei Dank, ich hab schon drei erwachsene Kinder. Aber trotzdem. Ich vermisse das. Ich arbeite seit Vierteljahr da in der Firma. (…) Ich komm kaputt nach Hause, und Duschen, Essen, Schlafen. Ich glaube, das ist nicht der Sinn des Lebens. Für 1000 Euro im Monat. Da soll einer zu mir kommen und mir das sagen. Das beschäftigt mich. Ich bin n bisschen wütend da drauf. Was die machen mit uns.

Fred: Ja, das ärgert mich auch.

Pablo: Wenn du sagst, nein, ich mach das nicht, dann kriegst du gleich (…) gestrichen. Also ich denke, die menschliche Wärme, die Gerechtigkeit, die gibt's nicht mehr.

Für diese Befragten gilt es das *Gleichgewicht* zu finden zwischen einer Arbeit, die die eigenen Möglichkeiten erweitert und den Kindern Chancen bietet, und einer Arbeit, die die Entwicklungsmöglichkeiten und Spielräume zu stark bedroht. Hier ist zwar für die Erwerbstätigen ihre Arbeit ein Instrument dazu, das eigene Leben – zumindest „gefühlt" und in einem gewissen Rahmen – selbst zu gestalten. Gleichzeitig bewahrt sie dort, wo das Einkommen immer nur für das Nötigste reicht, die Betroffenen nicht vor den heftigen Gefühlen des Ausgeliefertseins: dem Amt, das darüber entscheidet, welche Spielräume „erlaubt" sind, ebenso den Zufällen und Launen des Lebens, in dem Waschmaschinen ersetzt werden müssen und unvorhergesehene Ausgaben die kleinen Spielräume vernichten. Angst vor der Zukunft und das Gefühl, nur sehr begrenzt planen zu können, müssen kontinuierlich bewältigt werden. Hierin sind sich die erwerbstätigen und die nicht erwerbstätigen Armen sehr ähnlich. Soll Arbeit also wirklich ein Mehr an Gestaltungsmöglichkeiten bis hin zu einem Mehr an gesellschaftlicher Teilhabe schaffen, muss sie ein Einkommen ermöglichen, das über den Regelsätzen für die staatlichen Transferleistungen liegt.

So erscheint auch hier, bei Befragten, die einer Tätigkeit auf dem ersten Arbeitsmarkt nachgehen, das Bekenntnis zu einer grundsätzlich wichtigen und sinnhaften Arbeit wie ein Glaubenssatz, der durch häufige Wiederholung seine Gültigkeit behält. Arbeit vermittelt ihnen das Gefühl, sich in einem insgesamt sinnvollen System zu bewegen, wo Menschen ihren Platz einnehmen, vorhersehbare Entwicklungen und eine gewisse Logik von Leistung und Einkommen herrscht. Zugleich entspricht ihre Arbeit mit der geringen Entlohnung und in unvorteilhaften Strukturen, in der Stundensätze immer wieder willkürlich reduziert, Arbeitsbereiche ohne höhere Bezahlung ausgeweitet werden, keinesfalls dem Bild einer gerechten oder zumindest geordneten Welt.

In einigen Fällen kann man sogar das Gegenteil beobachten: Wo die Befragten von ihrer Arbeit kaum oder nur teilweise ihren Lebensunterhalt bestreiten können, wo sie sich zahlreichen, für sie kaum zu überschauenden Gesetzen, Bestimmungen und Fördermöglichkeiten gegenübersehen, wird genau dieser Effekt einer „Weltordnung durch Arbeit" ausgehebelt. Einige der Befragten haben nur eine *diffuse Vorstellung* davon, für welche Rahmenbedingungen der Arbeit sie selbst verantwortlich sind, was „echte" Einkünfte sind und was nicht. Der Begriff „Förder-Dschungel" trifft hier insofern, als tatsächlich die Sicht auf reale Pflichten und Möglichkeiten erschwert ist:

ERWERBSTÄTIGE UND IHRE SICHT AUF VERANTWORTLICHKEITEN
UND ZUSTÄNDIGKEITEN

Pablo: Bevor ich diese Firma, war ich halbes Jahr bei der Zeitarbeit. Ich hab gesagt,
    zu Hause halt ich nicht mehr im Kopp aus, ist egal, ich muss was tun.
Fred: Ja.
Pablo: Hab ich halbes Jahr in der Firma, und durch die Zeitarbeit hab ich diese Firma
    gefunden. Aber im Grunde genommen, wenn ich sehe, was ich vorher verdienen
    habe, und jetzt verdien ich das, ist das ein Witz. Dann sind gerade 100 Euro mehr
    und vorher hab ich wenigstens aus Hamburger Modell haben wir da gekriegt.
    Kriegste auch nicht mehr. Wirste auch noch bestraft, weil du eine feste Firma
    hast. Und Fahrgeld hab ich gekriegt vorher, hier gibt's auch kein Fahrgeld.

Pablo hatte über das „Hamburger Modell", ein arbeitsmarktpolitisches Instrument, mit dem Langzeitarbeitslose ins Erwerbsleben eingegliedert werden sollen, einen Lohnkostenzuschuss erhalten: Für einen Zeitraum von maximal
zehn Monaten zahlt die ARGE einen Zuschuss zum Einkommen in Höhe von
250 Euro an Arbeitgeber und Arbeitnehmer bei sozialversicherungspflichti-
ger Beschäftigung im Einkommensbereich von 400 bis 1.700 Euro brutto. Der
Zuschuss besserte Pablos Einkommen bei einem Zeitarbeitsunternehmen sehr
deutlich auf, wodurch er jetzt, nachdem er vom Kundenunternehmen übernommen ist, weniger verdient. Zusätzlich führt die Praxis des Zeitarbeitsun-
ternehmens, einen Teil des Gehalts steuermindernd und das unternehmerische
Risiko begrenzend als „Fahrgeld" auszuzahlen, bei Pablo zur Ansicht, Fahrtkosten seien vom Arbeitgeber zu tragen. So ist Pablo, ohne dies beabsichtigt
zu haben, gerade durch die Erwerbstätigkeit, die doch die Ordnung in seinem
Leben aufrecht erhalten soll, in Verwirrung geraten. Er sieht sich als Opfer
zahlreicher Ungerechtigkeiten. Dieser Mangel an *Gerechtigkeit* raubt Pablo
seinen Glauben an die Logik, nach der sich Leistung und persönlicher Einsatz
im Berufsleben lohnen.

Im Rückblick lässt sich zusammenfassen: Die Bewertungen der Arbeit sind
unter den Befragten in ihren ganz verschiedenen Lebenssituationen (erwerbslos, Working Poor, Ein-Euro-Jobs) stark unterschiedlich. Die meisten teilen
jedoch eine relativ hohe Wertschätzung für die Arbeit. Sie ist tatsächlich als
ein wesentliches Instrument der Teilhabeförderung zu betrachten, und zwar
dort, wo die Betroffenen einen Zugewinn an sozialen Kontakten, an Perspektiven und neuen Ideen, an Selbstbewusstsein und an der subjektiv empfundenen

Gestaltungsmacht gegenüber den Herausforderungen des Lebens verbuchen können. Hier gibt es offenbar eine große Bereitschaft, Verantwortung für sich und andere zu übernehmen. Arbeit ist ebenso verbunden mit einer Aneignung des öffentlichen Raums. Wer „draußen" tätig ist, empfindet das Recht, sich im öffentlichen Raum zu bewegen (s.u. 2.4) – und hat auch im Bezug auf staatliche Unterstützungsmöglichkeiten eher das Gefühl, „im Recht" zu sein, bei allen Schwierigkeiten, die das mit sich bringt. Darüber hinaus – allerdings stark abhängig vom jeweiligen Sinnkonzept – kann Arbeit auch eine sinnstiftende Funktion haben.

Aus Sicht der Befragten dieser Studie, die unter Arbeit vor allem eine Arbeit im Niedriglohnbereich verstehen, sind allerdings all diese positiven Dimensionen der Arbeit kaum auf den finanziellen Zugewinn durch Arbeit bezogen. Ganz im Gegenteil scheint die Enttäuschung über das Missverhältnis von persönlichem Einsatz und finanziellem Effekt so manchen positiven Effekt der Arbeit zu beeinträchtigen.

Die Perspektive auf Arbeit ist unter den Befragten mit zahlreichen Ambivalenzen verbunden. Sie kann verunsichern oder zu Verlusten in familiärer und sozialer Hinsicht führen – wie im Beispiel Pablos, der unter seiner „echten" Arbeit stark leidet, – die subjektive Erfahrung von Sinn behindern – wie im Beispiel Stefanos, der Arbeit in Zusammenhang mit seiner Persönlichkeit setzt, – und dazu führen, dass die Betroffenen sich neuen Zusammenhängen von Ungerechtigkeit und Willkür gegenüber sehen – wie die Ein-Euro-Jobber, ausgerechnet in Auseinandersetzung mit der sozialen Einrichtung, der sie so viel innere Stabilität verdanken. Auch scheint ein Mehr an Teilhabe dort kaum möglich, wo Arbeit den Betroffenen keine finanziellen, emotionalen oder auch perspektivischen Spielräume verschafft.

2.3 WAS BILDUNG NÜTZT UND WIE SIE NÜTZT

Die Menschen, die im Rahmen dieser Studie befragt wurden, sind sich einig: Bildung ist ein zentrales Thema, wenn es um Armut und Ausgrenzung geht, um finanzielle Probleme und die Situation im Stadtteil. Dabei spielt es eine untergeordnete Rolle, ob es sich hierbei um Bildung im Bereich von Kindergärten und Schulen, um berufliche Qualifikation oder die Erwartungen gegenüber einem zeitlich begrenzten oder lebenslangen Lernen handelt. Typisch sind Randbemerkungen, in denen Bildungsaspekte genannt und häufig allem Weiteren vorgeordnet werden, etwa zu Beginn der Diskussion mit erwerbstätigen

Frauen, die sich zum Einstieg ins Gespräch Fotos aus dem Stadtteil aussuchen und sich damit vorstellen:

DIE LEBENSWELT EINER ERWERBSTÄTIGEN FRAU MIT GERINGEM EINKOMMEN

Eva: Mein Name ist Eva, ich bin seit elfeinhalb Jahren Zeitungszustellerin nachts. Ich verdiene nach meiner Scheidung natürlich nicht so viel, dass ich mir und den Lebensunterhalt meiner Kinder durch die Zeitungen verdienen kann. Bin also dementsprechend auf Zuschüsse von der ARGE angewiesen. Ja, und die Fotos hab ich mir ausgesucht, weil Rathaus Wilhelmsburg, die ARGE, muss ich jeden Monat einmal mindestens hin. Meine Abrechnung abgeben. Und Bonifatius gehen meine Kinder zur Schule. Womit ich hoffe, dass die doch irgendwo viel lernen.

Es scheint, als ob das Leben auf zwei Säulen steht. Die eine Säule ergibt sich aus den Notwendigkeiten, die das Dasein bestimmen: das berufliche Engagement und die immer noch unvermeidbare Bitte um staatliche Zuwendungen, weil der Stundenumfang, vor allem aber die Bezahlung zu gering ist. Die Erwerbstätigkeit demonstriert in erster Linie die persönliche Souveränität der Betroffenen. Die andere Säule ist das, was Hoffnung gibt: Während Eva gar nicht mehr annimmt, dass sich ihre eigene Situation in absehbarer Zeit bessert, verlagert sie ihre Hoffnungen vor allem auf ihre Töchter. Sie sollen viel lernen und es einmal besser haben. Zu dieser Schule hat Eva Vertrauen: Im Bereich der Bildung, in dem sie selbst wenig bieten kann, ist auf die Schule Verlass.

Eine echte Wertschätzung der Bildung im Bezug auf die eigene Person findet sich nur in den Gesprächen mit Menschen, die nicht selbst von Armut betroffen sind und prinzipiell ein geringes Armutsrisiko tragen. In einem Jugendhaus haben wir Mädchen bzw. junge Frauen zwischen 17 und 20 Jahren befragt. Sie stammen aus Familien mit geringem Einkommen. Auch wenn – oder weil – ihre Eltern überwiegend gering qualifiziert sind, achten sie Schule und Ausbildung hoch. Gefragt nach dem, was sie am meisten beschäftigt, freut oder ärgert, erarbeiten sie Positionen, in denen Bildung – gemeinsam mit einem funktionierenden sozialen Netz – die zentrale Rolle spielt:

MÄDCHEN BZW. JUNGEN FRAUEN ÜBER WICHTIGE DINGE IM LEBEN

I: Die erste Frage an euch ist, was euch im Moment am meisten beschäftigt.

Meral: Die Schule.

Sarah: Spontan reingerufen.

Amina: Ja, bei mir auch. Also jetzt mein Abschluss, und ob ich halt ein Studiumsplatz bekomme. Und halt auch die Studiengebühren so. Die regen mich bisschen auf.

Meral: Vom Studium kann ich noch nicht sprechen, aber als erstes ne erfolgreiche Ausbildung. (...) Klar beschäftigt man sich auch mit privaten Dingen, was viel beeinflusst. Aber was wir wirklich an erster Stelle für wichtig halten, ist die Schule.

Sarah: Ja.

I: Und was würdet ihr sagen, was euch zufrieden macht im Leben?

Sarah: Dass ich meine Familie hab, würd ich sagen. Ich weiß dann, jemand steht hinter mir, egal was ich mach.

Meral: Genau, mich auch. So Unterstützung und alles, das macht viel aus. (...)

Amina: Also bei mir ist das genauso, die Familie ist wichtigste Voraussetzung finde ich, um erfolgreich und glücklich zu sein. Und für mich ist auch noch sehr wichtig, in der Gesellschaft eine gute Position zu erreichen und mich einzugliedern. Also so wie ich bin. Und da gehört die Bildung dazu auf jeden Fall. Und das aktive Miteinander.

I: Was würdet ihr sagen, was euch unzufrieden macht im Moment? Gibt's da was?

Sarah: Ja, diese vielen Hausaufgaben, und dass ich äh

Amina: Muss man nur über die Schule reden?

I: Nö. (lacht)

Sarah: Du bist cool.

I: Ich hab nicht danach gefragt.

In dieser Gruppe gibt es ein „Wir", eine gemeinsame Sicht der Dinge. Bildung ist eingebettet in ein soziales Umfeld, sie wird mitgetragen von Freundinnen und Familien. Sie zielt ab auf die *persönliche Zufriedenheit*. Unterschiede zeigen sich nur darin, wo die einen eher die gesellschaftliche Position oder die Integration, die anderen eher das private, familiäre Glück als Ziele der Bildung verstehen. Im Verlauf dieser Gruppendiskussion fällt den Mädchen auf, wie stark ihr Gespräch um die Schule und das Thema „Bildung" kreist, sie kommentieren und ironisieren das eigene Reden – und kommen doch im Lauf des Gesprächs unzählige Male auf dieses Thema zurück.

Diese Mädchen, in denen wir Arme gesucht, jedoch Menschen oberhalb der Armutsgrenze gefunden hatten, sind innerhalb dieser Studie schließlich die einzigen, deren Wertschätzung für Bildung direkt auf die eigene Person bezogen ist. Sie erwarten, durch Bildung den eigenen Status, die Einkommens- und Entwicklungschancen wesentlich zu verbessern. Darin unterscheiden sie sich von den Befragten in allen anderen Gruppen. Selbst die enorme Aufmerksamkeit für Bildungsthemen teilen sie in dieser Studie nur mit einer anderen Gruppe, in der ebenfalls die meisten Teilnehmer nicht von Armut betroffen sind:

Durch Zufall ergab sich ein Kontakt mit zwei Vorsitzenden eines Moscheevereins, die uns einluden, mit einer Gruppe von Männern, die zum Freitagsgebet kommen, eine Diskussion zu führen. Die Mehrzahl der Männer kann sich und meist auch eine Familie mit einem Einkommen aus Erwerbstätigkeit versorgen. Auch diese Männer sprechen von Anfang der Diskussion an immer wieder über Bildung. Sie betonen die Bedeutung der Bücherhalle, aber kaum für sich selbst: Kinder und Jugendliche sollen sie nutzen, sie soll eine Art Marktplatz des Wissens sein, an dem Geselligkeit und Bildung sich gegenseitig befördern. Wer auf diese Weise das kulturelle Angebot nutzt, schafft sich eine aussichtsreiche Zukunft und ist in die Gesellschaft integriert. Diese Männer erarbeiten aber darüber hinaus eine Sicht auf Wilhelmsburg, in der Bildungsprobleme als unmittelbare Ursache für die Krise des Stadtteils erscheinen.

MITGLIEDER DES MOSCHEEVEREINS ÜBER DEN WERT DER BILDUNG

Murat: Die Kernfrage ist, und das wird auch weiterhin bleiben, die Bildung. Die Bildung ist hier viel zu viel vernachlässigt worden, das wird heute noch vernachlässigt, die Schulen, die hier sind, die Qualität ist miserabel. (...) Dort, wo keine Bildung ist, kann man auch nicht erwarten, dass irgendwann mal dort auch Betriebe und Wohlstand kommt. (...) Es nützt mir das beste Parkanlage nichts, wenn eben hier keine vernünftige, oder in Bildung nicht investiert wird. Oder Jugendliche da sind, die auch Perspektiven haben. (...) Und ich hoffe, dass es auch die Frage da mit beantwortet, wo denn die Armut herkommt, wir müssen hier von der Bevölkerung, von der Struktur her einfach'n bisschen mehr Mische müssen wir haben. Nicht nur die Arbeiterviertel, auch natürlich Mittelschicht. Ich red ja noch nicht mal von der höheren Schicht. Aber Mittelschicht, (...) die das Wissen auch haben. (...)

Cem: Wilhelmsburg wird ja als Arbeiterviertel bezeichnet. Da müssen mehr rein, also von Mittelschicht, Angestellten, Beamten, von anderen Schichten mehr Menschen. (...)

Murat: Ja, die Bildung, die wir eigentlich unsern Kindern geben müssen, die wird auch von der Stadt Hamburg, auch von der Bundesregierung überhaupt nicht gefördert. Also wir haben 100 Kinder, die am Wochenende hier zumindest mal versuchen, ein bisschen Religionsunterricht zu genießen. Nur es fehlt an alles. (...)

Und in die Kultur muss auch irgendwo n bisschen was rein investiert werden. Und Religion ist mehr als ne Kultur. Und da fühlen wir uns n bisschen vernachlässigt, weil natürlich Jugendliche, die gesunden religiösen Hintergrund haben, die würden auch nichts Schlechtes und nichts Böses machen können. (...) Diese Bildung schmieden uns ja zu Menschen, die gesellschaftsfähig sind. Und diese gesellschaftsfähige Menschen müssen durch diese Bildung durch. Und das kostet Geld. (...) Wir erwarten zumindest Anteilnahme. Dass mal einer sagt, wir gestalten zusammen Projekte. Ob das Kirchen sind, ob das jetzt Stadt ist, dass man zusammen Bildungsprojekte entwickelt. (...) Es wäre wünschenswert, dass man diese Problematiken mal erwähnt, damit wir in Zukunft die Armut n bisschen bekämpfen können.

Hier ist Bildung in ein komplexes *Stadtteilkonzept* eingearbeitet: Schulische (und hier auch religiöse) Bildungsstandards, die wirtschaftliche Lage Wilhelmsburgs, die Integration von Menschen mit Migrationserfahrung und die Bewältigung der Kriminalitätsprobleme greifen ineinander. Der Bildung kommt darin die Schlüsselrolle zu: Was man hier investiert, zahlt sich aus, investiert man zu wenig, erntet man zwangsläufig zahlreiche Probleme, die sich mit dem Begriff der „Armut" ansatzweise zusammenfassen lassen. Die „Perspektive" gehört den Menschen mit „Wissen", womit hier nicht formale Bildungsabschlüsse gemeint sind, sondern die tatsächliche Qualität der Bildung, das kulturelle Kapital, das Verständnis von Werten und die Fähigkeit, Ziele für das eigene Leben zu entwerfen. Das Konzept dieser Männer ist vor dem Hintergrund ihrer Lebensumgebung, der islamischen Gemeinschaft, formuliert. Anknüpfungspunkte zu Kirchen, städtischen oder privaten Initiativen gibt es aus dieser Perspektive interessanterweise nicht mit Blick auf Feste oder Marktplätze, sondern im Umfeld von Bildung und entsprechenden Einrichtungen. Das Konzept ist im besten Sinn ein *Teilhabe-Konzept* von Männern, die sich in der Verantwortung für den Stadtteil sehen. Aber auch für dieses Konzept gilt: Bildung ist Chance und Notwendigkeit *für kommende Generationen*. Bildung verbessert das eigene Leben vor allem indirekt, indem die Ausbildung der Generationen von Kindern und Enkeln die Situation des Stadtteils generell verbessert und Wohlstand für alle schafft.

Warum finden sich jedoch derartige Konzepte, die zumindest indirekt in Bezug auf Bildung für nachfolgende Generationen auch eine positive Entwicklung für die eigene Person in den Blick nehmen, nicht bei solchen Menschen, die von Armut betroffen sind, auch nicht bei den Erwerbstätigen unter ihnen?

Wie kommt es, dass der Wunsch nach einem Fortschritt der Kinder in der Bildungshierarchie in jeder Gruppendiskussion mehrfach zur Sprache kommt, das eigene Interesse an Bildung aber kaum thematisiert wird und nur dort, wo mangelnde Sprachkenntnisse den Befragten den Zugang zum Arbeitsmarkt erschweren?

Dass den Kindern – und nur ihnen – die Chance zugesprochen wird, eine günstige Entwicklung ihrer Lebenssituation zu erreichen, ist gewiss ein Indikator mangelnder Teilhabe der Befragten. Sie glauben weder an einen Arbeitsplatz noch an ein höheres und durch eigene Erwerbstätigkeit erwirtschaftetes Einkommen oder eine verbesserte gesellschaftliche Position mit mehr Gestaltungsmöglichkeiten. Sie sind tatsächlich von der Entwicklung realistischer, aber motivierender Perspektiven abgehängt und mit Versprechungen von Bildungseinrichtungen nicht mehr zu locken. Hier besteht eine *Perspektivarmut*, die ihrerseits die Teilhabewünsche der Befragten begrenzt. [5]

Diese Perspektivarmut wird in den Gruppendiskussionen dort besonders eindrücklich sichtbar, wo die persönlichen Wünsche mit der so genannten Wunderfrage erhoben werden sollten: Wo wir erwartet hatten, dass diese Frage unmittelbar alle möglichen Sehnsüchte nach (finanziellen oder sozialen) Gestaltungsmöglichkeiten, Freiheiten oder Konsumgütern hervorlockt, verharren fast alle Befragten in ihrer bisherigen Perspektive. Sie erträumen sich in einer sehr langen Phase der Diskussion nur unmittelbar notwendige Verbesserungen – und für ihre Kinder eine bessere Bildung, die sie vor den Schwierigkeiten bewahren könnte, denen sie sich selbst völlig ausgeliefert sehen. Das folgende Beispiel aus der Diskussion mit Frauen, die seit Langem arm sind, zeigt diesen Effekt. Nachdem bereits fast alle Frauen über ihre Wünsche gesprochen haben, vor allem über den Traum, die Schulden los zu sein und den Kindern mehr bieten zu können, fragt die Interviewerin gezielt die Frauen, die bisher geschwiegen hatten:

FRAUEN, DIE SEIT VIELEN JAHREN ARM SIND, ÜBER IHRE TRÄUME

I: Morgen passiert ein Wunder. Sie wachen auf, und dann?
Sabine: Äh ja. Schulden. Dass sie weg sind. Also Schulden. Also dass ich meine Schulden bezahlen kann, und dass ich nichts mehr hab, also keine Schulden. Schuldenfrei. Weil ich hab haufenweise Schulden, wie soll ich die von den 200 Euro bezahlen.

---

[5]   Beispielhaft auf die Frage der Bildung bezogen bei Rinderspacher (2006).

I: Und noch was?

Sabine: Ja, dass meine Kinder gut in der Schule sind und so.

Yasemin: Ja, das

Sabine: Ja. Meine Kinder sind am wichtigsten.

Yasemin: Also ich wünsch mir, dass mein Sohn gut in der Schule wird, wirklich, dass er eine gute Ausbildung macht. Das wünsch ich mir wirklich. Nicht also ich konnte keine Ausbildung machen, nicht einmal die Schule zu Ende machen, und ich wünsche, dass mein Sohn die Schule richtig lernt, und auch begreift, weil er doch ein bisschen Schwierigkeit auch jetzt in Kindergart. Die Wörter und so. Zu schreiben und so. Ich wünsche mir, also dass wär wirklich ein Wunder, wenn er jetzt so richtig die Schule fertig macht, seine Ausbildung, und dass er gute Leben hat. Dass er keine Schwierigkeiten hat. (leise) Das wünsch ich mir. Das wünsch ich mir.

Das Beispiel zeigt aber auch, wie die beschriebene Dynamik sich möglicherweise eben dort überwinden lässt, wo es um die Kinder geht: Wo die von Armut Betroffenen beginnen, sich ein besseres Leben für ihre Kinder zu erträumen, gehen sie, in Gedanken, den ersten Schritt aus ihrer Ausgegrenztheit hinaus, wenn sie sich auch einen Fortschritt für sich selbst nicht vorstellen können. Hierin besteht vermutlich eine zentrale *Chance der Bildung.* Hier sind Betroffene auf Perspektiven, auf Lebenssinn und Visionen ansprechbar, wo sie an die eigenen Chancen schon lange nicht mehr glauben. Hier entstehen Möglichkeiten der Kommunikation, die es auf anderem Weg schon nicht mehr gibt. Man könnte behaupten: Die Betroffenen formulieren hier ihre Wünsche für die Kinder stellvertretend für die Wünsche für sich selbst – und sind hier weit mehr als gewöhnlich ansprechbar.

Die Befragten möchten den Kindern etwas Relevantes mitgeben, angefangen bei einer soliden Bildung, wobei fast immer offen bleibt, ob damit formale Abschlüsse oder eine qualitative, intellektuelle Entwicklung gemeint ist. Sie streben danach, den Kindern alles zu ermöglichen, was sie auf diesem Weg brauchen: eine gute Schulwahl, angemessene Kleidung, vor allem für Vorstellungsgespräche, und hilfreiche Zusatzqualifikationen wie den Führerschein. Sie arbeiten nicht mehr für sich, aber für ihre Kinder, und sind auf diese Weise in begrenztem Umfang dafür zu gewinnen, Perspektiven zu teilen. Bildungsförderung von Kindern, die in enger Kommunikation mit Eltern geschieht, könnte darum gerade auch den Eltern durchaus zu mehr Teilhabe verhelfen. Wo sie üblicherweise die Verhältnisse im Stadtteil kaum wahrnehmen und wenig über konkrete Entwicklungen und Angebote wissen, verschaffen sie sich relativ gute Kenntnisse über Bildungsangebote für Kinder, über gute und schlechte Schulen. Sie erreichen so in ihren Augen – indirekt – eigene Ziele und haben Teil an sonst unerreichbaren Dimensionen des gesellschaftlichen Lebens.

Zugleich ist in den Gruppendiskussionen eine Problematik zu beobachten, die diesen Effekt empfindlich beeinträchtigt: Wenn das Eintreten von Eltern für die Bildungsinteressen ihrer Kinder – als Werthaltung oder konkretes Handeln – nicht nur eine Bedeutung für das Private haben soll, wenn hier eine Brücke zwischen Notwendigkeit und sozial geteilter Vision geschlagen werden soll, kann das nur dort geschehen, wo es einen gewissen „*Glauben an den Sinn von Bildung*" gibt. In der Gruppe von jungen Männern (vgl. 2.2) war bereits sichtbar geworden, wie die Männer das Ideal einer abgeschlossenen Berufsausbildung nur begrenzt teilen: Sie halten es für sinnvoll, formale Abschlüsse zu erreichen, und sie haben Vorbilder dafür, dass sich tatsächlich damit ein relativ gutes Einkommen erzielen lässt. Sie haben aber, vor allem im Kontext von jahrelanger Suche nach einem Ausbildungsplatz, der Erfahrung des Scheiterns von Ausbildungsverhältnissen oder der Teilnahme an fördernden Maßnahmen, die Erfahrung gemacht, die eigene finanzielle Lage durch Gelegenheitsjobs und Nebentätigkeiten leicht verbessern zu können. Sie haben ein Bild von „Arbeit mit abgeschlossener Ausbildung", zu der es ein nahezu gleichwertiges Nebengleis gibt, indem man mit selbständiger Arbeit oder auf anderen Wegen ebenfalls zum Ziel kommt.

Schon hier lässt sich vermuten: Wenn in dieser Generation etliche Menschen eben nicht die Erfahrung machen, dass schulische und berufliche Bildung nicht nur hilfreich, sondern notwendig ist, muss man den gesellschaftlich geteilten Glauben an den Wert der Bildung als bedroht betrachten. Eine zentrale Herausforderung an eine Teilhabeförderung durch Bildung müsste darum sein, eine Perspektive zu stabilisieren, in der Bildung trotz vieler Widrigkeiten ihren Wert behält.

Wie der Zweifel an einer Verbesserungsmöglichkeit durch Bildung auch bereits die Generation erfasst, die Bildung als wesentliche Chance für ihre Kinder begreift, lässt sich in den Gruppendiskussionen zeigen. Besonders eindrücklich ist dieser Zweifel dort, wo die Befragten erwerbstätig sind und die Chancen für ihre Kinder quasi als Sinn der eigenen Arbeit ansehen, auch wenn sie selbst trotz dieser Arbeit arm geworden oder geblieben sind. Pablo, ein mehrfach qualifizierter Facharbeiter, war im Abschnitt 2.2 bereits zu Wort gekommen. Nach dem Konkurs seines früheren Arbeitgebers, Phasen der Arbeitslosigkeit und Erfahrungen in Zeitarbeitsunternehmen ist er für einen Stundenlohn von etwas über sieben Euro als Hilfskraft beschäftigt. Er rechnet nicht damit, seine eigene Situation verbessern zu können, wünscht sich dies aber für seine Kinder, und zwar vor allem über den Weg der beruflichen Bildung:

ERWERBSTÄTIGE ÜBER DEN SINN DER BERUFLICHEN BILDUNG IHRER KINDER

Pablo: Also ich denke, die menschliche Wärme, die Gerechtigkeit, die gibt's nicht mehr. (...) Und du hast kleine Kinder, denen kannst du nichts anbieten. Die Tochter hat die Lehre fertig, die ist aus'm Haus. Gott sei Dank hat die jetzt einen Job. Ist auch hier in Wilhelmsburg. Der Sohn ist gerade nächste Woche nach vier Jahre Lehre hat er auch die Ausbildung, ist auch fertig, auch als Anlagemechaniker. Echt, das ist mein ganzer Stolz. Aber ich war nicht in der Lage, ihm den Führerschein bezahlt. Deswegen hat der Chef nicht übernommen. So. Woher denn.
Fred: Das ist hart. Ist das hart.
Pablo: Und der Junge. Wo landet der Junge jetzt? In einer Zeitarbeitsfirma. Danach fragt man sich, ob du, opferst dein ganze Leben für die Kinder, und dann die haben auch keine Zukunft. Weil die Ansprüche der Chefs werden immer höher. Und da kommst du nicht mit. (...) Also damals war eben normal, zum Beispiel früher mit Bloom&Voss dein ganze Leben. Ich kenne auch Leute, die 48, 50 Jahre da gearbeitet haben. Was passiert nachher mit Bloom&Voss? Von heut auf morgen geht die Firma pleite durch die Manager, und du sitzt auf der Straße. Und deine ganze Träume, was du da hattest, was dein Zuhause ist, meine Arbeit ist mein zweites Zuhause. Das ist vorbei. Das gibt's heute gar nicht mehr. Ich hab auch zwei Berufe, genau wie der Kollege hier, und das reicht noch nicht mal. Und ich bin heute als Kommissionierer. Also ich habe auch meinen Staplerschein, ich hab Scheine ohne Ende. Das reicht noch nicht mal. Damals, wo bei den Kindern, geh mal in die Bonifatiusschule. Ja. Mit Hauptschule, die Lehrer, die sind ja auch beknackt. Die sagen zu den Kindern, du kannst das und das. Ich bin bei dem Elternrat, hab ich letztens zu den Lehrer gesagt, so geht das nicht weiter. Sie müssen die Kinder die Wahrheit sagen, wie's draußen auf dem Arbeitsmarkt ist. Mit einem Hauptabschluss, du hast keine Chance, eine Lehre zu bekommen.
Helga: Ganz schwer. (...)
Pablo: Mein Sohn macht auch den Realabschluss. Ist dieses Jahr auch fertig, mein dritten Sohn, also mein Marcos. Der ist 17. (...) Und es geht darum, der Junge hat sich beworben, ja Papa, ich reiß mich den Hintern in der Schule, ich lerne morgens bis abends, ich habe gute Zeugnisse, hab im Durchschnitt ne Zwei,

Realabschluss, und dann ich schick überall Bewerbung, und da kommen Absage.
Also was willst du denn noch. Und der will auch nicht groß was werden. Er will
nur ein ganz normal einfach Koch werden. Ne Kochlehre. Was wollen sie, Abitur,
oder was.
Fred: Abi haben?
Pablo: Gestern kam ein Brief von Hotel Hamburg, und haben sie für eine Woche ein-
geladen, da eine Probe zu machen.
Helga: Umsonst zu arbeiten natürlich. Mhm.
Pablo: Aber normal. Was erwartest denn.

Die Verluste, die Pablo hier aus seiner derzeitigen Perspektive beschreibt, sind
gravierend: Verloren sind die „Träume", das „Zuhause" in der Arbeit und
schließlich das „ganze Leben", indem er das Ziel, seinen Kindern zu einem
besseren Leben zu verhelfen, nicht erreichen kann. Sein „ganzer Stolz" ist ver-
letzt, und zwar aus seiner Sicht nicht durch Zufall, durch unglückliche Umstände oder einzelne Menschen, die ihn behindern, sondern durch das gesamte System von Bildung und Arbeitsmarkt, das ihn benachteiligt und auf lange Sicht ausgrenzt. Pablo empfindet das eigene Verhalten als vorbildlich: Er
hat sich qualifiziert und regelmäßig weitergebildet. Er ist engagiert und bereit,
sich mit Leib und Seele einzusetzen. Der Erfolg der Firma ist in diesem Modell der eigene Erfolg. In Wirklichkeit hat sich jedoch ein neues Modell der
Ungerechtigkeit herausgebildet, in dem vor allem die Arbeitskräfte das unternehmerische Risiko tragen, während „die Manager" keineswegs von Armut
bedroht sind, in dem Schüler in Sicherheit gewiegt und mit Hauptschulen abgespeist werden, während „die Lehrer" beschwichtigen und sich vor der bitteren
„Wahrheit" verschließen.

Die Lehre aus dieser Erfahrung formulieren mehrere Befragte so: Auch
denen, die sich nach Kräften bemühen, bleiben Erfolge verwehrt, sowohl im
Bereich der Bildung als auch im finanziellen Erfolg der Arbeit. Leistung lohnt
sich nicht – mehr noch: Wer sich in Schule und Ausbildung um Bildung bemüht, wer sich engagiert, wird von der Realität auf dem Arbeitsmarkt zusätzlich enttäuscht. Die Betroffenen erhalten nicht nur weniger Geld und weniger Entwicklungschancen, als ihnen zustehen würden, sie haben erst gar keine
Chance, eine berufliche Position zu erlangen, die ein Einkommen über der Armutsgrenze sichert. Sie sind damit ohne eigenes Verschulden ausgegrenzt.

Interessanterweise haben wir es in den Gruppendiskussionen jedoch mit
Menschen zu tun, die aus ihren Erfahrungen zwar auf der einen Seite neue

Glaubenssätze ableiten, die den Wert der Bildung völlig aushöhlen, die aber auf der anderen Seite weiter an ihrem Glauben an die Bildung festhalten und ihre Kinder in der Ausbildung unterstützen. Pablo war eigens zur Gruppendiskussion gekommen, um einmal öffentlich zu sagen, was er erlebt. Er hat in seiner Wahrnehmung keine Chance auf Besserung seiner Situation, sieht aber einen wie auch immer gearteten Gewinn darin, seine Situation anderen zu beschreiben. Auch hier bleibt zu vermuten, dass es zu diesem Bild der hohen Motivation der benachteiligten Menschen ein Gegenbild gibt, etwa in Gestalt der Vielen, die nicht bereit waren, an einer Diskussion teil zu nehmen und über ihre Situation zu sprechen. Welche Konsequenzen diese Menschen aus ihren Erfahrungen gezogen haben, können wir nur ahnen. In einer anderen Gruppendiskussion berichtet eine Teilnehmerin, die ebenfalls erwerbstätig ist, aber ergänzendes Arbeitslosengeld II bezieht, wie ihr Sohn bereits in Versuchung ist, aus seiner Erfahrung Konsequenzen zu ziehen:

ERWERBSTÄTIGE ARME ÜBER DIE VERSUCHUNG, AUF BILDUNG ZU VERZICHTEN

Sandra: Also ich bin hier aufgewachsen. Und also ich möchte hier auch nicht weg. Obwohl mein Sohn, der ist jetzt 17, und wollte schon ne Ausbildung suchen, Lehrvertrag, und ja, da kam er auch schon so, einige sagten, wie, du wohnst in Wilhelmsburg. Also kein gutes Bild. Aber er hat jetzt Gott sei Dank hier ne Lehrstelle in Wilhelmsburg gefunden, und ja, da bin ich auch sehr glücklich drüber. Nur da kommt jetzt der nächste Knaller, wenn er jetzt sein Lehrgeld kriegt dann ab August, wird das ja beim Amt angerechnet.
I: Das geht dann von Ihrem Geld runter?
Sandra: Ja, er muss mir sein Geld geben, weil ich werde dann vom Amt nichts mehr kriegen. Und ich, dann wird er glaub ich, also weiß ich nicht, aber er hat schon gesagt, Mama, für was geh ich denn arbeiten. Wenn er denn ja verdienen würde, sein eigenes Geld verdienen, und dann sagt er, ja, jetzt muss ich dir alles abgeben. Und er muss es mir abgeben, weil das wird mir ja von der andern Seite abgezogen.
Eva: Aber er darf trotzdem sein eigenes Geld glaub ich behalten. Also nicht alles
Sandra: 154 Euro glaub ich. Aber davon muss er seine Fahrkarte, alles bezahlen. Er muss mit'm Bus fahren.
Eva: Ich würde versuchen, alles Mögliche an Zuschüssen einzureichen. Ja, dann würde ich ne Kopie machen, würd 'n Schreiben aufsetzen, das und das muss ich bezahlen, das sind Mehrkosten, können wir uns nicht leisten, das mach ich jetzt

mit meiner Brille auch. Mehr als Nein sagen können die nicht. Es ist aber ein
Versuch.

Durch die Anrechung der Ausbildungsvergütung auf das Arbeitslosengeld gerät, aus der Perspektive des Sohnes, die Ausbildung in den Bereich des Engagements, das sich nicht lohnt. Während andere Befragte in der Gruppe betonen,
sie seien vor allem deshalb trotz ihres geringen Einkommens gern berufstä-
tig, weil so ihre Kinder ein gutes Vorbild erleben, dass „es mit Arbeit geht",
hat Sandra die Erfahrung gemacht, dass eine qualifizierte Beschäftigung den
Lebensunterhalt nicht sichert und eine „feste Stelle" sie nicht vor einer Kürzung ihrer Bezüge bewahrt. Sie berichtet nicht, wie sie ihrem Sohn antwortet,
sicher ist jedoch, dass weder die eigenen Erfahrungen noch die faktische Einkommenssituation ihr besonders überzeugende Argumente nahe legen können.
Es wäre nicht verwunderlich, wenn Jugendliche hier eine Konkurrenzsituation
zwischen der Berufsausbildung und einer „richtigen Arbeit" erkennen: Während man durchaus mit einer Tätigkeit als Ungelernter ein Vielfaches einer
Ausbildungsvergütung erwirtschaften kann, erfordert es eine besondere Über-
zeugung, darauf zu verzichten.

Zusammenfassend lässt sich sagen: Die Dynamik der Ausgrenzung, die
diese von Armut betroffenen Menschen im beruflichen Kontext erleiden, erschwert vordergründig die konkrete finanzielle Situation von Familien. Viel
gravierender aber ist, was dies an „Hintergründen" oder auch neuen Glaubenssätzen für eine Weltsicht erzeugt, in der schulische Bildung ebenso wie berufliche Qualifikation deutlich weniger relevant sind als das offenbar momentan
noch der Fall ist. Während der Wert von Bildung überwiegend mit Blick auf
kommende Generationen als besonders hoch erachtet wird, spielt Bildung für
die Betroffenen kaum eine Rolle für die subjektiv wahrgenommenen Chancen
zur Verbesserung der eigenen Situation. Dort, wo dies indirekt der Fall ist, wo
etwa die Betroffenen die eigene Lage „in ihren Kindern" verbessern, erscheinen sie als besonders ansprechbar auf eine Teilhabeförderung im Bereich der
Bildung.

2.4 WEM GEHÖRT DIE STADT?

Soziale Ausgrenzung geschieht häufig auch in räumlicher Hinsicht: Besonders im städtischen Raum konzentrieren sich Menschen in ähnlicher sozialer
Lage, besonders Benachteiligte und Menschen mit Migrationserfahrung, in be-

stimmten Quartieren, in denen die Mieten günstig sind und andere Menschen mit ähnlichen Problemen leben. Bei einer Studie im Stadtteil Wilhelmsburg, dessen Bewohnerinnen und Bewohner in Vielem nicht dem Durchschnitt der Hamburger Bevölkerung entsprechen, stellt sich die Frage, welche Bedeutung diese Wohnsituation für die Menschen hat, die von Armut betroffen sind. Welche Rolle spielt der Stadtteil in der Bewältigung der Armut? Wie nehmen sich die Betroffenen im Stadtteil wahr, in welchen Positionen sehen sie sich und was erleben sie in ihrer Situation als hilfreich oder hinderlich?

Der Stadtteil Wilhelmsburg ist ein Stadtteil mit einer hohen Zahl an Initiativen, Vereinen und engagierten Gruppen verschiedenster Art. Das inzwischen zum stadtentwicklerischen Konzept gewordene Motto „Sprung über die Elbe" ergänzen die Menschen in Wilhelmsburg selbstbewusst mit dem Spruch „Wir sind schon da", der im Frühjahr 2007 etwa zum Motto des Karnevalsumzugs auf der Elbinsel geworden ist. So wird aus der Frage nach der Bedeutung des Raumes in der Armutsbewältigung die Frage „Wem gehört die Stadt?" Wer entscheidet über ihre Entwicklung, wer hat welche Nutzungsmöglichkeiten und welche Spielräume sehen die Befragten für sich und ihre Familien? Eine Gruppe von älteren Frauen bringt diesen Zusammenhang von Armut, Teilhabe und Raumaneignung markant auf den Punkt:

ÄLTERE FRAUEN (60-70 JAHRE) ÜBER ARMUT, ARBEIT UND DAS ALTER

Ursula: Ja. Was mich beschäftigt, kann ich nur sagen, mich beschäftigt sehr, dass ich erst mal ganz ganz unten sitze, von Altenhilfe lebe. (Husten) Dass ich nirgends teilnehmen kann, egal was es auch ist. Es kostet Fahrgeld, es kostet Eintritt.

Yeliz: Genau.

Ursula: Man hat keine Kultur mehr. Man ist überhaupt kein Mensch mehr. Man vegetiert in seinen vier Wänden. Und das beschäftigt mich sehr. Es ist nichts mehr für mich da. Gar nichts. Und wenn man mal 'n Stück Zeug braucht, was man früher ja vom Staat mal ne Kleidermarke oder Kleidergeld bekommen hat, auch wenn man alt ist, braucht man ja mal frische Unterwäsche oder mal ein Stück dies und das, das ist ja gar nicht mehr möglich, irgend etwas anzuschaffen. Wenn ich jetzt die Tafel nicht hätte, dann wüsste ich überhaupt nicht, wie ich über'n Monat kommen soll.

Yeliz: Genau, das ist schwer.

Ursula: Dieses ewige Bangen, wie kommst du klar. Und du kannst nirgends hin. Dann siehst du das, 'n Zirkus, oder dann ist das. Da kostet das Eintritt. Dann kostet das Fahrgeld. Für uns ist nichts mehr, gar nichts mehr. Und wenn man nur zu

Hause sitzt, dann kriegt man einen Moralischen, dann kommt man überhaupt
nicht wieder heraus. Das beschäftigt mich am meisten. Und der Sozialstaat, den
wir haben,
Anna: Ja, das ist so.
Ursula: der macht uns fertig.
Yeliz: Viel Problem das für Mensch.
Ursula: Das geht immer tiefer.

Dass die Frauen sich vor allem zu Hause aufhalten, ist in ihrer Wahrnehmung
vor allem damit verbunden, dass sie sich das *Leben im öffentlichen Raum* nicht
leisten können. Diese Beschränkung geht tief, sie berührt das „Menschsein" an
sich. Ohne „Kultur", ohne die Möglichkeit, sich gewissermaßen einen Eintritt
zu erkaufen, haben die Frauen nichts, das „für sie da" wäre. Auch wenn sie
ihren Stadtteil sehr mögen, weil sie hier lange leben und zum Teil schon hier
aufgewachsen sind, steht er ihnen aus ihrer Sicht gar nicht wirklich offen. Die
Verhältnisse weisen sie zurück auf ihre Wohnumgebung.

Auf bewegende Weise sind fast alle Befragten mit ihrem *Stadtteil* identifiziert. Sie fühlen sich hier wohl, schätzen die bevorzugte Lage nah am Wasser
und nah der Hamburger Innenstadt, die Grünflächen und das vielfältige Leben
in Wilhelmsburg. Sie wissen, dass die Vorurteile der Menschen außerhalb Wilhelmsburgs groß sind, aber sie stellen fest, dass der Stadtteil, nachdem dort nur
Menschen mit geringem oder mittleren Einkommen vertreten sind, wiederum
ein Ort der Integration statt der Ausgrenzung ist: Hier kommt man zwangsläufig mit dem Fremden in Berührung, hier braucht sich niemand seiner schwierigen sozialen Lage zu schämen, hier sind die Mieten für alle erschwinglich,
hier lebt man in guter Gesellschaft. Dass sich Arme in diesem Stadtteil im Wesentlichen nicht ausgegrenzt fühlen und dennoch nicht den Eindruck haben,
nur unter Armen zu leben, könnte darum ein vorteilhafter Ausgangspunkt für
eine Förderung von Teilhabe sein.[6]

Ebenfalls bewegend und zugleich erschreckend ist das ausgesprochen geringe Maß, in dem die Befragten die Geschehnisse und Angebote im Stadtteil wahrnehmen. Eine Sozialarbeiterin in einer gemeinnützigen Einrichtung
in Wilhelmsburg ermöglichte uns den Zugang zu einer der befragten Gruppen.

---

[6]   Im Bild vom sozialen Netzwerk der Benachteiligten beschreibt Häußermann (2006), wie
      in Vierteln mit einem hohen Anteil an armen Menschen das soziale Netz Geborgenheit und
      Stabilität für die Betroffenen ermöglicht, zugleich aber neue, die Ausgrenzung verstärkende
      Begrenzungen schafft. Vgl. auch Häußermann / Kronauer / Siebel (²2004).

Im Vorfeld fand ein Gespräch statt, in dem wir vom Projekt erzählten und betonten, Wilhelmsburg sei ja gerade aus der Perspektive der Stadtentwicklung ein besonders reizvoller Ort für die Befragung. Sie verstand erst nicht, was wir meinten, und sagte dann: „Ja, in Wilhelmsburg gibt es viel Bürgerwehr." Unser Unverständnis löste sich erst auf, als sie näher beschrieb, was sie meinte: verschiedene Kultur- und Bürgerinitiativen wie den Verein „Zukunft Elbinsel Wilhelmsburg e. V."

Was hier aus dem Mund einer Fachkraft aus dem Stadtteil zu hören ist, gibt jedoch, das zeigen die Gruppendiskussionen, nur wieder, was andere gar nicht ausdrücken können, dass nämlich die *Initiativen und Vereine* zwar in vager Form wahrgenommen werden, dass sie aber offenbar für die Menschen in Wilhelmsburg häufig eben auch nur eine vage Bedeutung haben. Man weiß kaum, wie sie wirklich heißen, man hat kaum Worte, über sie zu sprechen, und man käme nicht auf die Idee, sich dort zu engagieren oder öffentliche Treffen zu besuchen. Über ihre Arbeit weiß man wenig, man hat nur das undeutliche Gefühl, im Dickicht der unüberschaubaren Kräfte, die auf den Stadtteil einwirken, seien diese Initiativen auf der „guten Seite", während die Stadt Hamburg, der erste Bürgermeister und sein Senat, nicht nur den Armen, sondern dem Stadtteil Wilhelmsburg insgesamt eher feindlich gesonnen sind.

Wesentlich wahrgenommen werden jedoch die öffentlichen Räume in Wilhelmsburg und vor allem Orte wie die *Bücherhalle*, das *Krankenhaus*, Kirchen und Moscheen, Einkaufszentren und der Bahnhof. Weil diese Voten meist aus den Vorstellungsrunden stammen, für die sich die Befragten ein Foto von einem Ort in Wilhelmsburg aussuchen, wissen wir wenig über die Diskurse, aus denen sie stammen. Oft lässt sich nur ahnen, worin genau die Bedeutung dieser Orte liegt. Deutlich ist jedoch, dass es keiner eigenen Erfahrungen bedarf, um öffentliche „Güter" wie etwa das Krankenhaus oder die Bücherhalle zu schätzen. „Es ist gut, dass es das hier gibt", so äußern sich die Befragten in fast jeder Diskussion. Mehrmals wird das Krankenhaus als „das Wichtigste" in Wilhelmsburg bezeichnet, als Ausdruck einer gewissen Ausstattung des Stadtteils, einer gewissen eigenen Zugehörigkeit zur Sozialstaatlichkeit oder auch der Hoffnung und Sicherheit in einer Lage, in der man all dies selten verspürt.

Vor allem *private Räume* haben bei den Befragten hohe Relevanz. In fast allen Gruppendiskussionen nehmen Gespräche über die eigene Wohnsituation einen großen Raum ein, während kaum die Rede von Aufenthalten in öffentlichen Räumen ist. Am Beispiel einzelner öffentlicher Räume entwickeln sich

Diskurse, etwa am Bürgerhaus: Während die jungen Männer kritisieren, dass das Angebot dort („Bauchtanz" und „Bowling") geradezu „schwachsinnig" sei, denn es kostet Eintritt, den sie selbst nicht aufbringen können, berichtet eine der älteren Frauen über ihren vergeblichen Versuch, beim Seniorentanz mal wieder einen Nachmittag „unter Leuten" und vor allem außerhalb ihrer Wohnung zu verbringen. Sie kam nicht in Kontakt mit den „Rentnerpaaren" und den „ganzen alten Weibern aus'm Altenheim" und erlebte hier eine Ausgrenzung, die sie innerhalb ihrer Wohnung nicht fürchten muss.

Interessant, indem sie das Selbstbewusstsein stärken, Gemeinschaft und das Gefühl von Teilhabe schaffen, sind öffentlich zugängliche Räume nur dann, wenn der Zugang auch Zugehörigkeit bedeutet, wenn dort Bekannte zu treffen sind und die Befragten das Gefühl haben, auf diese Weise ein „Recht" auf die Nutzung des Raums zu haben. Am besten sichtbar ist diese Bedeutung der *„gefühlten Aufenthaltsberechtigung"* dort, wo die Befragten selbst ehrenamtlich aktiv sind, wie etwa die älteren Frauen, die ein wöchentliches offenes Frühstück in einer Kirchengemeinde vorbereiten:

ÄLTERE FRAUEN ÜBER ÖFFENTLICHE RÄUME UND TEILHABE

Ursula: Man kann seine Tasse Tee trinken, man kann bisschen schnattern.

Anna: Ja, natürlich. Aber das kommen auch von die Arme, die haben zu Hause nicht so was Schönes, was stellen wir dahin. (...) Und natürlich da sprechen wir uns wie eine Familie.

Ursula: Ja, das stimmt beides. Das ist toll.

Gertrud: Ja, denk ich auch. Also ich hab sonst immer mal bei Grete gefrühstückt, aber sie arbeitet. Ist das ja nicht mehr so.

Ursula: Vor allen Dingen reden, wie du schon sagst.

Gertrud: Es ist irgendwie schon so ein Teil geworden. Weil man schon so lange kommt. Und wenn ich krank gewesen bin, dann brauch ich das hinterher. Dieser Kontakt fehlt. Vor allen Dingen, es ist eine ungezwungene Runde. Wir können lachen. (...)

Ursula: Ich hab's aber auch schon anders erlebt. [Bericht über Versuche, offene Angebote der Wohnungsbaugenossenschaft oder im Bürgerhaus zu nutzen.] Ich hab mich geschüttelt, meine Jacke genommen, und ab in meine Wohnung. Mich hast du nie wieder dort gesehen. Was nützt mir so eine Gemeinschaft? Deswegen, hier, wenn wir uns hier unterhalten, wir haben unser Lachen und 'n freien Schnack, wir sind alle in der gleichen Lage, da passiert nix. (...)

Gertrud: Das ist so'n eingefleischtes Team wie unser Frühstück, wir gucken ja auch, wenn 'n Fremder kommt. Seien wir doch ehrlich.

Ursula: Aber wir zeigen das nicht.
Gertrud: (mit Nachdruck) Nein. Nein, wir nehmen ihn auf.
Ursula: Wir sind ganz nett.
Gertrud: Aber trotzdem sehen wir ja, wenn ein Fremder da ist, Aha, ein neues Gesicht.
Da gucken wir ja auch.
Anna: Mhm. Stimmt, das.
Gertrud: Natürlich. Wir sagen, komm, setz dich hin und frühstücke! (lacht)

Die Frauen erleben hier beim offenen Frühstück einen quasi familiären Ersatz für verlorene Kontakte mit Gleichgesinnten, sie teilen den sinnlichen Genuss von Lebensmitteln, die sie sich nicht gönnen würden, sie können hier die Widrigkeiten des Lebens verlachen und ganz sie selbst sein und haben außerdem die hoch geschätzte Möglichkeit, sich einmal außerhalb der eigenen Wohnung aufzuhalten. Wo die *Wohnung als Schutzraum* fungiert, in den sie sich zurückziehen können und in dem sie von ausgrenzendem Verhalten unbehelligt bleiben, ist der allzu lange Aufenthalt in ihr zugleich ein Ausdruck der Armut. Dagegen ist der öffentliche Raum ein Luxus, ein Symbol für neue Möglichkeiten und die Chance auf Teilhabe. Diese liegt aber nicht in der bloßen Teilnahme am wöchentlichen Frühstück begründet. Das Team ist nur deshalb „eingefleischt", so scheint es, weil die Frauen diesen Raum nicht nur nutzen, sondern auch gestalten, weil sie selbst Zeit und Energie dafür aufwenden, für „die Armen" zu arbeiten, die sie ja selbst auch sind, und es ihnen und sich „schön" zu machen. Teilhabe ermöglicht hier, dass diesmal sie es sind, die den anderen die Berechtigung zum Mitmachen zusprechen können: „Komm, setz dich hin und frühstücke!" So tun die Frauen sich selbst ein gutes Werk und binden sich ein in eine Gemeinschaft, die sie durch bloße Teilnahme nicht erreichen könnten. Und sie erreichen für andere etwas, von dem sie selbst als Inbegriff des guten Lebens träumen: Hier sind auch von mittellosen Menschen Dienstleistungen in Anspruch zu nehmen. Man lässt andere etwas für sich tun.

Öffentliche Einrichtungen, vor allem Ämter, werden von den Befragten häufig mit einer hohen Distanz beschrieben. In keiner der Diskussionen spricht jemand davon, dass Ämter im öffentlichen Interesse, also grundsätzlich auch in ihrem eigenen Interesse arbeiten. Mit Ausnahme von aus Russland eingewanderten Frauen, die eine gewisse Dankbarkeit für die erhaltenen staatlichen Leistungen empfinden, sprechen alle Befragten über Behörden wie über feindliche Instanzen. Diese behandeln Menschen „wie Dreck", sie setzen unter Druck, schaffen Verunsicherung bis hin zur Angst, rauben Motivation und versetzen ihre Nutzerinnen und Nutzer in den Zustand der Illegalität: Wer arbeitet und dennoch Unterstützung braucht, wird misstrauisch beäugt und der Lüge bezichtigt.

Ganz ähnlich ergeht es der *Internationalen Bauausstellung* (IBA) und der *Internationalen Gartenschau* (IGS), die im Jahr 2013 in Wilhelmsburg stattfinden werden. Auch hier sind kaum Vorstellungen darüber vorhanden, dass diese Veranstaltungen dem Stadtteil nützen könnten. Im Zentrum der Bewertungen stehen die befürchteten Mietpreiserhöhungen und Veränderung der Bevölkerungsstruktur, indem vor allem Besserverdienende den Stadtteil entdecken und bevölkern, sowie geplante Abrisse von Häusern und bauliche Veränderungen zum Nachteil des Stadtteils. Dass hohe Summen in den Stadtteil fließen, unabhängig davon, wie man über deren Verwendung denken mag, nehmen die Befragten kaum wahr, ebenso wie konkrete Pläne in Bezug auf Bebauung oder Soziales.

Die wenigen Gruppendiskussionen, in denen tatsächlich die Entwicklung des Stadtteils ausführlich zur Sprache kommt, sind mit Menschen geführt worden, die selbst nicht unmittelbar von Armut betroffen sind. So machen sich die Mitglieder des Moscheevereins ausführlich Gedanken darüber, warum und wie sich die kritische Lage Wilhelmsburgs entwickelt und schließlich zugespitzt hat. Sie sehen sich selbst in der Rolle derer, die hätten aktiv werden und etwas gegen die Entwicklungen unternehmen können, wenn auch nur in der Theorie. Und sie benennen die geplante Gartenschau und äußern ihre Hoffnungen, wenn auch in vager Form:

MITGLIEDER DES MOSCHEEVEREINS ÜBER DIE CHANCEN DES STADTTEILS

Hakan: So viele jüngere Leute haben keine Ausbildung und auch keine Zukunft dazu auch bekommen. Und da eben der Meinung, entweder wir waren nicht genug mobilisiert, oder die, die uns hier regiert haben, vielleicht mit Absicht, weiß ich nicht. Dass das alles so gekommen ist. Aber ja, wie soll ich sagen, so das Jahr 13 vielleicht wird für Wilhelmsburg was Besonderes. Dieser Blumen Dings. Ob dabei für Wilhelmsburg was bringt dann. Muss man noch bisschen drauf warten.

Murat: 2013 war das, ne.

Hakan: 2013.

Murat: Noch lange hin.

Denjenigen Diskurs über den Stadtteil, der am stärksten mit einem Konzept und einer Vision verbunden ist, entwickeln die Mädchen bzw. jungen Frauen. Sie waren es bereits, die im Bereich der Bildung klare eigene Interessen und konkrete Erwartungen formuliert hatten. Jetzt äußern sie, nach ihren Träumen gefragt, ein Konzept der eigenen Selbstverwirklichung, in dem der Stadtteil und seine Problematik eine wesentliche Rolle spielen. Die Mädchen planen einen öffentlichen Raum, der baulich zu Wilhelmsburg passt, der ihren (geplanten) beruflichen Kompetenzen eine Heimat bietet und die von ihnen wahrgenommenen, zentralen Probleme des Stadtteils löst:

MÄDCHEN BZW. JUNGE FRAUEN ÜBER IHRE TRÄUME FÜR SICH UND DEN STADTTEIL

I: Wenn ihr euch jetzt mal vorstellt, ihr werdet morgen früh wach und über Nacht ist ein Wunder passiert. Ihr werdet wach, ihr schlagt eure Augen auf und ihr merkt schon, hier ist was total Irres los. Könnt ihr mal erzählen, wie das Leben dann ist?

Amina: Also ich würd gerne in einem Stadtteil leben, wo Deutsche und halt anderen gleich wohnen. Also nicht nur einseitig, sondern dass meine Nachbarn auch zum Beispiel deutsch sind, dass wir uns besuchen gegenseitig, dass wir die Vorurteile abgebaut haben und auch unsere Religionen gegenseitig kennen (...) Ich würde mir auch wünschen, dass man ... bessere Chancen hat für die Jugendlichen. Bessere Bildung, dass man mehr Möglichkeiten hat, um halt sich weiterzubilden, weil Potential steckt auf jeden Fall drin. Und dass man einfach dazugehört, dass man auch von den anderen akzeptiert. Weil eine Sache ist ja, dass man selber denkt, dass man dazugehört. Und eine andere Sache ist, dass die anderen sagen, du gehörst auch dazu.

I: Und was ist bei euch los, wenn ihr morgens aufwacht und das Wunder ist passiert?

Sarah: (schnipst) Ich hätte meine Ausbildung beendet, hätte vielleicht studiert. Jo. So wär's. Hätte n guten Job. Ich wäre Sozialpädagogin. Hätte mich für Leute eingesetzt, die keine Eltern haben. Wär gerne zur Arbeit gegangen. Hätte 'n hübschen Mann. (Lachen) Der gut verdient. Vielleicht so zwei, drei Kinder.

Amina: Ich würd auch gern als Psychologin in Wilhelmsburg arbeiten. In so'n ganz großes Zentrum, halt wo Pädagogen, Psychologen, Nachhilfelehrer, alle zusammen arbeiten. Das fänd ich echt cool.

Sarah: Wir können uns zusammentun im gleichen Zentrum. (Amina lacht)

I: Ihr könnt euch das Zentrum gleich dazuträumen. Ist alles mit drin beim Wunder. Also was braucht ihr dafür, ein großes Haus?

Sarah: Ein Gebäude richtig. Eine alte Fabrik, so umgestaltet.

I: Okay, und was ist da los?

Amina: Also erst mal Beratungsstelle, für alles eigentlich. Was man sich vorstellen kann. Für Erwachsene, für Jugendliche, welche Schule sollen sie nehmen, dafür ne Beratung, für Eltern Beratung, wie sie ihre Kinder erziehen, keine Ahnung. Wie man sich halt zurechtfindet, dann Sportmöglichkeiten, Kindergärten, psychologische Beratung, Betreuung.

I: Du bist Psychologin in dem Haus.

Sarah: Und ich Sozialpädagogin. (...)

Meral: Genau, bei mir wär das auch so. (...) Würde auch gerne in Wilhelmsburg dann arbeiten, und was dann auch sehr gut wär, dass wir so viele Aktivitäten anbieten könnten, (...) dass es keine Menschen hier gibt, die wirklich nichts zu tun haben, und dann schlechte Angewohnheiten haben.

Amina: Und auf dumme Gedanken kommen.

Meral: Halt streunern. Genau, das ist dann für mich wirklich 'n richtiges Wunder. Dass die wirklich das haben, was sie wollen jetzt. Dass sie denken, wow, da kann ich mitmachen, und alles. Das wär richtig super. Das wär echt die Zukunft.

I: Das heißt, das sind die, die nirgends mitmachen wollen. Oder können.

Meral: Die, die nicht wollen. Können natürlich, aber dass wir das so interessant machen, dass die wirklich gerne teilnehmen, und dass wir dann uns so umgucken, wow, wir ham's geschafft. Und es hat sich verringert die Anzahl von Leuten, die arbeiten können, aber nicht wollen, und dass wir das so interessant machen, dass wir die dazu bringen. Dass wir sie wirklich sehr in positivem Sinne beeinflussen.

Sarah: Hm. Und viele denken auch schon, sie geben sich schon selber auf. Wir finden ja sowieso nichts. Weil sie sich nicht bemühen.

Die jungen Frauen formulieren hier ein umfassendes *Teilhabekonzept*, in dem das „Streunern", das nutzlose Nichtstun von Menschen, die sowie schon benachteiligt sind, als Gegenbild entwickelt ist. Sie vermuten: Dass Menschen nicht am gesellschaftlichen Leben teilnehmen, Bildungschancen nutzen oder etwas aus ihrem Leben machen, ist dort tatsächlich ein Teilhabeproblem, wo das gesellschaftliche Leben den Menschen auch nicht entspricht. Wer also mehr Teil hat, der hat entdeckt: Dieses oder Jenes ist tatsächlich etwas für mich. Oder es entsteht persönliches Interesse, das Menschen verlockt, nicht nur der bloßen Notwendigkeit nachzugeben, sondern etwas aktiv zu nutzen und schließlich die Gesellschaft im Stadtteil mitzugestalten. Und: Teilhabe wird dort gestärkt, wo die von Ausgrenzung Betroffenen (hier: die von eigener Ausgrenzung Behinderten) wieder an ihre Chance glauben. Dass Teilhabe in vieler Hinsicht mit Glaubenssätzen zu tun hat und vermutlich gerade hier gestärkt werden kann, ist in den zitierten Passagen deutlich geworden.

2.5 ARMUT AM EIGENEN LEIB: KÖRPER, GESUNDHEIT UND VERBLEIBENDE SPIELRÄUME

An welchem Ort findet Armut statt? Wo und wie empfinden Betroffene Ausgrenzung – und wo suchen und finden sie Strategien, ihre Situation zu bewältigen? Die Rolle des öffentlichen und privaten Raumes ist bereits zur Sprache gekommen. In Konzentration vor allem auf die Gespräche mit Frauen und besonders am Beispiel einer Gruppendiskussion mit älteren, nicht mehr erwerbstätigen Frauen kommt nun der menschliche Körper mit seinen Möglichkeiten und Beeinträchtigungen in den Blick, als ein zentraler „Ort der Armut". Am eigenen Körper werden Einschränkungen sichtbar und spürbar. Dieser Effekt erscheint in den Berichten und Auseinandersetzungen der Befragten aber nicht deshalb als relevant, weil man – von außen – zuerst dem Körper die Armut ansehen könnte, bevor man etwas über die Lebensverhältnisse eines Menschen weiß. Dies ist in der subjektiven Wahrnehmung fast nur zu besonderen Gelegenheiten der Fall, beim Vorstellungsgespräch oder bei feierlichen Anlässen.

Viel eher wird der Körper dort benannt, wo er den Betroffenen selbst die Armut und stärker noch die damit verbundene Ausgrenzung verdeutlicht: Wer arm ist, spürt das zuerst am eigenen Leib. Frauen zwischen 60 und 70 Jahren, die unterschiedlich oft die „Tafel" in Wilhelmsburg nutzen und zum Teil ehrenamtlich dort tätig sind, beschreiben anschaulich, wie ihr Körper ihnen zeigt, was ihre Armut bedeutet. Die eloquenteste von ihnen schildert, im Rahmen dieser Diskussion eher die Ausnahme, ein ganzes System von *Körperwahrnehmung* und Lebensgestaltung, bei dem ihre Einsamkeit nach dem Tod ihres Partners ein wesentlicher Faktor der Armut geworden ist:

EINE ÄLTERE FRAU ÜBER IHRE ERFAHRUNG VON ARMUT

Ursula: Und das ist das, was mich so verbittert. Man sitzt den lieben langen Tag in seinen vier Wänden. Halb acht Becher Kaffee, Zigarette, Fernseher an. Und so sitz ich abends und warte, dass ich ins Bett kann. Dann kann ich zu Bett, dann kann ich aber nicht schlafen, weil ich keine Energie verbraucht hab. Dann denkst du, och gehst mal raus, du musst ja mal frische Luft haben. Mach ich ja auch. Dann geh ich einmal die Runde, ist aber keine Stunde, dann sitz ich wieder auf'm Stuhl. Und so zieht sich das wie Kaugummi über'n Tag. Und wenn man das dann 13 Jahre hat, das mach ich jetzt 13 Jahre schon, bin ich allein. Dann ist irgendwann genug. Dann will man nicht mehr.

Dass sie den öffentlichen Raum nicht allein erschließen kann, jedenfalls nicht, was eine echte Teilhabe an sozialen Prozessen anbelangt (vgl. Abschnitt 2.4), führt zu einer „Verbitterung", die sich körperlich spüren lässt, wo Ursula sich derart heftig eingezwängt fühlt: Sie muss sitzen – in einer echten Bewegung ist man nur außerhalb der Wohnung, wo Ursula aber keinen Ort hat. So kann sie ihre Lebenszeit nicht aktiv gestalten. Ihr Körper kann keinem gesunden Rhythmus von Aufnahme und Verbrauch von Energie folgen. Zeitliche Gestaltungsspielräume geraten zum gänzlich passiven „Warten". Statt selbst zu handeln ist sie dem Tageslauf ausgeliefert. Die Nachtruhe wird nicht genutzt oder gar genossen, sondern sie wird zugestanden wie eine Erlösung, die dann doch nur eine scheinbare ist. Ursula „kann ins Bett" und darf dann doch nicht wirklich zur Ruhe kommen, denn Ruhe verdient nur der erschöpfte Körper. Eigene Gestaltungsversuche („gehst mal raus") bleiben erfolglos. Das „Sitzen" siegt – das Lebensgefühl der Zähigkeit und der eingeschränkten persönlichen Möglichkeiten – ganz unabhängig davon, ob Ursula es noch erträgt. Das Verbitternde an diesem Erleben: Ursula selbst ist das *Subjekt* jedes ihrer Sätze. Sie kann keinen Zorn entwickeln, denn jede ihrer begrenzten Bewegungen hat sie selbst ausgeführt, gleichwohl sie diese Situation insgesamt „nicht mehr will".

So macht der Körper, quasi als Vollstrecker der Ausgrenzung, die eigene Person in den Augen der Befragten zum größten Feind: Er vermittelt das Problem in seiner ganzen Unausweichlichkeit, verlangt dazu seinen Tribut und stürzt die Betroffenen noch tiefer ins Unglück. Am Beispiel der Frauen wird sichtbar, dass ganz besonders das Alter und eine größere körperliche Beeinträchtigung die körperliche Erfahrung der Armut verstärken: Zunächst entstehen für die Frauen die eigentlichen finanziellen Probleme erst, als sie nicht mehr erwerbstätig sind und – was noch schwerer wiegt – als sie in einem Alter sind, in dem sie kaum mehr eine Chance auf kleinere Tätigkeiten bekommen wie etwa Reinigungs- oder Aushilfsarbeiten. Dann verstärken sich die finanziellen Schwierigkeiten der Erwerbslosigkeit – oder des erzwungenen Verzichts auf Nebenerwerb zu einer geringen Rente – und die Probleme, die der Körper, verstärkt durch das Alter, den Frauen auferlegt. Eine längerer Gesprächsgang nach der Impulsfrage, worin die Frauen Verbesserungsmöglichkeiten für die Zukunft sehen, enthält eine besonders lebhafte Diskussion, in der sich verschiedene Lebensdeutungen und Körpererfahrungen miteinander verschränken:

ÄLTERE FRAUEN ÜBER ARMUT, GENUSS UND DEN (WEIBLICHEN) KÖRPER

Anna: Ich geh gern ins Theater. Das war immer, immer so. Ich wollte da hin. Ich hab viel gelernt und hier ist das bei mir vorbei. Ich hab kein Geld. Nu ja, ich hab gearbeitet als Pflegerin. Da war ganz große Altersheim. Da zum Weihnachten haben sie uns den Phantom der Oper. Da war ich. Oh, ich bin jetzt stolz bei meine Kinder, ich war schon da, aber da hab ich gearbeitet. Und die, wie sagt man, Ticket, ja? Das war über 100 Mark. Das war teuer. Aber jetzt kann ich mir nicht leisten.

Ursula: Gibt nur das alte Thema.

Anna: Manchmal wolltest du die Duft, schönes Duft haben. (seufzt) Ach, das kostet so viel. Aber wir sind Frauen, ja. (Lachen) Und wir wollen doch nicht allzu sehr aussehen (kokettiert juvenil), aber nein. Das ist schon vorbei. (Gertrud lacht) Manchmal wolltest du zum Beispiel gute Unterwäsche. Und das, oh nein. Das ist schon vorbei, habe kein Geld. Und so Dinge, das macht traurig. (...)

Gertrud: Wäsche? Da man muss genügsam sein.

Anna: (lauter) Aber wir sind Frauen. Wir wollen noch was.

Ursula: Ich hab innerhalb von vier Wochen zweimal dieses Jahr Ärger gehabt, den hab ich noch nicht verdaut. Bis heute nicht. Mir ist die Brille kaputtgebrochen, zu alt. (zustimmendes Gemurmel) Die Brille kost 200 Euro, mit Gläsern.

Anna: (seufzend) Das ist dumm.

Ursula: So. Seh mal zu, muss ne alte Frau tapsen. Ohne Brille. Da kannst auch nicht mehr einkaufen gehen. Drei Wochen später bricht mir die Prothese durch. Die Reparatur 184 Euro. Da war ich fast bei 400 Euro, innerhalb von vier Wochen. Nun sag mir mal, wenn ich nicht mal 300 Lebensstandard hab, wo soll ich die Summe hernehmen. Und du kannst gerne Anträge stellen im Rathaus.

Anna: Nein, das geht nicht.

Ursula: Oder bei der AOK.

Gertrud: Nö.

Ursula: Jetzt musst du sehen, dass du dir irgendjemanden suchst, wo du das pfennigweise abstotterst. Das stotterst du 'n ganzes Jahr, nur um die Zähne in Ordnung zu kriegen und ne Brille zu haben, dass du wieder anständig über die Straße gehen kannst. Das sind unsre Bedürfnisse.

Anna: (flüstert) Ja ja ja.

Ursula: Wer soll uns denn dabei helfen?

Vor allem bei den älteren Frauen, die früher erwerbstätig waren und gedanklich noch vom Genuss eines gewissen finanziellen Spielraums zehren, kommt immer wieder der Kontrast zwischen dem alten Leben „draußen" und dem neuen Leben in der Welt des Rückzugs zum Tragen, hier am stärksten in der Figur der Anna. Sie ist in Russland geboren und aufgewachsen und erst als Erwachsene nach Wilhelmsburg gekommen. Vor ihren Kindern hat sie – gedanklich oder in realen Unterhaltungen – immer wieder den großen Auftritt, wenn es um ihre ehemals erreichten Zugänge zur Welt von Konsum, Unterhaltung und Kultur geht: „Ich war schon da." Der Rückzug ist ein körperlicher, er macht sich bemerkbar, wo das Bekenntnis „das ist vorbei" und „jetzt kann ich mir nicht leisten" im Stillen, nur noch im vertrauten Kreis gleichfalls Betroffener ausgesprochen wird, gekennzeichnet durch Ursulas abschließende Bemerkung: „Wer soll uns denn dabei helfen?" Und wir wissen: Die Mitglieder dieser Gruppe wissen, dass sogar ihre Gemeinschaft der Gleichgesinnten (und Gleichgestellten) ein sozialer Luxus ist, über den viele andere Betroffene nicht verfügen.

Die eigentliche Dramatik dieser Veränderung, die Anna hier beschreibt und in der ihr Körper eine wesentliche Rolle spielt, liegt in der thematischen Wende von der Glanzwelt des Musical – dieser Verlust ist für die Befragten durchaus zu verschmerzen – zum Reiz der eigenen *Weiblichkeit*. Hier sind die Erwartungen der Frauen mit den Jahren ebenfalls geringer geworden. Ein attraktives, gar erotisch wirkendes Äußeres wird in der Diskussion durch die kokette Bewegung Annas, Selbstironie und Gelächter für einen Moment wiederbelebt. Als angemessene Symbole für die ältere Frau, die gepflegt und gut gekleidet ist, wählt Anna jetzt den „schönen Duft" und die „gute Unterwäsche". Anna rechnet jedoch selbst diese letzten Grundbedürfnisse ihrer Weiblichkeit unter die Überschrift „das ist vorbei". Während Gertrud, die nur kurze Zeit erwerbstätig war und schon lange von Transferleistungen lebt, Anna einen Bewältigungsspruch anbietet („Man muss genügsam sein."), begehrt Anna auf: „Aber wir sind Frauen. Wir wollen noch was." Man könnte ebenso hören: „Wir haben uns und unseren Körper noch nicht aufgegeben." Oder auch: „Wir sind noch nicht tot."

Ursula hat eine weniger geschlechtsspezifische, aber ebenso körperlich empfundene Perspektive auf die Armut, aus der sie hier in der Diskussion die gleiche Bewegung des „körperlichen Verfalls durch Armut" nachvollzieht: Sie verabschiedet sich von dem, was für Anna der „Stolz" gegenüber der Außenwelt ist, und beschränkt sich auf einige wenige Grundbedürfnisse, die kaum mehr sind als die reine Existenzsicherung: Sie möchte körperlich in der Lage sein, für sich selbst zu sorgen. Ihre Kinder, wie sie später berichtet, sind eben nicht die Umgebung, in der sie mit Reizen oder Erlebnissen punktet, sondern die Instanz, der gegenüber sie zur Schuldnerin wird und Geld für medizinische Hilfsmittel leihen muss. So erarbeiten sich diese Frauen in größter Solidarität miteinander verschiedene Deutungen des körperlich verspürten Abstiegs. Aus ihm wird Ausgrenzung, wo die Welt der Frauen durch diese Erfahrungen kleiner wird, wo ihre Gruppe unter sich Bilder von Rückzug und Verlust etabliert und sich schließlich einig wird, dass ihnen niemand aus diesem Abseits heraushelfen kann.

Liegt in dieser Form der Solidarität eine Bewältigung von Armut und Ausgrenzung? Es ist deutlich, dass diese Frauen erheblich von den Kontakten rund um die „Tafel" sowie von einer Gruppe, die sich regelmäßig trifft, profitieren. Mit der Gruppe bilden sie, so erscheint es in der Dynamik der Diskussion, die „Außenwelt" nach, die früher einmal die Arbeit, kulturelle Angebote oder auch soziale Gruppen, in denen sie selbstbewusst auftreten konnten, für sie dargestellt haben. Sie erobern sich gemeinsam einen Raum außerhalb ihrer Wohnung, in dem das „Sitzen" ein anderes ist, und unterstützen sich darin, den Alltag zu bewältigen. Zugleich aber – vielleicht sogar als Teil eben dieser Bewältigung von Armut in der Gruppe – stützen sich die Frauen in einem „Wissen der Ausgegrenzten" darüber, dass das Leben „draußen" für Arme gefährlich ist, man sich wappnen muss, um nicht unterzugehen, und dass man entsprechend die eigene Wohnung am besten nur verlässt, wenn man ein gewisses Selbstbewusstsein verspürt.

Von der Interviewerin nach ihren Wünschen für den Fall eines „Wunders" gefragt, formulieren die Frauen, wie sich die Armut – und im Fall eines Wunders ebenso die Erlösung von der Armut – unmittelbar in ihrem „Rücken", in der Haltung, auswirkt:

ÄLTERE FRAUEN ÜBER DIE FINANZIELLEN UND KÖRPERLICHEN AUSWIRKUNGEN DES WUNDERS

I: Sie sprechen über das Geld, und Sie sagen auch, dass es das Allerwichtigste ist.
Ursula: Ja.
I: Gibt's denn noch irgendwas, was, wenn das Wunder passiert, dann anders wäre?
Ursula: Was soll da groß anders werden? Man lebt nur vielleicht etwas anders, aber
I: Wie? Ein anderes Gefühl?
Anna: Ja, Freiheit. (...)
Ursula: Man lebt auch ganz frei, man kann doch ganz anders auftreten, wenn die Sicherheit im Rücken ist. Ist doch ganz logisch, oder?

Gertrud: Ja, ja. Ein sicheres Auftreten hab ich immer, ich pack mir morgens immer den Bügel hier rein. (streckt die Schulterblätter)
Ursula: Ja, ist auch am besten. Du, ich bleib gleich in meinen vier Wänden, dann sieht das keiner. (lacht)
Gertrud: Ja ja. Dann kannst mit hängenden Schultern sitzen.
Ursula: (noch lachend) Ja. Na ja, makaber. Aber egal.

Diese Kopplung von finanzieller und emotionaler sowie körperlicher Einschränkung, die sich hier zeigt, wo die Gruppe das Wunder als Zugewinn an Geld und damit als Zugewinn an Selbstbewusstsein und körperlicher Stärke versteht, erscheint in dieser Studie als typisch für die Perspektive der von Armut und Ausgrenzung Betroffenen. So lehnten es mehrfach potenzielle Teilnehmerinnen ab, zu einer Diskussion zu kommen, weil sie kein Geld für eine Busfahrkarte aufbringen können. Die Entfernung zum Ort der Diskussion, in einem beispielhaften Fall etwa 1.300 Meter, zu Fuß zurück zu legen, war für die Betreffenden unvorstellbar. Hier verknüpfen sich, möglicherweise bedingt durch die Erfahrung der Ausgrenzung, finanzielle Armut mit einer Einschränkung in Bezug auf die Aneignung von Räumen und einer nicht erheblichen körperlichen Einschränkung. Sie schlägt sich in der für Arme typischen, stark eingeschränkten Mobilität nieder und ist aus dieser Sicht vor allem eine gefühlte: Man kann das Quartier quasi nicht verlassen. Man ist so geborgen wie eingesperrt.

Ebenfalls typisch und im Vorgriff auf den Abschnitt 2.7 nur kurz zu erwähnen ist das, was in der hier zitierten Gruppe der älteren Frauen durch die Figur der Gertrud in den Vordergrund tritt: Ein Wunder, wenn man sich denn überhaupt auf diese wirklichkeitsfremde Szenerie einlassen mag, kann durchaus angenehme Assoziationen wecken. Notwendig, darin werden sich fast alle Gruppen einig, ist ein solches Wunder nicht. Was ein Wunder etwa an Selbstbewusstsein schaffen könnte, kann die pragmatische Frau auch selbst: Sie schiebt sich einen metaphorischen Kleiderbügel hinter die Schulterblätter und schafft sich selbst die Haltung, zu der ihr doch niemand verhelfen kann. Oder: Man kann auf eine solche Haltung (und damit auf das Wunder) auch verzichten und sich zurückziehen. *Suggestion und Rückzug* erscheinen hier als „Waffen" der Ausgegrenzten gegen den widrigen Alltag, aber es ist nicht zu übersehen, wie diese schließlich selbst zur Ausgrenzung beitragen – und sei es nur emotional.

Diese Haltung ist durchaus nachvollziehbar: Würden die Frauen empfinden und offen aussprechen, dass sie tatsächlich einer (wiederum wenig erwartbaren) Hilfe bedürften, um langfristig ohne körperliche und psychische Beeinträchtigung ihr Leben meistern zu können, welche Konsequenzen könnte das für sie haben? Vermutlich ist eine, wenn auch nur fiktive Unabhängigkeit von Zuwendung oder Hilfestellung von außen ein wesentlicher Bestandteil der Bewältigung einer solchen Situation, der sich kaum ernsthaft aufgeben lässt. Im Fall der älteren Frauen, das zeigt die Wahl des Worts „makaber", hier durch Ursula, rückt das Ende der eigenen Existenz gedanklich immer wieder in die Nähe des Themas „Armut". Wie nah die Kategorie „Tod" für die Frauen tatsächlich immerzu an der Deutung ihrer eigenen Situation ist, und welche Zusammenhänge sich hier eröffnen, werden weitere Zitate noch verdeutlichen.

Umgekehrt ermöglicht den Frauen ihr Körper *Spielräume*, die sie bei der Bewältigung ihrer Situation dringend brauchen: Sie beschreiben eine Art Tausch, in dem eine gewisse Vernachlässigung körperlicher Bedürfnisse ihnen ermöglicht, andere Güter zu erwerben oder etwas zu genießen, was ihnen sonst nicht zugänglich gewesen wäre. Wer zur „Tafel" geht, hat dafür ein größeres finanzielles Budget für ein Geschenk für die Enkelkinder. Wer wenig auf die Impulse seines Körpers hört oder den momentanen Appetit wahrnimmt, wer sich weniger um frische Lebensmittel bemüht und statt dessen isst, was satt macht, kann etwas zurücklegen für den Fall, dass die Waschmaschine kaputt geht. Die Frauen berichten, wie sie diese Möglichkeit über Gebühr ausgenutzt haben und zu spüren bekamen, dass der Spielraum, den sie durch ihren Körper gewinnen, ebenfalls begrenzt ist. Als ehrenamtliche Mitarbeiterin der Tafel haben einige der Frauen, so auch Ursula, Zugang zu den Lebensmitteln, die wegen überschrittenem Verfallsdatum aussortiert werden:

ÄLTERE FRAUEN ÜBER DIE SPIELRÄUME IHRES KÖRPERS

Ursula: Ich war einmal so fürchterlich krank, ich hab gedacht, ich geh ein. (...) Aber da war auch Ablaufdatum überschritten.
Anna: Und du hast das nicht nachgeguckt.
Ursula: Doch, aber war ein zwei Tage nur. Und das waren gebratene Hähnchen, das war ja nicht roh. Und da hab ich mir die inne Mikrowelle warmgemacht und
Anna: O Mensch.
Ursula: 'n Stück Brot dazu gegessen. Und ich hab Krämpfe gehabt, ich hab mich gewälzt auf meinem Sofa. Ich hab gedacht, jetzt gehste ein und keiner merkt das. (...) Aber seitdem bin ich vorsichtig, wenn das über zwei drei Tage Ablaufdatum

ist, das schmeiß ich weg. Auch wenn ich arm bin, muss ich mich nicht selber vergiften. (...) Ich hab gedacht, och, ist ja schon gebraten, da passiert nix, da hast was im Bauch.

Die Versuchung der von Armut Betroffenen, den Körper zu belasten, scheint enorm. Skurril erscheint in diesem Muster der Deutungen und Versuche, das Leben zu bewältigen, welche Rolle die „*Tafel*" hier einnimmt. Sie bekämpft ja gerade die typische, körperliche Unterversorgung der von Armut Betroffenen, will einen gewissen Ausgleich von Arm und Reich schaffen und muss sich schon lange die Kritik gefallen lassen, eine solche Unterstützung löse das Problem kaum, mache die Menschen nur noch stärker von Almosen abhängig und verfestige damit ihre Ausgrenzung. In diesem Kontext jedoch kommt eine ganz andere, durchaus problematische Perspektive auf diese Arbeit in den Blick: Wo die Betroffenen die „Tafel" als eine Art „Tauschbörse" nutzen, auf der in ihrer Wahrnehmung dem Körper Zuwendung genommen wird, die an anderer Stelle noch weniger verzichtbar ist, verstärkt die „Tafel" die Unterversorgung ihrer Nutzerinnen, ganz entgegen ihrer eigentlichen Intention.

In der Gruppe der älteren Frauen, ganz anders als in anderen Gruppen, spielt Kultur immer wieder eine wichtige Rolle, wenn es um die eigene Ausgrenzung, aber auch um die eigenen Träume geht. Während die aus Russland eingewanderten Frauen auch klassische Musik schätzen, werden immer wieder Musicals in der Gruppe zum symbolischen Konsens über Konsum und Genuss, aber ebenso über eine wünschenswerte Teilhabe am gesellschaftlichen Leben. Wo die Frauen darüber sprechen, wird das Gespräch dicht und die Interaktion schnell. Das folgende Zitat stammt aus dem Gesprächsgang über das „Wunder". Auch hier finden sich das Motiv „ist vorbei" sowie Anklänge an den Tod als das Ende der persönlichen Spielräume:

ÄLTERE FRAUEN ÜBER KULTUR, KONSUMWÜNSCHE UND SPIELRÄUME

Anna: Meine Nachbarin sagt, ich möchte König der Löwen
Gertrud: König der Löwen würd ich gerne
Ursula: Sehr gerne. Das wär auch 'n Wunsch. (Durcheinanderreden)
Anna: (hebt die Stimme) Ich hab gesagt, ich hab das gesehn, wenn ich hab gearbeitet.
Mila: (sehnsüchtig) Oh.
Gertrud: Das möchte ich auch.

Ursula: Doch, das wär auch 'n Wunsch.
Mila: Oh.
Anna: Ich habe das gesehen, aber da habe Glück gehabt, ich habe gearbeitet. Dafür
    habe Geld gehabt. Und wir haben alle gesammelt und einfach uns alleine gedacht,
    aber da habe ich Glück gehabt.
Mila: Oh. Oh.
Ursula: Da würde ich auch gern mal hingehen.
Anna: Jetzt ist das alles vorbei. Mit Theater und so was.
Ursula: Aber das kost auch wieder 100 Euro.
Gertrud: Ja? So teuer?
Anna: Nein. 100 nein. So 50 kannst du noch. Aber die Plätze werden nicht so schön
    sein. Aber trotzdem. Kannst du schon. Bei 50 ausgehen. Hast du das Geld? 50
    Euro?
Mila: Nee.
Ursula: No. Ham wir nicht. (Anna seufzt)
Gertrud: Nee. Da muss man wieder lange an die Seite packen. (Durcheinanderreden)
    Ich bin ja nun nicht so oft hier an der Tafel. Ich komm ja nicht jede Woche. Aber
    denn müsste man wirklich jede Woche kommen und immer das essen, was man
    dann
Anna: Das wieder Gesundheit. (hebt die Stimme) Dann guckst du den König der Lö-
    wen, und gehst früher in die Kiste.
Gertrud: Danke. (lacht)
Anna: (lachend) Dann spart sie da beim Essen.

Im Diskurs über tatsächliche, fiktive und bedrohliche Spielräume kreisen die
Frauen immer wieder um die implizite Frage, wie die Achtung vor dem eigenen Körper und den eigenen Bedürfnissen, eine *Wertschätzung für sich selbst*,
mit Notwendigem und Ersehntem in ein zweckmäßiges Gleichgewicht ge-
bracht werden können. Dem Selbstwert und der Möglichkeit, positive Bilder
des eigenen Lebens für die Bewältigung der Armut nutzbar zu machen, soll
darum der Abschnitt 2.6 gewidmet sein.

Der Bezug von Armut, Ausgrenzung, Körper und Gesundheit verdichtet
sich dort ganz erheblich, wo Armut, auch ohne eigenes Handeln und vor allem, anders als im Beispiel der Frauen, ganz ohne positive Aspekte, die eigene
Gesundheit bedroht. [7] In der Gruppe der seit Jahrzehnten von Armut betroffenen Frauen, in der wenige, besonders kommunikationsstarke Frauen den Groß-
teil der Redezeit bestreiten, mischt sich eine Teilnehmerin ein, als sie an ihre

---

[7]   Dieser Aspekt ist inzwischen mehrfach belegt und in seinen vielfältigen Konsequenzen aus-
    gedeutet worden; vgl. Richter / Hurrelmann (2007) oder auch Hagen / Kurth (2007).

Wohnsituation und die damit verbundenen gesundheitlichen Risiken, besonders für ihre *Kinder*, denkt. Sie hatte die meiste Zeit mit abwesendem Blick aus dem Fenster geschaut, meldet sich jetzt aber mit einer langen Passage zu Wort:

Sabine: Ich hab auch Schwierigkeiten gehabt mit der Wohnung. Ich hab auch Schimmel. Aber in allen Räumen. Kinderzimmer, Schlafzimmer, und in allen Räumen. Wir haben alle in der Stube geschlafen. SAGA hat nichts gemacht, ich hab gesagt, wenn jetzt nichts passiert, dann ruf ich das Gesundheitsamt. Und dann hab ich das beim Gesundheitsamt erzählt, die Fotos hingegeben. Und das Gesundheitsamt hat reagiert. Hat Fotos gemacht, hat das selbst angeguckt, und Druck gemacht bei der SAGA. Und seit letztes Jahr hab ich ne Zweieinhalb-Zimmer-Wohnung. Ja, weil ich bin alleinerziehende Mutter, die können mich nicht da in ne Schimmelwohnung gehen lassen. Das geht nicht. Das geht einfach nicht. (...) Die Kleine, die hat Neurodermitis mit Bronchitis jetzt zusammen gekriegt. Und ich muss Medikamente auch selber zahlen. Woher soll ich das bezahlen? Ich hab kein Geld. Von den 200 Euro kann ich nicht mal eben kurz hier 50 Euro oder so. Das geht nicht. Und der Arzt sagt, ich soll ne Creme geben. Also ich darf nur Produkte, die Natur sind. Und die muss ich bezahlen. Die Krankenkasse übernimmt das nicht. Obwohl ich hab Rechnungen hingelegt. Nichts passiert. Ich komm nicht da gegen an. Also muss ich zusehen, wie ich das mach. Und die Fiona ist gerade mal sechs.

Das Satzstück „ich bin alleinerziehende Mutter" erscheint bei den Frauen sehr regelmäßig. In dieser Passage wird stärker als anderswo sichtbar, welche Funktion es hat: Es dient Sabine zur Begründung dafür, dass sie nicht in einer stark von Schimmel befallenen Wohnung leben darf. Man mag diese Feststellung kaum umdrehen und nachfragen, welche Ansprüche Sabine formulieren würde, ohne für kleine, chronisch kranke Kinder verantwortlich zu sein. Sicher ist: Auch für Sabine ist der Körper – vor allem der ihrer Kinder – der Angelpunkt, an dem sich Apathie in Aktivität, die Fixierung auf das Gegebene in eine Auseinandersetzung mit Bedürfnissen wandelt. Hier findet sich, was bei den älteren Frauen nicht zu spüren ist: Dass bei körperlicher Erfahrung der Armut das Hinnehmen aufhört und Ansprüche formuliert werden, unabhängig davon, ob es vermutlich von Erfolg gekrönt sein wird, sie zu vertreten.

2.6 Ursache und Wirkung der Armut: Selbstwert- und Schuldgefühle

In den Gruppendiskussionen finden sich viele Erfahrungen von großem Leid – daneben überraschend zahlreiche Zeugnisse großer Heiterkeit, eines liebevollen Umgangs der Teilnehmenden miteinander und ebenfalls oft überwältigend viel Energie, mit der die Befragten schaffen, was scheinbar gar nicht zu schaffen ist. Dass die Haltung gegenüber der eigenen Person, das Ringen um ein stabiles *Selbstwertgefühl*, häufig im Zentrum der Diskussionen stehen, war bereits deutlich geworden. Erfahrungsbereiche wie der eigene Körper und die Gesundheit, Familie, Kinder und Wohnsituation sowie Gefühle der Ohnmacht oder der Abhängigkeit finanzieller oder emotionaler Art veranschaulichen, wie das Ringen um den Selbstwert im Kontext von Armut und Ausgrenzung, zwischen Realität und Suggestion, zur existenziellen Angelegenheit wird. Im emotionalen Ringen um den eigenen Selbstwert – ebenso wie im Ringen um Träume und Perspektiven – werden Mechanismen der Bewältigung von Armut transparent, die darum eingehend dargestellt werden sollen.

Zahllose Gesprächspassagen drehen sich um die Schulden der Befragten, aber auch in der unmittelbaren Diskussion geht es mehrfach um die Frage nach der persönlichen *Schuld*, besonders dort, wo Kinder mit im Spiel sind oder die eigene Armutserfahrung mit verschiedenen Akteuren im Erwerbsleben verknüpft ist. Wer trägt die Verantwortung für die Situation? Sind es – meist klischeehaft gezeichnet – Politiker oder Manager, ist es die Gesetzgebung, die Situation oder die ungerechte Welt an sich, oder hat man selbst Fehler begangen, die in die Situation geführt haben, die die meisten Befragten als ausweglos schildern? So scheint das Leben mit der Armut die eine Herausforderung, das Leben mit einer möglichen Schuld jedoch eine zweite, durchaus wesentliche, zu sein.

Dass *Ursache und Wirkungen* der Armut oft nicht voneinander zu unterscheiden sind, und ebenso die Bewertungsmuster von Armut und Bewältigungsstrategien so komplex sind, dass man kaum weiß, wie „die Armen" es den nicht Betroffenen recht machen sollen, ist keine Neuigkeit: Wer mit seiner Situation lebt und das Beste daraus macht (wie im Beispiel der seit vielen Jahren in Armut lebenden Frauen), muss sich fragen lassen, wie es sein kann, dass sich Arme mit ihrer Situation abfinden, sich einfach darin „einrichten", statt sich um Besserung zu bemühen. Wer einfach die üblichen Maßstäbe durch eigene ergänzt und aufhört, sich zu fragen, warum er dies und jenes nicht erreicht hat, muss sich fragen lassen, ob es sinnvoll ist, sich nun auch noch durch eine Parallelwelt eigener Werte (wie im Beispiel der jungen Migranten) weiter von der Außenwelt abzukapseln. Armut grenzt aus – und Ausgrenzung schafft ihrerseits neue Ausgrenzung. Wer aber trägt daran die Schuld?

Nicht durch Zufall geraten Auseinandersetzungen der Befragten, etwa mit Behörden, zu einem Streit darüber, wer hier im Recht sei und wer im Unrecht, wer dem anderen abnötigt, verkehrte Welten zu akzeptieren. Im Streit über Härtefallanträge und Berechtigungen handeln die Betroffen aus, auf welcher Seite sie stehen. Die junge, alleinerziehende Mutter aus Südamerika spricht nicht gut Deutsch. Nach einer Eingliederungsmaßnahme bekommt sie vom Chef der Firma, in der sie ihr letztes Praktikum absolviert hat, das Angebot, bei ihm zu arbeiten. Weil er sie für diese Arbeit jedoch nicht bezahlen kann oder möchte, bietet er ihr an, weiterhin ein Praktikum zu machen – für 150 Euro monatlich. Weil sie keine andere Arbeit findet, nimmt die junge Frau diesen Vorschlag an und beantragt daraufhin ergänzendes Arbeitslosengeld II. Ihre Wortmeldungen sind durchzogen von der Auseinandersetzung mit der für sie zuständigen Sachbearbeiterin, die ihr immer wieder vorwirft, zu lügen, etwas zu verheimlichen und sich die Transferleistung zu erschleichen.

In der Gruppe von erwerbstätigen Männern und Frauen, an der diese junge Frau teilgenommen hat, nehmen andere Gruppenmitglieder den Faden auf und diskutieren dieses Thema in verschiedenen Dimensionen: Wer trägt die Schuld – arbeitsmarktpolitisch, wirtschaftspolitisch oder auch ganz schlicht mit Bezug auf die eigene Familie und das bedrückende Gefühl, etwas falsch gemacht zu haben:

ERWERBSTÄTIGE MÄNNER UND FRAUEN ÜBER DIE SCHULD AN IHRER SITUATION

Gerd: Ich finde, es gibt gar nicht so viele Arbeitslose. Es gibt nur viele Leute mit sehr schlechtem Gewissen. Schlimm ist das meiner Meinung nach gar nicht. Es wird nur schlimm gemacht, damit die andern noch weiter gedrückt werden können.

Helga: Oder es ist falsch verteilt. Es gibt sehr viele Menschen mit sehr viel Arbeit.

Gerd: Wir reden natürlich bei Arbeit immer nur von dem entsprechenden Salär dafür. Und ob man viel oder wenig arbeitet, ist ja erst mal egal. Es geht am Ende ja nur ums Geld. Und je mehr Leute Angst haben, auch arbeitslos zu sein, desto mehr werden sie bereit sein, sich drücken zu lassen. Also sagt man, oh, die Welt ist schlecht, alles ganz gefährlich, pass auf Leute, sonst geht das hier den Bach runter. Und mit jedem Arbeitslosen mehr hat man 'n tolles Argument, das weiter zu forcieren. (...)

I: Haben Sie Angst, arbeitslos zu werden?

Gerd: Pff, ja ich hab vor so Vielem Angst. Davor nicht, nö. Nö.

Pablo: Das war eine gute Frage eben. Wenn ich dran denke, dass

Helga: Aber vielleicht sollte man sich da auch keine Sorgen drum machen, um wirklich die Energie dafür benutzen, gute Arbeit oder eben auch positiv konstruktiv durchs Leben zu gehen. Wenn ich mir jetzt auch noch Sorgen machen müsste, arbeitslos zu werden, dann könnt ich mich ja gleich aufhängen.

Pablo: Manchmal so man muss sich aber erst mal Gedanken darüber machen, muss man sich selbst fragen, hab ich Schuld. Ich würd sagen, nicht der Arbeitnehmer hat Schuld, sondern der Arbeitgeber. Oder die Politik hat viel Schuld.

Helga: Wie, wenn was eintritt oder passiert?

Pablo: Wenn man der den Job verliert. (...) heute morgen hab ich Radio angemacht, und das geht schon wieder los, bei Airbus werden so viele Tausende wieder entlassen. Der Arbeitnehmer hat doch keine Schuld. Die Leute, die stehen morgens um vier oder die arbeiten in drei, vier Schichten. Und wer macht den Fehler? Die Manager machen die Fehler. Und wer bezahlt immer? Den kleine Mann. Und das geht doch nicht. Und die Manager, die werden entlassen. Ja logo. Und da kriegen sie paar Millionen. Aber du als kleiner Mann da, darüber reg ich mich immer am meisten auf, sieh zu, dass du mit deine scheiß Probleme, mit deine Frau, mit deinen Kindern klarkommst. Aber du sitzt auf der Straße. Ja. Und du hast gar keine Schuld dabei.

In diesem Gesprächsgang wird der Einstieg ins Thema von einem Teilnehmer geboten, der sich aggressiv gegen die Schuldzuweisung wehrt, die er empfindet. Ganz im Gegenteil deutet er Schuldgefühle als etwas, das Arbeitgeber eigens inszenieren, um Arbeitnehmer ängstlich und gefügig zu machen, vor allem in Bezug auf Löhne und Arbeitsbedingungen. *Angst* und Schuldgefühle sind hier eng miteinander verwandt, das spüren die Befragten deutlich. Wer sich schuldig fühlt an der eigenen Situation, hat auch Angst vor der Zukunft. Die Interviewerin folgt assoziativ diesem Gedanken, trifft damit aber gerade nicht das Lebensgefühl Gerds. Der kennt durchaus Ängste, ist aber nicht bereit, sich im Bezug auf seine Arbeitssituation in das Wechselspiel von Angst und Schuld verstricken zu lassen. Damit findet er in der Gruppe reichlich Bestätigung: Sowohl die Angst als auch das Gefühl der persönlichen Schuld müssen abgelehnt und weit zurückgewiesen werden, will man sich nicht in bedrohlichen Gefühlen verfangen. Ein anderer Teilnehmer bestätigt diese Assoziation und bearbeitet sein eigenes Bemühen um Rechtfertigung seines Lebens gegenüber der Arbeitswelt und ihrer Logik.

Die erwerbstätigen Armen arbeiten in verschiedenen Gruppendiskussionen engagiert an Deutungen, in denen einerseits die Situation transparent, andererseits die eigene Erfahrung erträglich wird. Die einzelnen Strategien, die die Befragten hierbei entwickeln, unterscheiden sich stark. Weil in der hier bereits zitierten Gruppe so klar wie sonst kaum die Verschiedenheit der Strategien sichtbar wird und weil diese zugleich *Bewältigungsstrategien* der Armut sind, sollen hier einige davon anhand der Weltsicht der jeweiligen Personen vorgestellt werden: [8]

Am Beispiel des Gerd war die erste dieser Strategien bereits sichtbar geworden. Man könnte sie als *reflexiv-distanziert* bezeichnen. Gerd vertritt eine Deutung der gegenwärtigen Situation, bei der das Problem, das die Gruppe empfindet, keinen unmittelbaren Zusammenhang mit der Wirklichkeit aufweist: Es gibt durchaus Arbeitsplätze, möglicherweise sogar genug für alle. Die „Manager" könnten die Menschen durchaus mit deutlich mehr Geld entlohnen, sie gaukeln jedoch gemeinsam mit den Politikern aus Eigeninteresse den Menschen vor, diese Güter seien knapp. So werden Arbeitskräfte bescheiden und neigen zu Selbstvorwürfen, statt die wahren Schuldigen zu benennen. Mit diesem Blick auf die Welt bewältigt Gerd seine belastende Situation: Er konzentriert sich auf das, was wirklich ist, und distanziert sich innerlich von der Dynamik von Belastung, Passivität und Ausgrenzung.

Ein anderes Konzept vertritt Helga. Man könnte es als *pragmatisch-projektorientiert* bezeichnen. Helga bringt zum Ausdruck, wie sie der dauerhaften, quasi alltäglichen Sorge nicht gewachsen ist und sie deshalb kontinuierlich verdrängt. Für die Belastungen größeren Umfangs, etwa die Tatsache, dass sie keine Arbeit hat, mit der sie den Lebensunterhalt für sich und ihre Familie sichern kann, und dass sie schon lange und vermutlich noch viele Jahre auf geringstem finanziellen Niveau leben muss, hat sie das Deutungsmodell des „Lebens in Projekten" gewählt:

---

[8]   Hier ergibt sich eine Nähe zu Ergebnissen der Resilienzforschung, die Kontexte und Mechanismen der Bewältigung untersucht; vgl. z.B. Zander (2007). Uta Meier-Gräwe hat Armuts-Typen entwickelt und entsprechend Chancen und Muster der Bewältigung herausgearbeitet; vgl. Gaschke (2007).

Eine Erwerbstätige und ihre pragmatisch-projektorientierte Lebensdeutung

Helga: Also das mit den Ansichtssachen. Bei Bloom&Voss da hat man früher angefangen und hat man 50 Jahre

Pablo: Natürlich. Dann gleich ihr Leben da gemacht.

Helga: Aber unser Leben heutzutage besteht aus vielen Projekten. Weißt du, was ich meine?

Pablo: Jo, ich weiß, was du meinst. Ja, klar.

Helga: Das fängt schon an mit diesen Lebensabschnittspartnern. Man heiratet, oder man geht ne Partnerschaft ein. Und das ist schon absehbar. Ja. Das ist nur 'n Lebensabschnittspartner. Hammermäßig find ich das. Aber es ist so.

Pablo: Ich seh das ein bisschen anders.

Helga: Dann man entwickelt sich weiter und irgendwann passt man nicht mehr zusammen.

Gerd: Man kann ja zusammen bleiben und unglücklich sein. Dann ist es kein Lebensabschnittspartner.

Helga: Ja, genau. (lacht) Ja gut, also der Arbeiter, der bei Bloom&Voss angefangen hat und 50 Jahre da, der ist auch nicht immer glücklich. Aber okay. Aber das ist in unserm Leben glaub ich jetzt so, mit Projekten, und dann das bei Airbus ist eben abgeschlossen, und dann kommst in ein anderes Projekt. Und ich glaub, so muss man's sehen. Also es ist nicht überall so, aber es greift so um sich, find ich, dass sich diese Projektarbeit so bei uns breit macht. Und es ist utopisch, 'n Lebenspartner bis ans Lebensende, kann man versuchen, aber ...

Mit diesem Modell distanziert sich Helga ebenso wie Gerd vom Geschehen, findet für die erschreckende Instabilität ihres Lebens eine Erklärung, die sie nicht allein zum Opfer macht, und versteht die ständige Bedrohtheit der Verhältnisse als etwas Natürliches. Durch diese Deutung werden Helgas Probleme nicht geringer, sie steht ihnen aber nicht allein gegenüber, muss sich nicht mehr rechtfertigen, sondern bekommt, weil ja alles im Fluss ist, neue Chancen: „Man entwickelt sich weiter" und „dann kommst du in ein anderes Projekt". Hier ist alles Vergehen des Guten zugleich ein Werden des Neuen. Aus Schmerz wird Trost, jedenfalls dann, wenn Helga sich nicht, zum Beispiel von Pablo, in ihrer Sicht beirren lässt:

Eine Strategie, die sich als *individuell-distanziert* bezeichnen lässt, vertritt Fred, ein Teilnehmer, der in der Diskussion kaum zu Wort kommt, vor allem, weil er auf umfangreichere Deutungskonzepte meist verzichtet. Er ist sich vor allem mit dem laut aufbegehrendem Pablo darin einig, dass die Situation, vor allem auf dem Arbeitsmarkt, sehr schlecht ist und die Arbeitssuchenden, die sich nicht wehren können, die Opfer der Umstände sind. So analysiert er gern, worin genau die Schwierigkeiten liegen, zieht sich dann aber innerlich zurück, wo die Verhältnisse allzu deprimierend werden:

EIN ERWERBSTÄTIGER UND SEINE INDIVIDUELL-DISTANZIERTE LEBENSDEUTUNG

Fred: Jo. Das frustet, wenn man merkt, dass die Leute viel Geld dafür kriegen, wenn sie Arbeitsplätze wegrationalisieren. (…) Wenn ich irgendwo in 'n Betrieb rein komm, und da sind ganz wenig Altgesellen, weil alte Leute gar nicht mehr so gefragt sind und ich von denen aber diese Handwerkskunst erst lernen kann, weil ich ihnen auf die Finger gucken kann, ärgert mich das auch, dass auch gerade ältere Leute keine Jobs mehr bekommen. Also möglichst soll er 18 sein und fünf Jahre Berufserfahrung mitbringen und ne abgeschlossene Lehre und nicht das Maul aufmachen. (…) Das frustet schon. Aber ich bin 'n lebensfroher Mensch, mir macht das eigentlich nichts aus. Und ich versuch natürlich auch, das Beste da daraus zu machen, dass ich irgendwelchen Freunden helfe beim Renovieren und dafür was zu essen zu kriegen, manchmal muss man eben Klimmzüge am Brotschrank machen. Aber das macht eben nichts. Find ich gut. Man lebt ja trotzdem.

Hier kommen jetzt zwei Aussagen direkt nebeneinander zum Stehen, die nicht wirklich zueinander passen: Fred spürt, wie seine Analysen ihn durchaus stark bewegen. Seine Sicht auf den Beruf als „Kunst" wird bestritten, seine Kenntnisse sind ebenso wenig geschätzt wie seine aufgeweckte Wahrnehmung und offene Kommunikation. Er ist nicht nur mit noch nicht 50 Jahren „zu alt", er ist auch keiner von denen, die „das Maul nicht aufmachen". Dies alles setzt ihm sehr zu, es „frustet". Daneben aber steht seine Einstellung gegenüber der Welt. Fred mag das Leben, berichtet immer wieder von Hobbys, von seinem Engagement, von seiner kleinen Wohnung in schöner Lage, von „seinem Wilhelmsburg". So beschließt Fred, diese beiden Empfindungen voneinander zu trennen: Das eine darf das andere nicht stören. Er verallgemeinert diese Sicht niemals, aber für seinen persönlichen Fall setzt er fest, dass der Frust ihm „nichts ausmacht und das Wesentliche seines Lebens nicht berührt. Von hier aus klingen seine Überlebensstrategien skurril, aber für seine individuelle Logik sind „Klimmzüge am Brotschrank" eine Haltung, mit der sich das Leben bestehen lässt.

Die Strategie einer weiteren Teilnehmerin nutzt ebenfalls die Distanz zu fremden Deutungen und kann als *rational-optimistisch* bezeichnet werden. Joana, die für 150 Euro monatlich ganztags tätig ist und wegen ihrer Schwierigkeiten mit der deutschen Sprache nicht glaubt, eine angemessen bezahlte Tätigkeit finden zu können, mag ebenso wenig pessimistischen Haltungen zu viel Einfluss auf ihre Weltsicht einräumen:

EINE ERWERBSTÄTIGE UND IHRE RATIONAL-OPTIMISTISCHE LEBENSDEUTUNG

Helga: Dreh und Angelpunkt ist bei mir auch Geld. Hoffentlich geht meine Waschmaschine nicht gleich kaputt. Meine Tochter ist 16, die macht jetzt Realschulabschluss, sie braucht ein paar neue Klamotten. Das sind Sachen, damit muss ich mich dann einfach auseinandersetzen. Und muss gucken, wo knapps ich das jetzt ab.

Joana: Ja, zum Beispiel ich habe etwa 150 Euro. Dann habe ich ein Brief bekommen, dass ich bekomme Minus 40 Euro, weil ich arbeite. Und ich bekomme Hartz Vier. Man kann nicht das Leben verbessern, Lust zu arbeiten haben. (...)

Helga: Das, was man eigentlich machen sollte, nämlich die Energie in die Arbeit stecken, gute Arbeit leisten, das zerfranst sich total, du bist unmotiviert. Du bist lustlos. Du hast auch keine Kraft mehr. Wenn du noch motiviert bist, aber dann fehlt's immer noch irgendwo an der Kraft. Weil du dich an so viel Sachen sorgen musst.

Joana: Das habe ich Angst, meine Energie zu verloren. Zum Beispiel letzte Jahre habe ich in eine Altenheim gearbeitet. Ich muss um vier Uhr morgens aufwachen. Und für mich war so total unglaublich. Die Leute waren total unhöflich, weil sie müssen alles schnell und viele Arbeit dazu. Aber muss man selbst motivieren, weil wenn man diese Motivation verloren, kann der Ziel auch verloren. Und das ist ein bisschen gefährlich. Ich versuche mich zu motivieren immer. (...)

Pablo: Ja. Ich kann Sie verstehen.

Joana: Ich versuche, mich zu motivieren.

Fred: Das ist auch richtig. Find ich.

Helga: Also wenn du jetzt schon sagen würdest, also das bringt sowieso nix, und ich hab das von dem und dem gehört, dann gehst du unter. (...)

Joana: Ich weiß es nicht, was passiert mit mir in zehn Jahre. Ich habe auch keine Vorräte, obwohl ich 18 Jahre in meine Land gearbeitet habe. Aber da gibt es viele Korruption. Und muss mich auch vorbereiten. Und ich verstehe ganz gut, wenn man ein bisschen nur in die Probleme denken. Aber wenn ich diese Motivation verloren, finde ich, ich bin verloren.

Fred: Ja. Bist verloren, ja.
Joana: Und das hab ich auch Angst.

Auf den ersten Blick bewegt sich Joana genau auf der Konsenslinie der Gruppe. Sie tritt thematisch und auch in ihrer Wortwahl den Nerv der anderen und erntet Sympathien. Für ihre Aussagen gibt es immer wieder Zustimmung. Andere Teilnehmende ergänzen, erweitern und kommentieren das von ihr Gesagte. Auf den zweiten Blick wird deutlich, dass Joana aber eine eigene Bewältigungsstrategie verfolgt, in der sie selbst von der Unterstützung anderer, zum Beispiel anderer Mitglieder der Gruppe, unabhängig bleibt. Für ihre Strategie ist nicht wie bei Fred die Trennung von Analyse und eigener Haltung wesentlich, sondern die absolute Konzentration auf eine optimistische Lebenshaltung. Jeden ihrer Erfahrungsberichte beendet Joana selbst mit der gleichen Wendung hin zu Begriffen wie „Lust" und „Motivation". Die Analyse überlässt sie nie sich selbst – man hört heraus: Dies tut Joana, damit sie nicht ebenso sich selbst überlassen bleibt. Die Bedrohung wirkt in ihrer Schilderung tiefer, existenzieller als bei anderen Gruppenmitgliedern. Sie besteht in einer umfassenden, ganz grundsätzlichen Verlorenheit, die Teilprobleme wie Arbeitslosigkeit oder Unterversorgung weit überschreitet.

Es scheint, als ob Joana sich darum die Analysen, wie etwa Helga sie formuliert, nicht leisten kann. Hier fallen resümierende Sätze wie „du bist unmotiviert", während Joana über ihre Gefühle, ebenso wie über ihre Motivation in ihrer Strategie quasi verfügt: Sie entwickelt Maßstäbe für ein angemessenes Verhalten und versucht, sich in jedem ihrer Arbeitsverhältnisse Spaß an der Tätigkeit zu bewahren. Joana macht sich Mut, beschreibt sehr klar ihre Träume und setzt sich Ziele. Vor allem bemüht sie sich, ihre Ziele und die „Motivation", diese zu erreichen, so weit wie möglich davon unabhängig zu machen, wie andere Menschen sich verhalten. Denn sie spürt, dass ein Resignieren ihre Chancen für sich und ihre Kinder nachhaltig bedrohen könnte. So treten in dieser Strategie konsequent rationale Deutungen an die Stelle von Gefühlen und bestimmen, welche Empfindungen sein dürfen – und welche besser nicht.

Ein letztes Konzept der Weltdeutung enthält Anteile der bereits genannten Konzepte, unterscheidet sich jedoch stark von ihnen, indem es nur bedingt ein Konzept der Bewältigung der Armut ist. Pablo war immer wieder durch seine harten Anklagen, harten Analysen und pessimistischen Äußerungen aufgefallen. Seine Haltung wäre als *kämpferisch-resignativ* zu bezeichnen, resignativ deshalb, weil sie nichts zum Guten wendet oder den Verhältnissen durch Distanzierungen, Differenzierungen oder Individualisierungen positive Aspekte abzugewinnen versucht. Allerdings gibt sich Pablo auch deutlich weniger angreifbar durch seine Situation. Er konstatiert, dass ihn seine momentane Lebensführung mit viel Arbeit und viel zu geringem Kontakt mit seiner Familie schwer belastet, dass ihm die zu geringe Bezahlung um den wohlverdienten Standard bringt. Er stellt aber im gleichen Atemzug fest, dass er selbst stark ist, sich nicht betrügen lässt, die Wahrheit erkennen und aussprechen kann. Er hat das Gefühl, seine Situation nicht aus eigener Kraft verbessern zu können – und er stellt sich diesem Gefühl während der Diskussion immer wieder.

Im Überblick über die Beteiligten an dieser Diskussion, ihren Umgang miteinander und ihre Konzepte der Bewältigung fällt auf, wie Pablo, der auf der einen Seite in seiner klaren Reflexion der Verhältnisse und des Problems der Ausgrenzung ein Konzept präsentiert, das – vor allem im Vergleich mit den anderen Befragten – am ehesten anschlussfähig ist für gängige Diskurse in der Armutsforschung. Man fragt sich unwillkürlich, warum Pablo noch nicht gewerkschaftlich organisiert oder anderweitig in einem Interessenverband engagiert ist. Im Vergleich wird aber auch deutlich, dass sein Konzept gerade nicht, wie die der anderen Gruppenmitglieder, in gewisser Weise ein „sich Abfinden" mit den Verhältnissen voraussetzt und nun einen Nebenweg bietet, eine besondere Strategie einer alternativen Sicht der Dinge. Pablo erwartet eine Verbesserung seiner Lage, wenn er dergleichen denn überhaupt erwartet, von einer Veränderung der wirklichen Verhältnisse, nicht von eigenen Leistungen, indem er sich noch mehr anstrengt, seine Motivation bewahrt, seine Lebenslust vor der Frustration schützt oder seine eigene Wirklichkeit neben die „draußen" sichtbare setzt.

Dies festzustellen lohnt sich dort, wo die Frage nach der Teilhabe in den Mittelpunkt rückt. Kann es sein, dass eine stärkere *gesellschaftliche Teilhabe* ausgegrenzter Menschen zunächst nur dort ohne weiteres möglich ist, wo diese Menschen eine Wirklichkeitsdeutung teilen, die ohne solche inneren Distanzierungen oder Gegenmodelle auskommt? Andersherum: Könnte es sein, dass Menschen, die sich wie Gerd, Helga, Fred oder Joana innerlich bereits von einer als zu bedrückend erlebten Wirklichkeit abgekoppelt haben, um die Situation bewältigen zu können, in vieler Hinsicht zur Teilhabe nicht mehr zu gewinnen sind? Im Vergleich der hier dargestellten Konzepte ist deutlich geworden: Die meisten der Befragten sind mit hoher Energie damit befasst, das

Erlebte zu bewältigen, befassen sich aber verhältnismäßig wenig mit den Hintergründen ihrer Situation, mit den in ihr sichtbaren Wechselwirkungen von Arbeitsmarkt, sozialen Prozessen und der Entwicklung von Werten und Prinzipien. Sie haben, mit Blick nach „draußen", nicht mehr das Gefühl, wirklich etwas gestalten zu können. In allen Konzepten – mit Ausnahme des Konzepts Pablos – entwickeln sich die durchaus tragfähigen Konzepte in anderen Zusammenhängen und vor allem langfristig zu Teilhabehindernissen unterschiedlicher Art. Darauf wird unter 2.8 noch einzugehen sein.

2.7 WENN EIN WUNDER GESCHIEHT: TRÄUME UND LEBENSZIELE

Interessant und überaus erhellend ist nun der umgekehrte Weg, in dem nicht die Bewältigung der Situation im Vordergrund steht, sondern die Arbeit der Befragten an *Träumen und Perspektiven*. In der hier ausführlich dargestellten Gruppe der Erwerbstätigen findet sich hier – wie in nahezu allen Gruppendiskussionen – ein Phänomen, das das Problem von Armut und Ausgrenzung so plastisch macht wie kaum ein anderes: Gefragt, wie ein über Nacht hereingebrochenes „Wunder" ihr Leben verändern könnte, weigern sich die meisten Befragten zunächst, diese Frage zu beantworten oder sich überhaupt auf ein derartiges Gedankenspiel einzulassen:

ERWERBSTÄTIGE AUF DIE FRAGE, WIE SICH DAS LEBEN
VERÄNDERT, WENN EIN WUNDER GESCHIEHT

I: Stellen Sie sich vor, Sie wachen morgen früh auf und es ist ein Wunder passiert.
Helga: Och nee.
I: Und alles ist perfekt, es ist alles so, wie's sein sollte. Und dann stellen Sie sich vor, Sie stehen auf, beschreiben Sie doch mal, wie sich dann die Welt um Sie rum verändert hat und was Sie dann tun.
Fred: Das kann ich mir gar nicht vorstellen. Das ist schwer.
Helga: Nee. Weigere mich. Das möchte ich nicht. Außerdem würd ich's mir glaub ich damit sehr sehr viel schwerer machen, wenn ich mir jetzt vorstellen würde, was morgen früh eventuell sein könnte. Was dann doch nicht eintritt.
Fred: Die Waschmaschine ist kaputt. (lacht)
Helga: Ja, die Waschmaschine. Kühlschrank fällt aus oder sonst irgendwas. Mein Kind hat Vorstellungsgespräche und hat doch nicht die Klamotten, die sie gerne möch-

te, um sich wohl zu fühlen. Nee. Das möchte ich nicht. Weil das utopisch ist und weil das einfach es mir schwer machen würde. (...)

Helga und Fred spüren sofort, wie eine solche Idee vom Wunder – selbst in dieser völlig wirklichkeitsfremden Form – ihre Bewältigungsstrategien behindert: Zum einen ist es in der eigenen, aktuellen Lage kaum möglich, sich so etwas tatsächlich vorzustellen. Zum anderen beschränken die Befragten mit einem solchen Gedankenspiel ihre eigenen Fähigkeiten, die Welt so, wie sie ist, zu akzeptieren. So verbinden sie die Idee des Wunders spontan mit *gegenteiligen Assoziationen*: Es werden Widrigkeiten, vor denen sie sich schon lange gefürchtet haben, gedanklich zur Realität, allen voran die „kaputte Waschmaschine" – in vielen Diskussionen ein Symbol für die bedrohliche Kontingenz der Lebensverhältnisse, die das mühsam errungene Gleichgewicht von Ausgaben und Einnahmen auf einen Schlag aushebelt.

In einer Gruppendiskussion mit erwerbstätigen und zugleich von Armut betroffenen Frauen fällt die *Ablehnung der Wunderidee* nicht so heftig aus. Hier lassen sich, gerade im Diskursverlauf, während dessen sich die Frauen auf die Idee einlassen, einige Tiefendimensionen des Widerstands noch klarer erkennen:

ERWERBSTÄTIGE FRAUEN STELLEN SICH VOR, DASS EIN WUNDER GESCHIEHT

I: Wir haben eine etwas verrückte Frage an Sie. (lacht) Stellen Sie sich vor, morgen wachen Sie auf morgens, Sie machen die Augen auf, und Sie merken, es ist ein Wunder passiert. Es ist alles perfekt. Alles so, wie Sie es sich wünschen.

Eva: Dann wär's noch lange nicht perfekt.

Gülsen: Eine Tage perfekt, zwei Tage nicht perfekt. (Lachen)

I: Also unser Wunder ist jetzt einmal richtig perfekt. Können Sie beschreiben, wie das Leben dann aussieht oder wie es sich anfühlt?

Eva: Ich glaub, gar nichts. Ich würd so weitermachen. Also ohne vom Amt jetzt leben.

I: Das Amt würden Sie wegwundern.

Eva: Genau, genau. Aber dann würd ich so weiterleben, wie ich vorher gelebt hab.

Sandra: Ich auch.

Gülsen: Briefkaste aufmachen, (Lachen) eine Papier komm, gucken, oh, bezahlen.

Eva: Also ich, ich denk immer nur, Geld allein macht nicht glücklich. (...) Gut, wenn das Amt nicht wär, dann wär's schon ein Stückchen perfekter. Absolut perfekt gibt es nicht. Es hängt immer irgendwo was. Aber es wär dann schon perfekter. Man könnte noch beruhigter leben. Wenn man doch mal 'n bisschen nicht überlegen muss, wofür man irgendwas ausgibt. Oder sich mal teure Schuhe kaufen kann, statt auf 'n Markt zu gehen, und für zehn Euro zu kaufen. (...)

I: Was ist mit Ihnen, wenn ein Wunder passiert. Wie würde Ihr Leben aussehen?

Alda: Oh, ich wünschte einmal (lachend) so leben. Mein Wunsch ist einmal. (lacht) Will nicht immer so Sorgen haben und schönes Leben. (lacht) Ich wär erst mal gereist. Ich will ganze Welt sehen. (...) Ich will auch hören, wo gibt's arme Leute auch zu helfen. Weil ich weiß selber, wie das ist. Aber ich wünschte so einmal im Leben. Weiß man nicht. Vielleicht. (lacht) Wenn ich nen reichen Mann heirate.

Eva: Die findet man aber nicht in Wilhelmsburg.

Alda: Nee. (Lachen) Blankenese.

Eva: Da hab ich schon geguckt. Die sind alle weg. (Lachen)

Alda: Geh zu Blankenese, ich sag immer zu mein Freunde, geh in Blankenese einmal spazieren, es wird sie ein Kaffee trinken, und guck ich eine reiche Mann.

Gülsen: Besser alleine. Mann, ohne Mann besser, so.

Eva: Manchmal ja, manchmal. (...)

Alda: Wenn krieg kein Geld, oder krieg irgendwas, oder bin ich krank, oder ich kann nicht für meinen Sohn kümmern, ich brauche einen Mann.

Eva: Eben. Nein, aber das stimmt schon. Wenn man alleinerziehend ist, die seelische Belastung ist sehr stark. Weil das lastet alles auf unsern Schultern. Und da fehlt abends die Schulter zum Anlehnen.

Dieser Gesprächsausschnitt liest sich wie eine „Sprüchesammlung der Armut" und enthält eine enorme Dichte an Glaubenssätzen. Es ist, als ob die Frauen alles aufbieten, was sie üblicherweise gegen die Glitzerwelt der Illusion vorbringen, wie sie etwa im Advent in Kaufhäusern oder auch im Fernsehen zu erleben ist: „Das perfekte Leben gibt es nicht – es hängt immer irgendwo was", „weitermachen wie immer" und „Geld allein macht nicht glücklich". Solche Sätze machen den Blick auf das Leben der Reichen und Schönen erträglich, denn sie zeigen das Illusionäre, ja geradezu Verlogene daran, dagegen die Überlegenheit der eigenen Lebensführung in „Bodennähe", mit der man ebenfalls Glück erleben kann. Ihre wesentliche Botschaft liegt in der Aufforderung, „weiterzumachen wie vorher". Nur wer sich davon abbringen lässt, ist wirklich von Enttäuschungen bedroht.

Bei dieser Gelegenheit eröffnen die Frauen den Außenstehenden einen Blick auf ihr *Erleiden der Armut* im Alltag: Die ständige Notwendigkeit, über finanzielle Dinge nachzudenken, die Ausgrenzung aus Fachgeschäften und der Zwang zum Billigeinkauf auf dem Wilhelmsburger Markt, ja überhaupt das „Eingesperrtsein" in der kleinen Welt des Stadtteils machen den Frauen das Problem immer wieder deutlich. Am scherzhaften Gespräch über den „reichen Mann" aus dem Hamburger Vorzeige-Ortsteil Blankenese entspinnt sich schließlich der Diskurs darüber, ob und wie ein Partner die Situation verbessern könnte: Die Frauen teilen die Erfahrung, dass der Partner eine zusätzliche Belastung darstellen kann – hier müssen wir uns auf Vermutungen darüber beschränken, worin diese besteht. Dagegen wird der Partner aber zum einen dadurch interessant, dass er eine finanzielle Absicherung und eine Entlastung in der Versorgung der Kinder bedeuten kann. Zum anderen macht seine mögliche Bedeutung als Stütze, als Ort zum Auftanken und Teilen der Verantwortung deutlich, wie weit die alltägliche Belastung dieser Frauen tatsächlich geht.

In der Ablehnung der Wunderidee oder der Ambivalenz ihr gegenüber zeigt sich noch ein zweites Phänomen, das ebenfalls für die von Armut betroffenen Menschen typisch zu sein scheint: Die Idee des Wunders passt nicht zum üblichen Umgang der Befragten mit der Realität. Während sie normalerweise vor allem wahrzunehmen und zu verstehen versuchen, wie sich die Dinge verhalten, wie die Situation einzuschätzen ist und wie sie selbst darauf am besten reagieren, sollen sie nun – wenn auch nur gedanklich – selbst ihr Leben gestalten, Ideen entwickeln oder sogar Perspektiven für die Zukunft. Ein Befragter aus einer anderen Gruppendiskussion, der ebenfalls erwerbstätig ist und zusätzlich Transferleistungen in Anspruch nimmt, macht dies in seiner Reaktion auf die „Wunderfrage" deutlich:

ERWERBSTÄTIGE AUF DIE FRAGE, WIE SICH – IM FALL EINES WUNDERS – DAS LEBEN VERÄNDERT

I: Wie sieht Ihr Leben dann aus?

David: Also verändern würde ich mich nicht, ich müsste erst mal mir im Kopf klar machen, was ich jetzt besser hatte, wo ich da aufgestanden bin, was ich da jetzt besser hatte. Dann kann ich das sagen, okay, ich mache mein Leben so und so weiter. Wenn ich erst mal weiß, was ich da besser und das Geld habe oder sonst irgendwas habe, was ich nicht heute habe, kann ich da mein Leben umstellen.

Metin: Ich wünsche mir, dass ich mindestens für fünf Jahre voraus planen kann, wo ich sagen kann, okay, ich habe jetzt Job, in fünf Jahren kann ich das schaffen, das schaffen. So ich weiß nicht, was nächste Woche passieren wird und nächste Tag.

Beide Befragte verstehen zwar, dass sich mit einem Wunder die Verhältnisse radikal ändern könnten, sie gehen jedoch davon aus, dass ihnen in diesem Fall, wie auch jetzt, Verhältnisse vorgegeben werden, auf die sie dann reagieren können. Auch wenn die neuen Verhältnisse in gewisser Weise optimal wären, zum Beispiel in den bereits hier angedeuteten Kategorien „Geld", „persönliche Möglichkeiten" oder „Arbeit", ist für sie die eigene Rolle als eine Wirklichkeit gestaltende nicht vorstellbar. Hier sind natürlich die Einschränkungen zu berücksichtigen, die eine solche Form der Gruppendiskussion den Befragten auferlegt. Möglicherweise würden sie in einem anderen Setting, etwa in kreativen Übungen oder Rollenspielen, durchaus in die Rolle der Gestaltenden schlüpfen. Festzuhalten ist jedoch, dass den Befragten diese Perspektive jedoch ohne weiteres nicht oder nur ansatzweise zur Verfügung steht.

Wo etwa Armutsstatistiken damit rechnen, dass die von Armut betroffenen Menschen gewissermaßen rotieren, also in jedem Jahr Menschen den Bereich der Armut wieder verlassen, während andere neu von Armut betroffen werden, gewinnt man an dieser Stelle den Eindruck, wir hätten es in dieser Studie vor allem mit Menschen zu tun, die schon lange ohne eine Perspektive der *Gestaltungsfreiheit* leben müssen. Dies ist aber nicht der Fall und lässt vermuten, dass eine gewisse „Immunität gegen die Idee des Wunders" schon eintritt, wenn Menschen für kurze Zeit von Armut betroffen oder vielleicht auch nur von ihr bedroht sind. Eine sozialpsychologische Überprüfung dieser Hypothese wäre an anderer Stelle zu leisten.

Ebenfalls mit den hier geschilderten Phänomenen verwandt ist eine weitere Beobachtung, die sich am deutlichsten in der Gruppe der seit Langem armen Frauen nachvollziehen lässt: Die *Konzentration auf das Notwendige*, die auch durch eine das Alltägliche übersteigenden Fragestellung wie der nach einem Wunder nicht aufzuheben ist. Die Frauen fokussieren ihr größtes Problem und wünschen es sich weg, wenn sie denn in die Rolle der Gestaltenden genötigt werden.

FRAUEN, DIE SEIT VIELEN JAHREN ARM SIND, ÜBER DAS WUNDER

Yasemin: Also mein Wunsch wäre, das eigene Haus habe. Ein kleines, vielleicht mit drei Zimmern. Das wär so gut. Ein bisschen Garten. Ich wär vollkommen zufrieden.
Petra: (lacht leicht) Also ich wär schon mit ner Wohnung zufrieden mit Terrasse, also.
Yasemin: Also das wär sehr gut. Dann wär ich ohne Stress und sorgenfrei. (...)
Petra: Das würden wir uns alle wünschen, aber alle wissen, dass das nicht passiert.
I: Wie ist das bei Ihnen?
Beate: Wenn das so wär, dann wär ich froh, meine Schulden wärn dann lose.
Petra: Wenn man stirbt, dass nicht die Kinder alles haben.
Beate: Das ist so. Wirklich. Dass meine Schulden weg wären, dann wär ich zufrieden.

I: Dann würde sich Ihr Leben total verändern?
Beate: Verändern, ja.
I: Was wär dann anders?
Beate: Tja.
Petra: Malle. Mehr Geld.
Beate: Ja, das auch. Man hätt mehr Geld, man könnt sich mehr leisten, man kann sich auch mehr mit der Wohnung leisten. Wo wenigstens keine schimmelnde Wohnung wär, die Fenster nicht kaputt wären.
Heike: Ja. Ja.
Beate: Wir haben im Fenster so Löcher drin, wir kriegen unser Fenster nicht auf, da muss ich aufpassen, dass das Küchenfenster nicht rausfällt. (...)
Petra: Hast du nicht mal gesagt, du willst umziehen? Aus diesem Grund?
Beate: Ich will ja ausziehen. (...) Mein Mann verdient. Mein Mann verdient aber nicht viel. Ich war schon beim Amt, ich wollte Wohngeld beantragen, ich wollte mehr fürs Kind, da hat's geheißen, fünf Euro sind zuviel. Sie kriegen nichts.
Petra: Oh.
Elke: (leise) Ich find es ungerecht.
Beate: Nee. Ich krieg gar nichts. Mein Mann muss arbeiten, arbeiten, arbeiten. Ja, und da bleibt gar nichts übrig. (...)
Petra: Auf gut Deutsch gesagt. (lacht) Dir geht's nicht besser wie uns. Warum auch.
I: Trotzdem würden wir gern noch mal wissen, ob es vielleicht spezielle Wünsche gibt, wenn das Wunder passiert. Sie wachen auf, und dann?
Sabine: Äh ja. Schulden. Dass sie weg sind. Also Schulden. Also dass ich meine Schulden bezahlen kann, und dass ich nichts mehr hab, also keine Schulden. Schuldenfrei. Weil ich hab haufenweise Schulden. (...)
I: Und Sie? Wenn morgen früh das Wunder passiert?
Nicole: Ja, auch schuldenfrei, Urlaub. Was dazugehört. (...)

Wie so oft haben auch hier die Migrantinnen den direktesten Zugang zu Träumen im eigentlichen Sinn, beleben die Diskussion mit konkreten Bildern, werden aber ausgebremst durch Anwältinnen der verschiedenen Strategien der Armutsbewältigung: „alle wissen, dass das nicht passiert". Auf konkrete Rückfragen hin antworten die meisten Gruppenmitglieder damit, dass sie sich ihr akutestes und bedrückendstes Problem wegwünschen: die Schulden. Was sich dahinter verbirgt, was gewissermaßen in der Ordnung der Notwendigkeiten an nächster Stelle stünde oder auch nur eine positive Folge der Entschuldung sein könnte, steht den Frauen dabei durchaus nicht vor Augen. Sie wünschen sich nicht deshalb die Schulden weg, um dann das Schöne erleben zu können, das ihre Schulden bisher verhindert hatten. Sie haben vielmehr gar keine Vorstellung (mehr) vom Schönen – und auch nicht die Idee, dass es davon Vorstellungen geben könnte. Bezeichnend ist die Meinung, die Petra äußert: Schulden sind vor allem deshalb wegzuwünschen, damit man die Kinder damit nicht belastet, nicht etwa weil sie der eigenen Person die Perspektiven rauben.

Die Interviewerin fragt nach: Was ändert sich, wenn die Schulden weg sind? Die Antworten kommen wie aus einer Trance: Natürlich würde das Veränderung nach sich ziehen, worin die jedoch bestehen, davon gibt es entweder überhaupt keine Vorstellung, oder diese Vorstellung äußert sich in nahezu klischeehaften Vorstellungen, die wenig von persönlichen Träumen der Befragten gefüllt sind: „Malle. Mehr Geld." oder auch: „Urlaub. Was dazugehört." Was man sich denn genau „leisten könnte", erfahren wir selten, statt dessen erhalten wir eine weitere Tiefensicht auf die bedrückende Situation der Frauen in von Schimmel belasteten Wohnungen minderwertigster Ausstattung. Ihre eigene Organisation von Veränderungen lebt aus der Hoffnung auf Behörden: Diese sind es, die in der Wahrnehmung der Betroffenen Spielräume einräumen und Umzüge erlauben.

Tun sie es nicht, fühlen sich die Frauen doppelt hilflos. Auch wenn schließlich eine Behörde feststellt, dass eine der Frauen nicht arm ist, wehrt sich die Betroffene gegen diese neue Definition, hält fest an der bisherigen Perspektive: Nur fünf Euro, also eine lächerliche Distanz, markieren den Unterschied. Sie selbst betrachtet sich weiterhin als arm, auch wenn die (neue) Erwerbstätigkeit ihres Mannes ihr die Möglichkeit gibt, diesen Kontext längerfristig zu verlassen. Einerseits geht es hier um den realen Verlust staatlicher Leistungen. Andererseits – möglicherweise in erster Linie – geht es hier um die vertraute Perspektive: Die Betroffene sieht sich selbst als eine, die wie alle anderen selbstverständlich versorgt wird, und sie empfindet die Streichung des Wohngelds als ungerecht, weil es sie in eine bedrohliche, ungewisse Verantwortlichkeit entlässt.

Im Vergleich der Gruppendiskussionen mag man vermuten, dass es auch eine Art *männliche Variante der Ablehnung eigener Träume* gibt. Während die Frauen, wenn sie denn nach längerer Zeit ausführlicher über ihre Träume und Wünsche im Fall eines Wunders sprechen, durchaus auch andere, noch stärker benachteiligte Menschen in den Blick nehmen, bekommt dies für viele Männer eine eigene Funktion. Sie lehnen es nicht so heftig ab, sich mit der Wunderfrage auseinander zu setzen, sondern ersetzen die Arbeit an Perspektiven für sich selbst durch ein Nachdenken über andere, über menschlichere Prinzipien und eigene Taten in gewaltigen Dimensionen. Ein Beispiel aus der Diskussion mit Männern in Ein-Euro-Jobs verdeutlicht dies:

MÄNNER MIT EIN-EURO-JOBS ÜBER DAS WUNDER

I: Was wäre dann anders?

Peter: Ich würde die Pyramide einfach von unten nach oben stellen, alle, die oben waren, kommen nach unten, und die unten kommen nach oben. (...) Wir müssen lernen, wenn es anderen nicht gut geht, kann es auch mir nicht gut gehen, ansonsten bin ich ein Egoist. Es mag vielleicht gesunden Egoismus geben, um sich durchzusetzen, seine Ziele und Vorstellungen auszuleben, aber man sollte die anderen nicht vergessen, das Miteinander. Wir, wir, nicht ich.

Nadir: Ja, genau

Günter: Das würde ich auch sagen: Wir. (...)

Peter: Der Mensch steht im Vordergrund, alles andere kommt danach.

Günter: Genau.

Nadir: Ja

I: Und was machen Sie, wenn Sie morgens aufwachen, ein Wunder ist passiert?

Günter: Also eins habe ich mir geschworen, wenn ich mal im Lotto gewinnen sollte, dann würde ich mir einen Flieger scharten, ihn voll Lebensmittel packen und in irgendein afrikanisches armes Land fliegen, wo nicht die Bonzen die Lebensmittel kriegen, weil die sowieso nicht weitergegeben werden, sondern direkt an die Bevölkerung verteilen. Und ich würde, ich weiß, was da abläuft, ich würde sogar noch für die paar Kröten, was das da unten kostet, würde ich sogar noch ein Krankenhaus bauen, um wirklich dem ganz kleinen Volk, die wirklich auf der Straße sind, wie wir jetzt, dem kleinen Volk, die kleinen Kinder, denen versuchen, Heilung zu geben, Nahrung zu geben und vernünftige Klamotten, also von einer Million würde ich garantiert 400.000 da stiften.

Mit Blick auf die gesamte Diskussion ist festzuhalten: Dieser Ausschnitt ist einer der dichtesten insgesamt. Während die Männer wenig miteinander reden und stärker darauf bedacht sind, der Interviewerin ihre Ansichten vorzutragen, greifen ihre Äußerungen jetzt ineinander. Hier scheint ein Nerv getroffen, indem jetzt neue Werte wie Solidarität und Altruismus in den Vordergrund treten. Hier – und nur hier – formulieren die Männer konkrete Wünsche und beschreiben ihr eigenes gestaltendes Handeln. Man möchte ergänzen: Nur hier, in einer Welt mit völlig neuen Bewertungen und vor allem im Vergleich mit Afrika ist die Kapazität der Männer etwas wert, ihre Weltsicht und ihr Engagement. Während sie hier kaum wahrgenommen werden, kommen sie dort endlich groß raus. Auch hier ist das Wunder nichts, was die Männer zur Entwicklung von

Perspektiven für das eigene Leben anregt. Aber sie übernehmen hier, ganz anders als im richtigen Leben, die *Rolle des Versorgers*, der tatsächlich für andere aufkommen und Spielräume schaffen kann. Dass ihnen das in ihrem alltäglichen Leben verwehrt bleibt, subjektiv oder objektiv, ist möglicherweise das größte Hemmnis für eine stärkere Teilhabe an gesellschaftlichen Prozessen.

Die Interviewerin fragt zum Abschluss des Gesprächsgangs noch einmal nach, um die Dimensionen des konkreten Lebens der Männer ebenfalls zu erfassen: „Und Sie haben alle einen Job, oder?" Von Peter erhält sie eine abstrakte Antwort: „Nein, dann fangen wir wieder von vorne an." Günter beginnt von Neuem mit seiner anfänglichen Idee: „Wie gesagt, ich würde den nächsten Flieger voll Lebensmittel...," und Nadir wünscht sich „Gerechtigkeit", „Zufriedenheit" und keinen „Krieg in der Welt". Die abstrakten oder auf fremde Welten und illusorische Heldentaten bezogenen Träume der Männer haben die Sicht auf ihr konkretes Leben nicht nur vorübergehend zurückgedrängt. Sie haben sie, zumindest in diesem Fall, ersetzt. In dieser Hinsicht ist zu diskutieren, ob und inwiefern eine stärkere Einbindung ausgegrenzter Menschen in Hilfeleistungen für andere, wie das in der Arbeit der befragten Männer in einer sozialen Einrichtung bereits gegeben ist, geeignet ist, um deren gesellschaftliche Teilhabe zu stärken. Möglicherweise könnte sich auch „in der Realität" die Verdrängung der Arbeit an eigenen Perspektiven durch die Hilfe für andere wiederholen, die die Männer hier im gedanklichen Experiment der Wunderfrage vollzogen haben.

Dass diese Dynamik kein Einzelfall ist, lässt sich mühelos anhand anderer Diskussionen zeigen. Der Effekt der Verdrängung, hier nicht im psychologischen, sondern im strukturellen Sinn, zeigt sich noch deutlicher bei der bereits beschriebenen Gruppe von jungen Migranten. Sie benennen zwar keine akute Unterversorgung, haben jedoch noch keine Ausbildung abgeschlossen und sind, nach den üblichen Maßstäben, direkt von Armut bedroht. Den jungen Männern wurde die Wunderfrage in modifizierter Form gestellt, als Frage nach den Aussichten der Männer auf ihr Leben in zehn Jahren. Weil die Interviewerin zunächst sehr lange mit einem der Männer gesprochen hat, wendet sie sich in einem zweiten Anlauf wieder den anderen zu:

JUNGE MÄNNER ÜBER IHR LEBEN IN ZEHN JAHREN, „WENN ALLES ERREICHT IST"

I: Und bei dir. In zehn Jahren?

Tarik: Wenn ich alles erreicht hab, dann helf ich den bedürftigen Leuten. Also wenn ich das Geld dazu hätte, würd ich auch anderen Leuten helfen. Zum Beispiel, ich arbeite an einer Tankstelle, und abends werden die Brötchen immer weggeschmissen. Obwohl das verboten ist, die weiter zu verschenken, verschenk ich die immer. Und die Tafel holt die auch bei uns auch immer ab.

Aslan: Also wo ich inner Bäckerei gearbeitet hab, hab ich auch immer Brötchen und so mitgenommen halt. Obwohl ich das nicht durfte. Aber das hat denen geschmeckt, die haben sich bedankt bei mir.

Kasim: Wenn ich nach zehn Jahren besser dran bin, würd ich auch Menschen helfen. Was spenden. Also das ist was Gutes. Hab ich mir immer schon so gedacht.

Tarik: Also das ist auch jetzt so. Wenn ich in die Türkei geh, dann nehm ich meine alten Klamotten mit, dann verschenkt sie mein Cousins.

Kasim: Mach ich auch so. (lacht)

Tarik: Die bedürftigen Leuten, die das nötiger als wir haben. (...) Wenn man die anderen Leute, die in der Türkei oder irgendwo anders in den dritten Ländern, muss man schon sich bedanken. Dass man so gut dran is.

Orhan: In zehn Jahren oder so will ich meinen Meister machen und einen eigenen Betrieb aufmachen. Und ausbilden andere. Die keine Ausbildung haben.

Die Männer wechseln in dieser Passage kontinuierlich aus der Zeitform der Zukunft in die Gegenwart und in den Bericht des bereits Erlebten. Sie stellen sich vor, später „bedürftigen Leuten" zu helfen – und tun es doch schon jetzt. Sie möchten später einmal Geld spenden – und bringen schon jetzt überzählige Kleidungsstücke in die Türkei. Hier versetzen sich die Männer selbst, durch das Changieren zwischen den Zeiten, in eine Situation, in der sie das Wichtigste bereits erreicht haben. Wo schon unter 2.1 sichtbar wurde, wie weit diese jungen Männer sich von den üblichen Bewertungen von Ausbildung und Lebenslauf abgekoppelt haben (während sie in ihren Familien und ihrem migrantischen Freundeskreis gewiss nicht ausgegrenzt sind), treiben sie hier die *Abkopplung* auf die Spitze. Nur bei Orhan ist der „Traum für andere" tatsächlich mit einer eigenen Perspektive verbunden. Er nimmt, weil sich seine Denkweise so grundlegend von der der anderen unterscheidet, an deren vorangehendem Diskurs nicht teil und wartet mit seiner Stellungnahme auf eine „Lücke" in der Diskussion.

Die Frage nach dem Wunder hat an vielen Momenten in den Gruppendiskussionen auch Erkenntnisse über *Perspektiven der Betroffenen* ermöglicht. Am Beispiel von zwei der befragten Gruppen sollen die wichtigsten dieser Perspektiven im Kontext der jeweiligen Lebensdeutung zur Sprache kommen.

Das erste Beispiel stammt aus dem Gespräch der älteren Frauen, aus dem unter 2.5 mehrere Zitate aufgeführt sind. In diesem Gespräch finden sich zunächst zahlreiche Phänomene, die auch in anderen Diskussionen sichtbar waren: die spontane, um sich greifende Heiterkeit, die viele der Diskussionen prägt und diese im Besonderen, die intuitive Ablehnung der Vorstellung eines Wunders (Gertrud) sowie die Nennung altruistischer Aktivitäten zu einem sehr frühen Zeitpunkt dieses Gesprächsgangs (Anna):

Ältere Frauen über das Wunder

I: Und wenn Sie sich vorstellen, morgen früh wachen Sie auf und es ist ein Wunder passiert? Was wär dann anders?

Gertrud: (leise) Im Lotto gewonnen. Nee. Über solche Dinge würd ich erst nachdenken, wenn's da is.

Anna: Ich würde mich freuen. Dann würd ich noch viel machen. Zum Beispiel, ich mache jetzt Frühstück ehrenamtlich hier. Dann würd ich mit meine Laune (leicht lachend) noch mehr machen für die Leute. (Ursula lacht) Wirklich. Wenn Geld zum Beispiel genug, ich kann ins Theater gehen, sage, ah, dann kommst du mit!

Ursula: Ja, klar.

Anna: Kommst du, Ursula, mit! Das ist wunderbar. Zweimal im Jahr ins Theater gehen.

I: Mögen Sie Ihre Bekannte noch mal fragen, ob sie Wünsche hat?

Anna: (spricht russisch) Mila?

Mila: Oh! (Lachen) Ist aber viel. (Lachen, Durcheinanderreden) Ich will erste: gesund. Und Geld. Ich möchte ins Theater gehen. Ich mag sehr Musik. Und ich mag sehr Kino. Ich mag Reisen. Aber ich keine Geld, und ich nicht machen Reise.

Anna: Weißt du, gibt's Organmusik. Gehst du mit, sag, ich habe bezahlen? (lacht kurz)

Mila: Organmusik.

I: Ein Orgelkonzert.

Anna: Orgelkonzert. Gehst du mit? Sag ich, bezahlst du, dann geh ich auch mit. Haben wir Spaß gemacht. Das kostet Geld.

Mila: Ich mag sehr Klassik.

Anna: Ich mag das auch gerne.

Gertrud: (leise) Den König der Löwen möcht ich so gerne sehen.

Für Anna, die spontan ein längeres Votum abgibt, steht eben dieses fröhlich Sprudelnde im Vordergrund eines möglichen Wunders: Zuerst wird nicht so recht klar, worauf konkret sich die Freude der Frauen bezieht. Vermutlich ist es das Verständnis des Wunders als Geldsegen, wie er durch den „Lottogewinn" zuerst durch Gertrud eingebracht wird. Dies ist jedoch nicht der Kern des Wunderbaren, sondern die „Laune" der verwandelten Anna, zum verstärkten ehrenamtlichen Engagement beschwingt. Erst jetzt wird es konkret: Aus Geld wird Kultur, und zwar eine, die ansteckt, Gemeinschaft stiftet und sich und anderen etwas gönnt. Darin besteht das Wesen des Wunders: Es liegt in der *Freiheit*, von der eigenen Situation – vom Notwendigen – absehen zu können und der eigenen Stimmung, den *eigenen Bedürfnissen* zu folgen. Das Leben wird leicht. Die Freundin Mila, auf Russisch in den anspruchsvollen Konjunktiv des Wunders eingeführt, erwacht aus ihrem Schweigen, zeigt das gleiche Phänomen des Sprudelns und formuliert erstmals eine Reihe von Sätzen hintereinander, dazu noch solche, die alle mit „ich will", „ich mag" und „ich möchte" anfangen. Ihre Versuchung, dann aber sofort wieder in die Realität einzumünden, wird von Anna unterbrochen mit einer neuen Runde launiger Unterhaltung. Am Schluss haben die beiden Frauen mit ihrer Konzentration auf eigene Bedürfnisse erreicht, was bislang kein Gruppenmitglied geschafft hat: Sie verlocken die pragmatische, zurückhaltende Gertrud dazu, selbst ihren größten Wunsch zu äußern: den König der Löwen zu sehen.

Wie unterbindet die Armut das Bewusstsein für die eigenen Bedürfnisse? Natürlich kann sich nur auf diese konzentrieren, wer davon nicht noch größere Frustration zu erwarten hat, als er oder sie sowieso bewältigen muss. Deutlich wird jedoch in der Auswertung von Gesprächsgängen über das „Wunder", dass die Befragten erst dort, wo sie sich mit den eigenen Bedürfnissen befassen, wo sie den Schwung bekommen, neue Perspektive zu entwickeln oder alte wieder aufzunehmen, überhaupt gedanklich in der Lage sind, sich ein Leben außerhalb der Armut vorzustellen. Wo dies nicht gelingt, lehnen die Befragten nicht nur die Beschäftigung mit einem fiktiven Wunder ab, sie verbleiben vermutlich in Gedanken auch in der Realität, in den vertrauten Strukturen der Ausgrenzung, wie das Nachdenken über den eigenen Wohngeldanspruch die Gestaltung der eigenen Wohnumgebung behindert.

Zwei weitere Dimensionen eigener Perspektiven finden sich im Gespräch der erwerbstätigen Männer und Frauen. Nachdem sich die Gruppe schließlich doch mit dem Wunder auseinandersetzt, vertiefen Einzelne ihre Perspektiven und werden von anderen Gruppenmitgliedern dabei begleitet. Gerd, der Vertreter eines reflexiv-distanzierten Lebenskonzepts, mag zunächst dem Wunder – ebenso wie vorher dem Problem der Armut und Ausgrenzung – keine große Bedeutung zuerkennen:

ERWERBSTÄTIGE ÜBER DAS WUNDER

Gerd: Im Grunde genommen würde sich gar nicht viel ändern. Man hätte vielleicht 'n bisschen mehr Spielraum. Aber ansonsten, die Welt dreht sich. Ich mein nicht, dass das mich wirklich interessieren würde, zwei Wochen am Strand zu verbringen. Aber die Möglichkeit zu haben, das zu tun. Das wär schön.
Helga: (lacht) Ja. Müsste man arbeiten?
Gerd: Ja. Aber meine eigenen Sachen.
Helga: Ja, die Arbeit, die du wirklich machen möchtest. (...)
Gerd: Nur wenn man spontaner sein könnte. Das wär schön. Und letztendlich ist das natürlich immer wiederum ne finanzielle Sache. Ich denke mal, so weit geht das Wunder ja nicht. Wenn man da auch noch rumdrehen könnte, dann hätt ich 'n paar ganz krasse Änderungen daran.
Helga: Würdest du ne Firma aufmachen oder so? Würdest du Chef werden?
Gerd: Nee ich glaube, ich bin kein guter Chef. (...) Und ich wär bestimmt auch ungerecht. Ich wär 'n Arsch. Nee, das geht nicht. Chef darf ich nicht sein. Jedenfalls nicht für andere, die von mir abhängen. Das ist nicht gut. Aber ich glaub, das wär schon 'n Wunder genug, wenn man einfach 'n bisschen freier sein könnte. Ansonsten, ich bräuchte keine Villa. Ich bräuchte kein Speedboat.

Gerd schätzt dann jedoch die Freiheit der eigenen Entscheidung über Konsum oder Verzicht als ganz wesentlich ein. Hier geht es ihm dann nicht mehr darum, ob und was er arbeitet, sondern um die Art, auf die es geschieht. Auch Gerd unterliegt wie andere spontan dem Impuls, das Wunder aus seiner heutigen Perspektive selbst zu beschränken („so weit geht das Wunder ja nicht"), erfreut sich dann aber ausführlich am Sinnieren über die Idee, sich an eigenen Interessen und auch an eigenen Fähigkeiten und Unfähigkeiten zu orientieren, Verantwortung für andere zu übernehmen oder – wie hier – in einer gedachten Gestaltungsfreiheit abzulehnen.

Als Vertreter eines kämpferisch-resignativen Konzepts der Lebensdeutung hat sich Pablo im gesamten Gesprächsgang der Gruppe über das „Wunder" zurückgehalten. Er wartet geduldig darauf, dass er „an der Reihe ist" und präsentiert der Gruppe einen umfassenden Plan, mit dem er die *Gerechtigkeit* schaffen will, die er in Wirklichkeit längst verloren glaubt:

Pablo: Ich hab mir extra Zeit gelassen. Wegen diese Frage. Also meine ganze Lebensphilosophie sowieso hat sich alles geändert. Ich arbeite, um zu leben. Aber ich lebe nicht, um zu arbeiten. Und wenn ihr mich jetzt betrachtet, was hab ich denn vom Leben? Ich geh im Dunkeln, komm ich im Dunkeln. Ich seh meine Frau, meine Kindern gar nicht. Und das für 1.000 Euro. 1.000 mickrige Euro.

I: Also, wenn ein Wunder passiert?

Pablo: Wenn ein Wunder passiert, dann würde ich die Leute, die Politiker, die Leute, die so viel Kohle haben, so viel Geld verdienen, die würd ich erst mal so einen Job geben. Eben was ich zur Zeit tue. Die würd ich da hinschicken. Und die gleiche Leistung, die ich leiste, würd ich von denen verlangen. Und danach möchte ich mal denen in die Augen angucken und fragen, na, wie war das. Kommst du mit deinem Geld gut klar? Das würde ich tun.

Helga: Ohne Diätenerhöhung.

Pablo: (lacht leise) Ja. Das würd ich tun.

I: Wollen Sie noch was für sich?

Gerd: Rache reicht.

Pablo: Nee, nee, einen Moment. Das war keine Rache, das ist so eine Art Gerechtigkeit, wie ich die seh, an meinem eigenen Fleisch und Blut erleb ich. Gerechtigkeit gibt's überhaupt nicht. Für mich wünsche mir nur eines, nur Gesundheit. Nicht nur für mich, für meine Familie und für alle. Und eine bessere Welt.

Hier steht jetzt nicht ein konkreter Wunsch, sonders die gesamte „Lebensphilosophie" Pablos zur Diskussion. Während er in früheren Jahren, wie er zuvor berichtet hatte, die Arbeit als „zweites Zuhause" und als einen wichtigen Sinn in seinem Leben betrachtete, hat er sich davon nun vollständig verabschiedet. Weil er in seiner augenblicklichen Situation und in seiner Wahrnehmung gezwungen ist, im Tausch gegen tausend Euro seine Kontakte zu Frau und Kindern über Gebühr zu begrenzen, spricht er der Arbeit die Sinnhaftigkeit nun endgültig ab. Sie ist nur noch Mittel zum Zweck des Überlebens. Sein größter Wunsch – eine vergleichbare Erfahrung für alle – wird von der Gruppe intuitiv als Rache begriffen und enthält Elemente heftiger Aggression. Und im Gespräch mit den anderen Teilnehmern wird klar: Eine solche Gerechtigkeit wäre tatsächlich etwas „für ihn selbst", was ihn tief berührt. Darin liegt sowohl eine *Forderung nach mehr Teilhabe* an dem, was die Gesellschaft bewegt, als auch eine Forderung nach einem Ende der Ausgrenzung. Aber an dieser Stelle macht Pablo es den anderen Gruppenmitgliedern nach: Er distanziert sich von dem, was realistischerweise erwartbar ist („es gibt überhaupt keine Gerechtigkeit") und zieht sich zurück auf konkrete eigene Bedürfnisse, seinen Körper, seine Familie und seine Perspektiven, die über das Erleben hinausgehen: „eine bessere Welt."

2.8 Rückblick: Dynamik der Ausgrenzung – Chancen der Teilhabe

Wie wird die Welt „besser", in der von Armut und Ausgrenzung betroffene Menschen leben, wie werden ihre Gestaltungsmöglichkeiten und ihre Chancen zahlreicher? Will man die Erkenntnisse der Gruppendiskussionen in einem zusammenfassenden Rückblick auf die Studie bündeln, so scheinen „Glaubenssätze" und *„Glaubensfragen"* dabei im Vordergrund zu stehen. In jedem Fall hat diese Untersuchung deutlich gezeigt, wie stark die Verbindung zwischen den harten Fakten – Arbeitslosigkeit, Benachteiligung, Unterversorgung – und den „weichen Faktoren" der Armut ist: soziale Bezüge, emotionale Situationen, in der Gruppe geteilte Überzeugungen, Wertvorstellungen und Träume.

Damit belebt sich neu die Frage nach den *Subjekten von Armut*: Wer betreibt die Ausgrenzung? Wer entscheidet über „drinnen und draußen"? Wer hat es in der Hand, etwas zum Wohl der Betroffenen zu verändern – und welche Ressourcen haben die Betroffenen selbst? Dabei geht es nicht um die Identifikation von Tätern und Opfern oder um eine Zuschreibung von Schuld oder Zuständigkeiten. Es geht darum, die Dynamik zu erfassen, in der Menschen ausgegrenzt werden und in der sie diese Ausgrenzung kaum noch überwinden können.

Tatsächlich geschieht im Stadtteil die Ausgrenzung – auch von Seiten derer, die nicht von Armut betroffen sind. Wer für seinen Lebensunterhalt aus eigener Kraft aufkommen kann, nimmt häufig, auch ohne das zu beabsichtigen, eine Position ein, die zwischen „den einen" und „den anderen" unterscheidet. Im ersten Teil dieser Studie, noch in der Beschreibung des Stadtteils (1.3), interpretiert ein in Wilhelmsburg tätiger Arzt die Armen als Menschen, die „außerhalb der Gesellschaft" leben. So stellt es sich für ihn da: Diese Menschen sind nicht dabei, wenn etwas bewegt und gestaltet werden kann. Sie melden sich nicht zu Wort. Viele von ihnen leben in engen Bezügen zu anderen Menschen in einer ähnlichen Situation, aber die Kontakte außerhalb dieser „Lebenswelt der Armut" sind ausgesprochen begrenzt. So kann man – aus der Perspektive der Nichtbetroffenen sagen: Sie leben außerhalb der von den Bewohnerinnen und Bewohnern Wilhelmsburgs gestalteten Gesellschaft.

Diese Sicht teilen in gewisser Weise solche Menschen, die erwerbstätig sind und dennoch den Lebensunterhalt für sich und ihre Familien nicht bestreiten können. Auch sie formulieren den Kontrast zwischen den einen, die noch am Arbeitsleben und damit am gesellschaftlichen Leben teilnehmen, und den anderen, die das nicht (mehr) tun. Auch sie schaffen ein Bild von „drinnen" und „draußen" – und all ihre Energie ist darauf gerichtet, nicht auf die andere Seite zu wechseln.

Gewissermaßen außerhalb der Problematik von Subjekten und Objekten der Ausgrenzung befinden sich die in dieser Studie befragten jungen Männer (2.2). An ihnen zeigen sich Deutungen, die man als eine *subtile Form der Ausgrenzung* verstehen könnte: Obwohl sie ohne Ausbildung sind, sich oft durch Gelegenheitsjobs finanzieren und noch die Unterstützung ihrer Eltern genießen, haben sie gewiss kein Teilhabe-Problem im eigentlichen Sinn. Sie sind Teil einer umfassenden Gemeinschaft, in der sie sich akzeptiert fühlen und ihren Platz einnehmen. Wesentlich ist hier das Aufeinanderprallen von unterschiedlichen Deutungen – alarmierend, wenn auch nicht aus der Perspektive der Armutsfrage. Hier ist durchaus der gesellschaftliche Zusammenhalt bedroht: Es schränkt die Integration von Menschen mit Migrationserfahrung ein, wenn diese ihre Lebenssituation in Deutschland vor allem vor dem Hintergrund der Situation in ihrem Herkunftsland deuten. Der Bildungsbereich lebt davon, dass der „Glaube an den Sinn der Bildung" von der Mehrheit der Bevölkerung geteilt wird. Dass die Männer sich hier in einer buchstäblichen Parallelwelt der Deutungen von Gesellschaft und Teilhabe befinden, drückt sich nicht akut als Teilhabe-Problem aus, wird sich aber wohl längerfristig ebenfalls als Armutsrisiko auswirken.

Durch nahezu alle Gespräche zieht sich der Zweifel daran, die eigene Situation jemals wesentlich verbessern zu können. Wo die Befragten lange Zeit keine positiven Veränderungen mehr erleben, kann man beobachten, wie sich in der Kommunikation von Betroffenen untereinander „*Glaubenssätze*" ausprägen: Die Befragten sprechen kaum mehr über Erfahrungen, sondern über das Fazit, das sie daraus entwickelt haben. Die Gruppe, die so viele positive Effekte auf die Situation der Befragten hat, transformiert jetzt Erfahrungen in Überzeugungen. „Es gibt keine Arbeit" lautet die Wichtigste von ihnen. Die Kommunikation über solche „Glaubenssätze" blendet in der Folge gegenteilige Erfahrungen sogar aus und hindert die Befragten daran, eigene Interessen zu verfolgen. Außerdem werden schematisch weitere Problemfelder, etwa die belastende Situation der Alleinerziehenden, zu „Glaubenssätzen" in Bezug auf die eigene Lebenssituation ausgeformt: „Frauen, die Kinder haben, bekommen keine Arbeit". Dass ihr Äußeres die Ausweglosigkeit ihrer Lage ausdrückt, halten die Betroffenen darüber hinaus für selbstverständlich.

Dieser geteilte Glaube begrenzt deutlich die Möglichkeiten der Betroffenen zur Veränderung. Er verschafft ihnen aber eine leichte Verständigung untereinander, mindert Schuldgefühle und schafft ein Zusammengehörigkeitsgefühl innerhalb einer Glaubens- und *Deutungsgemeinschaft*. Dass dies ein hohes, vielleicht unverzichtbares Gut ist, macht deutlich, mit welcher Aggressivität die Betroffenen reagieren, wenn jemand aus den gemeinsamen Deutungsmustern ausschert und es wagt, Pläne zu schmieden und Perspektiven zu entwickeln.

In diesem Sinn sorgen die Betroffenen dafür, dass ihr soziales Umfeld ihnen die emotionale Sicherheit schafft, die sie nicht durch eigenes Einkommen oder stabile Beziehungen erreichen können. Sie sind aus dieser Perspektive der „Gemeinschaft der Betroffenen" nicht ausgegrenzt, sehr wohl aber was ihre Anbindung an gesellschaftliche Ideale wie Bildung oder Arbeit anbelangt. Sie teilen Vieles von dem nicht mehr, was andere Menschen auch in Wilhelmsburg als Leitlinien ihres Leben formulieren. Insofern sind ihre Strategien der Bewältigung von Armut zugleich Strategien der eigenen Aussonderung aus einem gesellschaftlichen Gesamtzusammenhang, den sie als nicht mehr attraktiv oder eindeutig unerreichbar betrachten. Was Geborgenheit bietet, setzt die Betroffenen zugleich gefangen. Die Deutungsgemeinschaft wird hier zum Subjekt der Ausgrenzung.

Der *finanzielle Aspekt der Ausgrenzung* macht dies besonders deutlich: Die Betroffenen gehen davon aus, auch in Zukunft von staatlicher Unterstützung leben zu müssen. Sie halten ihre momentane Bedürftigkeit für unüberwindbar, weshalb die Unterstützung als eine Art *Abfindung* fungiert: Die Überflüssigen, Unbrauchbaren und Nichtintegrierbaren werden in ihrer Wahrnehmung damit versorgt – und entsorgt. Sie haben den Eindruck, damit ihren Anspruch darauf zu verlieren, auch mit Kindern oder einem Alter jenseits der Lebensmitte in den Arbeitsmarkt integriert zu werden.

Die *Notwendigkeit zur Erwerbsarbeit* entsteht in dieser Logik erst dort, wo die Abfindung für einen angemessenen Lebensunterhalt nicht ausreicht. Hier ist das zusätzliche Einkommen durch eine Maßnahme wie etwa einen Ein-Euro-Job bereits entscheidend – und ausreichend. Dass im Spektrum der Geringqualifizierten und somit meist Geringverdienenden die Unterschiede zu

„normal Erwerbstätigen" minimal sind, wirkt sich hier vermutlich unmittelbar aus.

Als weiterer Aspekt der Ausgrenzung kann man die *Verwirrung über persönliche Rechte und Pflichten* beschreiben, die sich bei etlichen der Befragten beobachten lässt. Im Zuge unterschiedlicher Unterstützungs- und Fördermaßnahmen haben sie keine Vorstellung mehr davon, wofür sie selbst zuständig sind und wofür sie selbst aufkommen müssen – im Gegensatz zu Staat oder Arbeitgebern. Wer Weiterbildungs-, Fahrt- oder Verpflegungskosten übernehmen muss, können sie nicht sagen, sie haben aber das sichere Gefühl, sich in jedem Fall in einem Sumpf der Ungerechtigkeit und Ausbeutung zu befinden. Auch dort, wo die Zuschreibung von Verantwortlichkeiten den Betroffenen unklar bleibt, muss von einem Teilhabe-Problem die Rede sein.

Die hier beschriebenen Mechanismen der Ausgrenzung – und der Stabilisierung von Ausgrenzung – sind vermutlich nicht zu verändern durch einen gesteigerten Druck auf die Betroffenen, etwa durch eine Verringerung finanzieller Spielräume. Es ist anzunehmen, dass sich der Rückzug in die eigene Glaubensgemeinschaft dadurch eher verstärkt als verringert.

Die *Arbeit* spielt für die meisten Betroffenen eine zentrale Rolle – wer eine hat, kann es schaffen, seine Situation zu verbessern. Dabei hat Arbeit unterschiedliche Bedeutungsebenen. Zunächst steigert sie – real oder in der Vorstellung der Befragten – die gesellschaftliche Teilhabe durch größere *finanzielle Spielräume* für das Handeln. Diese Teilhabe ist vor allem bezogen auf Konsumangebote: Mit Geld kann man in Fachgeschäften einkaufen und Angebote nutzen. Wesentlicher ist jedoch die gesellschaftliche Teilhabe durch Arbeit, die zunächst auf die eigene Person bezogen ist: Eine Berufstätigkeit erfordert eine gewisse Pflege, schafft einen geregelten Tagesablauf und wertvolle neue Kontakte. Wer dies erreicht hat, „gehört dazu".

Im Idealfall bedeutet Arbeit auch, eigene Fähigkeiten einzubringen und für etwas als sinnvoll Empfundenes zu nutzen. Man ist nützlich, schafft etwas Wichtiges und ist darin ein wertvolles Mitglied der Gesellschaft. Teilhabe ist hier vermittelt durch *Sinnhaftigkeit*, ein gestiegenes *Selbstbewusstsein* und eine hohe *Identifikation* mit der Arbeitsstelle. Diese Deutung der Teilhabe ist jedoch kein selbstverständlicher Effekt der Arbeit: Nicht jede Arbeit wird von denen, die sie tun, als sinnstiftend erfahren. Ganz im Gegenteil kann, wie etwa in den Augen der jungen Männer, Arbeit durchaus das Gegenteil davon sein: Man arbeitet eben, um Geld zu haben und damit anschließend die Dinge zu tun, die einen wirklich interessieren. Hier kann Arbeit (aus Sicht der Befragten) die Persönlichkeit einschränken, indem sie vom Menschen abverlangt, zu viel Zeit und Energie für etwas zu investieren, das mit der eigenen Person in keinem Zusammenhang steht.

Eine Steigerung gesellschaftlicher Teilhabe durch Arbeit kann nur nachhaltig statt finden, wenn auch die Arbeit selbst potenziell *dauerhaft angelegt* ist. Wer nur zeitlich begrenzt, etwa im Ein-Euro-Job für einige Monate, tätig ist, hat zwar das Gefühl, kurzfristig „Glück gehabt" zu haben, entwickelt aber keine neue Einstellung zu Erwerbstätigkeit und einer dem entsprechenden Lebenssituation. Möglicherweise erschweren derartige Hilfen die Teilhabe insofern, als sie die Sichtweise verfestigen, es gebe „in Wirklichkeit" keine angemessene Arbeit und darum keine echte Chance auf mehr Teilhabe an gesellschaftlichen Prozessen.

Dagegen wirkt eine Mitarbeit offenbar dort für die Teilhabe förderlich, wo sie als *ehrenamtliche bzw. freiwillige Arbeit* stattfindet und eine Einbindung in ein soziales Netzwerk der Aktiven bedeutet: Hier schafft die Mitarbeit Zugehörigkeit und Verantwortung. Die Befragten äußern das Gefühl, hier „hinzugehören", eine Position und wichtige Rolle einzunehmen und für andere etwas gestalten zu können. Während sie es wenig hilfreich finden, in der Kleiderkammer stark verbilligte Bekleidung „kaufen" zu können, mögen sie das Gefühl, selbst tätig zu sein.

Erwartbar und dennoch unerwartet drastisch hat sich die vorrangige Bedeutung der Armut als *Perspektivarmut* gezeigt. Wem „gefühlt" etwas offen steht, wer das Potenzial hat, sich Optionen vorzustellen und positive Veränderungen für möglich zu halten, ist dem Weg aus der Armut und damit einer verstärkten Teilhabe deutlich näher, als das bei Menschen der Fall ist, die dazu nicht in der Lage sind. Wo die innere Distanz der Befragten zu öffentlichen, kulturellen oder Bildungsangeboten im Stadtteil zunächst Verwirrung auslöst, bestätigt sich die These, dass gesellschaftlich bzw. politisch nur tätig werden kann, wer den Eindruck hat, selbst entsprechend Teil dieser Gesellschaft oder des (stadtteil-)politischen Lebens zu sein.

Erwähnenswert erscheint mir zuletzt die Stärkung von Teilhabe, wie sie vermittelt durch eigene *Kinder* möglich wird. Auch Menschen, die Politik, Kultur oder Bildung eher fern stehen, sehen einen Zugang durch ihre Kinder. Diese sollen Angebote nutzen, eine gute Ausbildung bekommen und später eine Arbeitsstelle, sie sollen es einmal besser haben. Dafür verlassen Eltern ihre Distanz, ihre in mancher Hinsicht selbst geschaffene oder zumindest selbst verstärkte Position der Ausgrenzung. In einem Stadtteil wie Wilhelmsburg ist zwar einerseits Teilhabe dadurch bedroht, dass Ausgrenzung, Unterversorgung und Hilflosigkeit quasi zur Normalität geworden sind. Andererseits liegen hier im hohen Anteil an Kindern und Jugendlichen besondere Chancen, um auch für die Erwachsenen Teilhabe zu stärken.

KAPITEL 3

„ARM TROTZ MP3-PLAYER" – EIN VERSUCH, DIE BOTSCHAFTEN ZU DEUTEN

Wenn Menschen, die von Armut weder betroffen noch bedroht sind, über Armut reden, wenn Menschen, die es gewohnt sind, sich gesellschaftlich zu engagieren und öffentlich zu äußern, über Ausgrenzung forschen, wird dies ganz von allein zur mehrschichtigen Herausforderung. Wie ist es möglich, von der eigenen Warte aus, mit den eigenen Wahrnehmungsgewohnheiten auf Armut zu schauen und das Gesehene sinnvoll zu interpretieren? Und umgekehrt: Welchen Gewinn beschert uns die Distanz? Diese Studie ist von Anfang an durch eine Gruppe von Fachleuten unterschiedlicher Ausrichtung getragen worden. Die Schwierigkeit der Wahrnehmung „von außen", einer Analyse der „Teilnahme von unten" durch Menschen, deren Teilhabe nie gefährdet war, blieb auf diese Weise kontinuierlich in der Diskussion.

Die gemeinsamen Suchbewegungen begannen mit der Frage, wer die Zielgruppe der Befragung sein könnte: Wer sind die „Armen"? Überhaupt: Ist es nicht angemessen, die „Armen" immerzu in Anführungszeichen zu setzen, weil ja schließlich niemandem ein Urteil darüber zusteht, wer zu den Betroffenen gehört, wer wirklich unter Ausgrenzung leidet oder wer sich trotz sehr geringer Einkünfte kaum als arm bezeichnen würde? Ebenso: Wie sprechen wir Menschen an, deren Erfahrungen wir gern in diese Studie aufnehmen möchten? Wie sprechen wir sie an, ohne sie bereits als problematisch oder defizitär zu beschreiben und schließlich selbst die Ausgrenzenden zu sein? Es war deutlich: Das Reden über das Geld – vor allem über zu wenig Geld – ist eine intime Angelegenheit. Wir einigten uns darauf, Menschen zu suchen „die wenig Geld haben" oder „mit wenig Geld auskommen müssen".

Ein erster Blick in den kirchlichen Kontext des Stadtteils Wilhelmsburg ließ uns verstehen, welche Gestalt das Problem der Armut hier angenommen hat: Die Armen sind im kirchlichen Leben kaum wahrnehmbar. Es fällt natürlich auf, dass viele Eltern ihre Kinder nicht mehr zum Konfirmandenunterricht anmelden und dass hierbei die Teilnahmezahlen stärker zurückgehen als das aufgrund der sinkenden Mitgliederzahlen verständlich wäre. Es fällt auf, dass es bestimmte Familien aus bestimmten Wohngegenden sind, die hier „unsichtbar" bleiben. Es fällt aber vor allem auf, dass Versuche, die Kinder sozial benachteiligter Eltern stärker in die Gemeindearbeit zu integrieren, selten erfolgreich sind. Wo Veranstaltungen eine regelmäßige Teilnahme erfordern, wo Termine über mehr als ein paar Tage im Voraus verabredet werden, scheinen Mechanismen der Ausgrenzung wirksam zu werden.

Wir stellen fest: In vieler Hinsicht ist das System einer klassischen Kirchengemeinde auf Menschen, die von Armut betroffen sind, nicht ausgerichtet. Es rechnet damit, dass Interessierte sich melden und Bedürftige Raum und Unterstützung fordern. Ebenso ist der Stadtteil als soziales Ganzes darauf ausgelegt, dass Menschen sich Räume aneignen, sie als „ihre" beschreiben, gestalten und über sie bestimmen möchten. Armut und Ausgrenzung machen sich hier bemerkbar durch Lücken: Einkommensschwache, Alleinerziehende, Migrantinnen und Migranten sind in Bürgerinitiativen ebenso unterrepräsentiert wie im Leben der Kirche. Und es ist zu vermuten, dass die Lösung nicht in einem Mehr an Angeboten bestehen kann.

Wie nehmen wir also das Gespräch auf mit den Armen? Das Votum der Leiterin einer großen Kindertagesstätte in Wilhelmsburg hat uns dabei stark herausgefordert: Sie hat in ihrer Einrichtung ein Konzept entwickelt, indem das Thema „Armut" aus dem direkten Kontakt zwischen Erzieherinnen und Eltern bewusst ausgeblendet ist. Wer seine Beiträge nicht bezahlt, wird schriftlich abgemahnt. Niemals werden im persönlichen Gespräch, etwa beim Abholen des Kindes, die Zahlungsausstände thematisiert. Wenn Zahlungen dauerhaft unterbleiben und bekannt ist, dass die wirtschaftliche Situation der Eltern schwierig ist, schreibt die Einrichtung diese Kosten als Verluste ab, ohne auf eine Nachzahlung zu bestehen. Nur so, meint die Leiterin, kann sie es erreichen, dass sich Eltern nicht zurückziehen, sondern im regelmäßigen Gespräch mit den Erzieherinnen bleiben. Sie beschreibt die Wirkung des Konzeptes so: In dieser Kindertagesstätte besuchen auch einkommensschwache Eltern, Alleinerziehende und Eltern mit Migrationserfahrung regelmäßig die Elternabende. Der Austausch „zwischen Tür und Angel" ist rege. Die Armen sind hier keinesfalls unsichtbar, sondern fühlen sich ernst genommen und in ihrem Bemühen um das Wohl des Kindes unterstützt.

Kann es sein, dass das Reden über Armut wirklich einen ausgrenzenden

Effekt hat? Ist ein Gruppengespräch mit Armen vor allem eine organisierte Stigmatisierung, während die Forscherin auf verwertbare Ergebnisse lauert? Oder ist vielmehr das Gegenteil der Fall: Dort wo über das Problem offen gesprochen wird, wo die von Armut und Ausgrenzung Betroffenen mit am Tisch sitzen und erklären, wo ihre Schwierigkeiten liegen und was ihnen tatsächlich nützt, erst dort ist ein gleichberechtigtes Miteinander möglich. In vieler Hinsicht haben die Menschen, die an den Gruppendiskussionen teilgenommen haben, diese Sicht bestätigt. Während sie zunächst keine Vorstellung davon hatten, was an ihrer Sicht der Dinge für uns interessant sein könnte, bedankten sich etliche Teilnehmer/innen anschließend für das Gespräch. Eine Gruppe fragte sogar an, ob man nicht derartige Gespräche regelmäßig führen könne. So war die Befragung vermutlich beides zugleich: eine Stigmatisierung der Befragten und ein Anfang zum Dialog zwischen Menschen aus verschiedenen Kulturen.

3.1 Auf der Suche nach Menschen, die bereit sind, über ihre Armut zu sprechen

Wo sich – zum Beispiel in einer sozialen Einrichtung – Menschen, die von Armut betroffen sind, regelmäßig treffen, war die Bereitschaft zu einem Gespräch sehr hoch. Wo jedoch für ein Treffen zu einer speziellen Problemsituation keine solche „natürliche Gruppe" zu finden war, wie etwa zum Thema der „Armut trotz Arbeit", erwies es sich als ungeheuer schwierig, Teilnehmerinnen und Teilnehmer für die Gruppendiskussionen zu finden: Einerseits haben offenbar die wenigsten Betroffenen ein Interesse daran, über die eigene Situation zu sprechen. Sie mögen nicht außerhalb ihrer vertrauten Umgebung sein und nicht mit Menschen sprechen, die ihnen unbekannt sind. Obwohl sie – aus der Perspektive des Projekts – explizit als Expertinnen und Experten für eine schwierige soziale Lage gefragt waren, haben sie Scheu, in diesem Sinn „öffentlich aufzutreten". Sie erkennen keinen Sinn darin, anderen einen Einblick in ihre Lage zu gewähren. Nicht zuletzt stellt solch ein Gruppengespräch für erwerbstätige Menschen im Niedriglohnsektor, die außerdem noch eine Familie versorgen müssen, vermutlich eine weitere Belastung dar, der sie sich nicht gern aussetzen: Es kostet einfach zu viel Zeit und Kraft.

Andererseits war das Bemühen, Kontaktpersonen im Stadtteil wie etwa Verantwortliche in Kindertagesstätten oder Schulen, Rechtsanwälte, Sozialarbeiterinnen oder Pfarrer als Türöffner zu gewinnen, von bezeichnend wenig Erfolg gekrönt: Die meisten von ihnen hatten große Scheu, Menschen auf ihre Betroffenheit von Armut und Ausgrenzung hin anzusprechen. Sie hatten, wenn sie es überhaupt mit eindeutig Armen zu tun hatten, diesen Problembereich bei ihren Gesprächen ausgeklammert, so weit das möglich war, und versuchten auf diesem Weg Stigmatisierungen zu umgehen oder zu überwinden. So waren schließlich Gespräche auf den Wilhelmsburger Wochenmärkten, in öffentlichen Verkehrsmitteln und Supermärkten in die Suche nach geeigneten Teilnehmerinnen und Teilnehmern für die Diskussionen einbezogen.

Daraus ergaben sich unzählige Erkenntnisse über die ortüblichen Tarife für Hilfskräfte im Einzelhandel, in der Raumpflege oder im Pizzaservice. Daraus ergaben sich aber auch Gespräche mit Menschen, die sich deutlich von der Armutsdebatte distanzierten. In Deutschland, so positionierte sich etwa eine in Russland geborene Frau mit Nachdruck, seien die Mechanismen der sozialen Absicherung derart weitreichend, dass sich wirklich niemand beschweren könne. Während man in anderen Ländern von Kindergeld und Sozialhilfe nur träumen könne, sei doch in Hamburg das Leben in der „sozialen Hängematte" geradezu paradiesisch. Teilhabeprobleme könne sie nicht verstehen, jeder Mensch könne doch reden, sich einbringen und viele Angebote nutzen. So war schon zu ahnen, was wir in den Gruppendiskussionen zu spüren bekamen: Die Problematik von Armut und Ausgrenzung existiert nicht ohne ein Subjekt, sie ist – jenseits der Frage nach Schuld – davon abhängig, wie sich die Betreffenden in der Gesellschaft verorten. Es ist darum selbstverständlich, nach der subjektiven Sicht und bestehenden Bewältigungsstrategien zu fragen

Für die Gruppendiskussionen ließen sich mit der Methode der direkten Ansprache jedoch kaum Menschen gewinnen: Sich zu einem vorgegebenen Zeitpunkt für eine Gruppendiskussion, unter der man sich nichts vorstellen kann, an einem nicht vertrauten Ort in Wilhelmsburg einzufinden, mit Menschen, die man ebenfalls nicht kennt – offenbar für die meisten trotz einer Aufwandsentschädigung wenig einladend. Ein Teilnehmer afrikanischer Abstammung erschien zu früh zu einer Diskussion von „Working Poor". „Ich hole noch zwei Kumpel" meinte er und verschwand in einer Seitenstraße, kehrte aber nach zehn Minuten unverrichteter Dinge zurück: „Sie haben Angst." So konnten sich wohl etliche Betroffene einfach nicht vorstellen, dass sich außerhalb staatlicher Kontrollinstanzen jemand für ihre Lebenssituation interessiert.

Wir haben gelernt: Die Teilname an der Diskussion ist offenbar eine Form des öffentlichen Auftretens, die für Viele nicht vorstellbar ist. Arme reden nicht gern öffentlich, möglicherweise haben sie auch nicht die Vorstellung, etwas Interessantes zu sagen zu haben. Sie sagen ja nur, wie es ist, und das kann doch jeder selbst sehen. Warum sollte man das Offensichtliche erklären? In Gruppendiskussionen findet sich häufig zu Anfang schon ein resümierender Satz: „Wir haben eben kein Geld." oder „Wir sind eben schlecht dran. Was wollen Sie noch wissen?" Solche Sätze haben das Potenzial, das anschließende Gespräch in Frage zu stellen, denn es ist alles gesagt: „Was ich mir wünsche? Einen Lottogewinn." Das ist doch banal – welche interessanten Ergebnisse erwartet hier die Sozialforscherin?

Armut ist kein Thema, über das es sich – aus Sicht der Betroffenen – zu reden lohnt, auch nicht aus eigenem Interesse. Was nützt es, wenn ich berichte, wie wenig Geld ich habe? Die Situation lässt sich nicht ändern, der Austausch bringt mir nur, was ich zu Genüge habe: die Bestätigung dafür, dass die Situation wirklich problematisch ist. Von einer nicht vorhandenen Hoffnung kann ich nicht sprechen. Eine unerreichbare Chance kann ich nicht herbeireden. Hier wird sichtbar, wie wenig Armut auf der kognitiven Ebene geteilt wird. Die Betroffenen wollen durchaus Kommunikation, gern mit anderen Betroffenen, denn hier fühlen sie sich nicht ausgeschlossen. Aber sie wollen sie höchstens zum Zwecke der Bestätigung, nicht zur inhaltlichen Auseinandersetzung mit den Verhältnissen. Eine solche schafft ihnen neue Herausforderungen – und gerade hieran haben sie keinen Bedarf.

3.2 DER BLICK IN DEN SPIEGEL UND DER UMGANG MIT DEM EIGENEN URTEIL

Die Sozialforscherin weiß natürlich um das typische Verhältnis der Armen zu Konsumgütern. Dass in einer Einrichtung für Sozialberatung das Handy häufiger klingelt als anderswo, ist erwartbar. Und doch: Dass die Kommunikation mit Frauen, die bereits sehr lange erwerbslos sind, fast alle alleinerziehend, verschuldet und erwerbslos, derart anders verläuft als in anderen Zusammenhängen, bietet dennoch eine große Herausforderung. Das Setting der Gruppendiskussion, in der man stillsitzen und einander ausreden lassen muss und zwischendurch nicht telefonieren sollte, ist für die Frauen unangenehm. In einem der Häuser der Jugend war es zunächst gar nicht möglich, eine Gruppe von Mädchen für die Diskussion zu gewinnen. Die ursprüngliche Dauer von

1 1/2 Stunden hatten wir bereits reduziert. Trotzdem konnten sich die Mädchen nicht vorstellen, so lange in einem Raum zu sitzen und zu reden.

Für die Erhebung sind solche Herausforderungen verhältnismäßig leicht zu meistern. Gute Absprachen, genügend Freiheiten und ein freundlicher Umgang miteinander machen es möglich, trotz kultureller Unterschiede Gespräche zu führen. Aber die Schwierigkeit bleibt: Wie kann es möglich sein, Ausgrenzung zu überwinden, trotz der „Übermacht der Umgangsformen", die Menschen mit einer stärker intellektuellen Herangehensweise ausgebildet haben? Während etwa die meisten Veranstaltungen in einer Kirchengemeinde von Stillsitzen und Zuhören, manchmal von Gesprächen in „gepflegter" Atmosphäre geprägt sind, stellt sich für sozial engagierte Menschen die Frage, wie ein Mehr an Begegnung und Austausch zwischen verschiedenen Gruppen der Gesellschaft in angemessenen Formen geschehen kann.

Eine weitere Herausforderung liegt im Umgang mit dem, was bereits an faktischer Ausgrenzung vorhanden ist. Die Interviewerin beschleicht beim Zuhören in der Gruppe der Frauen, die klagen, sie haben auf dem Arbeitsmarkt ja überhaupt keine Chance, das sichere Gefühl, sie selbst würde, hätte sie einen passenden Job zu vergeben, diesen Job keiner dieser Frauen geben wollen. Und sie spürt fast körperlich, was sie über die Logik der Ausgrenzung bereits weiß: Einen Job bekommt vor allem, wer daran glaubt, einen zu bekommen, und das auch ausstrahlt. Wer so redet (und auch so aussieht), als bräuchte man sich darum gar nicht mehr zu bemühen, wird es nicht schaffen. Ursache und Wirkung sind hier kaum noch zu unterscheiden.

Eine ähnliche Herausforderung, diesmal für eine Interviewerin mit der Sozialarbeit als beruflichem Hintergrund: Sie kennt die Situation gut, in der „keine Ruhe in die Gruppe kommt", weil immer Handys klingeln und jemand aufspringt. Sie ist es gewöhnt, dass Menschen am Ende ihrer Kräfte sind, weil sie ihre Schulden nicht bezahlen und ihre Kinder nicht angemessen versorgen können, während um ihren Hals ein mp3-Player hängt. Aber für die Mitarbeit an dieser Studie hat sie die Rolle der Sozialarbeiterin verlassen. Sie nimmt eine wissenschaftliche Perspektive ein, sieht jetzt, was sie vorher nicht sah, und fragt sich unwillkürlich, welche Form der Beratung bei diesen Frauen angemessen wäre. Sie erinnert sich an zahllose Situationen, wo sie solche Frauen nach Kräften unterstützt, Härtefall-Anträge geschrieben oder Bestimmungen geprüft hat. Hätte diesen Menschen nicht viel eher ein Feedback über ihr Äußeres genützt, ein gemeinsamer, wohlwollender Blick in den Spiegel? Wie wäre es, wenn sie ehrlich formulierte, welchen Eindruck der Zustand der Zähne hinterlässt? Wie lässt sich – auf gleicher Augenhöhe und auf konstruktive Weise – über Arbeitslosigkeit, Ausgrenzung und Armut reden, so dass dies dann tatsächlich Teilhabe fördert?

Was sich hier schon im Gespräch mit den Betroffenen an konfliktreichem Nebeneinander der Deutungsmuster zeigt, wiederholt sich im Lauf der Studie auch auf der Ebene der Auswertung. Wo die beschriebenen Eindrücke der Interviewerinnen, in Protokollen und Notizen festgehalten, von anderen gelesen werden, die aus ihrer Perspektive die Ergebnisse kommentieren, führt das unmittelbar zu Kontroversen: Das wissenschaftliche Herangehen und ungenügende praktische Erfahrungen im Umgang mit den Armen führe unweigerlich zu einem geringen Verständnis für die Betroffenen, heißt es von der einen Seite. So ließe sich Armut nicht überwinden, wenn schon während der empirischen Phase der Beobachtung etliche Vorurteile und Distanzgefühle vermerkt werden. Genau darin bestehe jedoch die Ausgrenzung, die es zu bekämpfen gelte, sagen die anderen: Wenn eine Bestandsaufnahme ausblende, welche typischen, ausgrenzenden Dynamiken am Werk sind, bei den sozial Interessierten ebenso wie in der breiten Bevölkerung, wie könne dann sinnvoll nach Wegen zu mehr Teilhabe gesucht werden?

Hier wird deutlich, wie die Frage nach einer gerechten Teilhabe tatsächlich hohe Anforderungen stellt – an die, die helfen wollen, ebenso wie an die, denen es besser gehen soll. In einem sozialen System, in dem es die einen und die anderen gibt, und in dem die einen für die anderen die Regeln formulieren und die Möglichkeiten eröffnen, ist ein Miteinander auf gleicher Augenhöhe schwer möglich. Und doch ist eine gerechte Teilhabe kaum möglich ohne eine gewisse Gleichheit der Einflussmöglichkeiten auf die Definition gemeinsamer Ziele und Werte.

3.3 Ein Workshop und der Versuch, öffentlich über Armut zu reden

Dreißig Fachleute aus Sozial- und Bildungsarbeit, Kirchengemeinden, Diakonie und verschiedenen Initiativen trafen sich im Frühjahr 2007 in Wilhelmsburg, um einen halben Tag lang Ergebnisse der Studie zu diskutieren und anschließend spezielle Probleme der Ausgrenzung zu diskutieren. Das Thema „Arbeit" war eines der Zentren der Debatte, weil es von starken Ambivalenzen geprägt ist: Hier lässt sich deutlich zeigen, welchen hohen Wert Arbeit für Menschen hat, die von Armut betroffen sind, zugleich entlädt sich an diesem Thema am stärksten der Zorn der Befragten – auf die Verhältnisse, aber auch die Einrichtungen, die ihnen eigentlich helfen wollen.

In einer Kleingruppe trafen sich Mitarbeiter aus einer sozialen Einrichtung, die zahlreiche Arbeitsgelegenheiten mit Mehraufwandsentschädigung anbietet, mit Menschen, die bei der Agentur für Arbeit für die Vermittlung von Arbeitskräften verantwortlich sind. Hier prallten die Welten unterschiedlicher Perspektiven frontal aufeinander: Die einen beklagten, dass die überaus motivierten „Ein-Euro-Jobber" keine sozialversicherungspflichtigen Arbeitsverhältnisse bekommen, die anderen beklagten, dass etliche solcher Arbeitsplätze für unqualifizierte Hilfskräfte nicht zu besetzen seien, weil sich niemand findet, der diese Arbeit übernehmen möchte.

Hier handelt es sich, so vermutete die Gruppe, um einen aufschlussreichen Widerspruch: Es gibt etwas, das die Aufnahme einer Tätigkeit effektiv behindert, jenseits der Ansprüche und schwierigen Bedingungen auf dem Arbeitsmarkt. Es liegt möglicherweise in der großen Differenz zwischen dem „Ein-Euro-Job" im „geschützten Raum" und dem „harten Leben draußen" begründet. Vorwurfsvoll könnte man formulieren: Eine solche Arbeitsgelegenheit schützt die Menschen mehr als gut für sie ist. In ihr werden so manche Unzuverlässigkeit, so mancher Alkoholkonsum und so manche Kommunikationsschwäche akzeptiert, mit denen es die Betreffenden anderswo schwer hätten. So entstehen mit der Zeit Ängste vor dem Scheitern im „richtigen Leben", die Betroffene daran hindern, an diesem wieder teilzunehmen, und sie dazu verführen, „unter sich" zu bleiben. Neutraler ließe sich sagen: Hier finden die Mitarbeitenden einen Sinn in der Arbeit, die ihnen der erste Arbeitsmarkt kaum bieten kann. Was ist eine Arbeit als Packer im Logistikbereich gegen eine verantwortliche Tätigkeit im sozialen Bereich, wo jede helfende Hand dringend gebraucht wird und man regelmäßig Anerkennung bekommt? Was ist die Arbeit im „knallharten" Ablauf eines Betriebs im Industriegebiet, wo man nüchtern Arbeitsleistung in Geld eintauscht, gegen das menschliche Miteinander in der Einrichtung direkt im Stadtteil, wo Arbeit ein gutes Werk ist, Mitarbeitenden mit einem gewissen Vertrauensvorschuss begegnet wird und sofort jemand ansprechbar ist, wenn etwas schief läuft?

Ein Mitarbeiter der gemeinnützigen Einrichtung bringt noch eine andere Perspektive ein: Nach seiner Beobachtung haben Menschen in Arbeitsgelegenheiten große Schwierigkeiten damit, sich selbst und die eigene Leistung wertzuschätzen. Zwar arbeiteten sie – häufig auch sehr viel – sie hätten jedoch nicht den Eindruck, es handle sich dabei um „echte Arbeit", die auch ein echtes Einkommen verdiene. Im praktischen Leben führe das dann dazu, dass sie oft ein ambivalentes Verhältnis zum Genuss haben, auf einer Feier in der Einrichtung, auf dem es kostenlos belegte Brötchen für alle gibt, nicht zum Krabbenbrötchen greifen, weil sie das „nicht verdient" haben. Woher sollten diese Mitarbeitenden schließlich den Mut nehmen, eine „richtige Arbeit" anzunehmen, damit mehr Geld zu verdienen und die eigene Situation selbst zu verbessern?

Diese Anfragen führen auf der politischen Ebene zu Forderungen nach mehr gerechter Teilhabe im Bereich Arbeit, nach mehr sozialversicherungspflichtigen Beschäftigungsverhältnissen, besseren Standards für Arbeitsgelegenheiten, einem Mindestlohn und Arbeitsverhältnissen, in denen auch die Benachteiligten mit den beschriebenen Zugangsproblemen eine Chance haben. Auf einer ganz anderen Ebene bleibt die Frage nach einer Verbindung von Arbeit und Sinn offen: Was bedeutet es, wenn erwerbslose Menschen in der Arbeitswelt zwar eine Chance auf Besserung ihrer finanziellen Situation sehen, sie ansonsten aber als eine Welt mit wenig Sinnhaftigkeit, wenig Gemeinschaftserfahrung oder Selbstbestimmtheit erleben?

Eine weitere Kleingruppe des Wilhelmsburger Workshops befasste sich mit dem Bereich der Jugendlichen, speziell am Beispiel der Gruppe von jungen Männern mit Migrationserfahrung, die in einer Gruppendiskussion befragt worden waren. Die Reaktionen auf das von den jungen Männern Gehörte waren ambivalent und spiegelten darin die Licht- und Schattenseiten der Situation: Als typisch für junge Menschen erschien die Orientierung der Befragten „im Hier und Jetzt". Die Jugendlichen denken kaum an die Zukunft und haben nur klischeehafte und unrealistische Vorstellungen von ihr. Sie betrachten, in welcher Situation sie sich befinden, beurteilen sie pragmatisch („andere finden auch keinen Ausbildungsplatz") und geben sich mit ihr zufrieden. Gleichzeitig löst gerade das bei den in der Sozialarbeit und im Stadtteil engagierten Menschen Entsetzen aus: Dass diese jungen Männer in ihren Familien und im Freundeskreis geborgen sind, dass sie ihre Situation als normal und sogar recht positiv empfinden, ist langfristig eine große Gefahr. Sie vergleichen sich mit ärmeren Menschen in anderen Ländern und „rechnen sich reich", koppeln sich aber auf Dauer mit dieser Haltung von der Gesellschaft in Deutschland ab, die ihre Situation oder auch ihren Status üblicherweise ganz anders beurteilt.

Hier findet sich ein Teilhabe-Problem in doppelter Weise: Die jungen Männer haben durchaus teil an den gesellschaftlichen Prozessen im Stadtteil, am kulturellen und politischen Leben – wir würden sagen: nur aus ihrer Sicht. Hier gibt es ein Teilhabe-Problem, das in erster Linie darin besteht, dass diese Befragten es offenbar nicht haben – oder nicht haben wollen. Diese Situation findet sich möglicherweise auch im Blick auf einige andere der befragten Gruppen: Sie sind zufrieden mit ihrer Situation, solange sie niemand darin stört, kein Amt ihnen Bewerbungen abverlangt oder die Quadratmeterzahl ihrer Wohnung zu hoch findet.

Die Störung liegt auf unserer Seite und mündet ein in die Frage, worin in solch einer Situation eine sinnvolle Förderung von Teilhabe bestehen könnte. In jedem Fall müsste sie in einer Haltung geschehen, die das, was uns an den befragten Gruppen „stört", zunächst als Ressource wahrgenommen würde: Die Menschen richten sich nicht in ihrer Armut ein, sie bewältigen ihre Situation auf eine ihnen zutiefst angemessene Weise. Sie kapseln sich nicht ab, sondern sie suchen sich ihresgleichen, um sich emotional zu stabilisieren. Sie flüchten nicht in Traumwelten aus Arbeitsgelegenheiten und offenen Frühstückstreffen, sondern sie suchen sich aktiv Räume, in denen sie Anerkennung bekommen und ihr Leben sinnhaft gestalten können. Sicher ist in jedem Fall: Wenn sich die hier beschriebene Dynamik der Ausgrenzung, die im Gegeneinander der Perspektiven besteht, über lange Jahre und sogar über mehr als eine Generation auswirkt und schließlich „vererbt" wird, ist die Auswirkung auf die Armuts- und Ausgrenzungssituation der Zukunft vermutlich verheerend.

3.4 DER „KÖNIG DER LÖWEN" FÜR ALLE? – KIRCHE UND ORTSGEMEINDEN AUF DER SUCHE NACH GERECHTER TEILHABE

Diese Studie untersucht nicht die kirchlichen Verhältnisse von Ausgrenzung oder Teilhabe. Und dennoch stellen sich alle Beteiligten im Lauf der Untersuchung immer wieder die Frage: Was kann Kirche besser machen, um Armut zu überwinden und die Teilhabe benachteiligter Menschen zu stärken?

Deutlich ist: In den meisten Ortsgemeinden sind die Armen quasi „unsichtbar". Zwar sitzen auf dem Platz vor der Kirche oft schlecht gekleidete

Männer mit Bierflaschen, als Teil der Gemeinde oder als Herausforderung an sie werden sie in der Regel aber nicht wahrgenommen. Zu groß sind die Milieuunterschiede zwischen den kirchlich Aktiven oder Interessierten und den allermeisten von Armut Betroffenen. So manche der in dieser Studie geführten Gruppendiskussionen passen nicht zu dem, wie es in einer Gemeinde in der Regel zugeht. Während man dort gern sitzt, aufmerksam und konzentriert zuhört oder diskutiert, sind die Gruppendiskussionen meist geprägt von spontaner, direkter und wenig konzentrierter Kommunikation, meist stark aufs Konkrete bezogen. Das lange Sitzen scheint hier ein Ding der Unmöglichkeit, man spürt, dass diese Form des Beisammenseins für die Beteiligten mühsam und ungewohnt ist.

Wie kann also eine Gemeinde ein Forum sein wollen, an dem Arme ebenso teilhaben wie solche, die davon nie betroffen waren? Es ist kaum denkbar, dass die Veranstaltungen der Gemeinde tatsächlich zum Ort der „Gemeinschaft von Arm und Reich" werden, in der verbeamtete Pfarrer mit den prekär Beschäftigten oder Langzeit-Erwerbslosen und der bisher üblicherweise bildungsbürgerlich geprägten „Kerngemeinde" die Wirklichkeit Gottes bedenken. Derartige Szenarien erscheinen wenig realistisch. Das Wissen um die Abstoßungseffekte solcher Begegnungen verweist eher auf andere Wege, auf denen Kirche tatsächlich viel leisten kann:

Kirche und vor allem die Ortsgemeinde verfügt über Räume, in denen Menschen eine Art „Hausrecht" haben, in denen sie sich aufhalten dürfen. Wenn Gemeinden ihre Räumlichkeiten etwa Selbsthilfegruppen zur Verfügung stellen, tragen sie vermutlich bereits zur Förderung von Teilhabe bei. Darüber hinaus bietet eine Gemeinde als Netzwerk die Möglichkeit, sich an der einen oder anderen Stelle zugehörig zu fühlen. Wer von Armut betroffen ist und in der Gemeinde immer wieder in seiner Situation wahrgenommen wird, erfährt hier eine Wertschätzung, die an anderer Stelle selten zu erleben ist. Über Ehrenämter und die unzähligen Momente, an denen jemand, der anpackt, dringend gesucht ist, kann eine Akzeptanz entstehen, die mehr bedeutet als eine Zuwendung aus dem Diakonie-Fonds der Gemeinde. [1]

Und auf einer ganz anderen Ebene: Eine Gemeinde kann ein Ort sein für geteilte Wirklichkeit, ein Ort, an dem traditionell Glaubenssätze hinterfragt und Perspektivwechsel angeboten werden – vor der Wirklichkeit Gottes. Ein

---

[1] Derartige Impulse sind längst aufgenommen in die Partizipationskonzepte der Nationalen Armutskonferenz; vgl. Nationale Armutskonferenz (2007).

solches Angebot kann allen, die unter hinderlichen Glaubenssätzen leiden, eine enorme Hilfestellung bieten – unabhängig vom sozialen Status und ebenso unabhängig von den „kirchlichen Orten" solcher Begegnungen. Nicht zuletzt ist eine Gemeinde ein Ort für Träume und Perspektiven – für Wunder in vielerlei Gestalt. Sie wäre, wenn dies denn gelingt, ein passender Ort für gemeinsam entwickelte Hoffnungen.

In der Steuerungsgruppe, die diese Studie begleitet hat, haben vor allem die konkreten Beispiele aus den Gruppendiskussionen zu Debatten geführt, wie es nun in diesem oder jenem Fall gehen könnte: Was hilft den Betroffenen wirklich – und wie kann eine Gemeinde innerhalb ihrer Möglichkeiten für gerechte Teilhabe sorgen? Die eindrücklichste dieser Diskussionen entspinnt sich am Beispiel der Gruppe von nicht mehr erwerbstätigen, älteren Frauen. Die Frauen kommen immer wieder auf ihren Traum vom „König der Löwen" zu sprechen, einem Musical über Disneys gleichnamigen Film, das im Hamburger Hafen seit 2001 zu sehen ist. Der Besuch dieses Musicals ist ein großer Traum der Frauen. Nur eine von ihnen konnte sich, als sie noch erwerbstätig war, eine Eintrittskarte leisten. Jetzt beschreiben die Frauen, wie der Ausschluss von dieser Form der Vergnügung für sie ein wesentliches Kennzeichen ihrer Ausgrenzung darstellt.

Was gehen solche Konsumwünsche armer Menschen die Kirche oder die Gemeinde am Ort an? Sicherlich ist es möglich und gerade in Stadtteilen wie Wilhelmsburg auch sinnvoll, eigene Konzerte, etwa im Bereich der Kirchenmusik, stark zu vergünstigen oder sie sogar bei freiem Eintritt anzubieten. Aber das Problem der Ausgrenzung wird in der Regel nicht am Orgelkonzert, sondern an Angeboten mit mehr Eventcharakter, Spannungs- und Showelementen sichtbar. Die Befragten möchten sich, ganz im Trend, Konsumwünsche erfüllen, sie möchten nicht eine „selbstgemachte", günstige Version der großen Show, sondern dorthin gehen, wo alle hingehen.

Man könnte aus kirchlicher Perspektive sagen: Diese Wünsche bewegen sich außerhalb der Welt der Kirche. Realistisch ist dies aber nicht, denn wo Hindernisse zur Teilhabe bestehen, ist die Kirche aufgerufen, darüber nachzudenken, welche Konsequenzen daraus zu ziehen sind, unabhängig davon, ob die Verantwortlichen dort die Konsumwünsche der Armen teilen. Sie muss nicht um jeden Preis aktiv werden, aber die Sehnsüchte und Nöte der Menschen gehen sie etwas an. Und der Bereich der Konsum als etwas, auf das menschliche Sehnsüchte ganz wesentlich ausgerichtet sind, hat das Potenzial, kirchliche Perspektiven auf reizvolle Weise zu erweitern. An dieser Stelle sei also, spielerisch und fiktiv, darüber nachgedacht, welche Implikationen damit verbunden sind, wenn Kirche sich der Sache annimmt.

Entscheidet sich nun eine Gemeinde dafür, das Teilhabe-Problem „König der Löwen" anzugehen, wäre es denkbar, dass sie es zunächst als ihre Aufgabe ansieht, ein öffentliches Bewusstsein für dieses Problem zu schaffen. Wie wäre es, wenn sie dafür sorgt, dass viel mehr Menschen als bisher erfahren, welche Diskrepanzen zwischen dem Preis für eine Eintrittskarte (in der günstigsten Platzkategorie schon über 30 Euro zuzüglich Fahrtkosten) und dem Einkommen einer Bezieherin von staatlichen Transferleistungen besteht? Wie wäre es, wenn sie öffentlich von der Produktionsfirma, der Stage Entertainment GmbH, fordern würde, nicht für Menschen über 65 Jahren, sondern für Menschen mit sehr geringem Einkommen verbilligte Karten anzubieten? Dieser Gedanke ist weiter auszuspinnen bis hin zu einer öffentlichkeitswirksamen „Armen-Demonstration" am Veranstaltungsort.

Eng damit verknüpft ist ein anderes Teilhabe-Hindernis, das ebenfalls im Gespräch mit den älteren Frauen zur Sprache kam: Die Ausgrenzung besteht in vieler Hinsicht darin, dass die Betroffenen selbst wenig Teilhaberechte für sich beanspruchen. Sie fühlen sich in ihrer eigenen Stadt „zu Gast", nehmen staatliches Handeln, auch im Kulturbereich, als gegeben hin und kämen niemals auf die Idee, in „ihrer Stadt" ein Grundrecht auf die Nutzung kultureller Angebote zu fordern. Darum könnte es, ganz abgesehen von einer tatsächlichen Nutzung der Angebote, für Kirche darum gehen, mit den Betroffenen an ihrem Selbstbewusstsein – als „Teilhabebewusstsein" – zu arbeiten. Es könnte doch sein, dass wer den eigenen Zugang als Anrecht versteht, sich stärker als bisher über kostengünstige Zugänge zu Kultur, zu Generalproben, kostengünstigen Veranstaltungen und Beteiligungsformen informiert.

Denkt man sich nun eine Gemeinde, die unter ihren Mitgliedern den Wunsch nach einem Musicalbesuch ebenso wie das finanzielle Unvermögen, dafür aufzukommen, wahrnimmt und aktiv werden möchte. Welche Art der Aktivität ließe sich als zweckmäßig bezeichnen? Soll die Gemeinde Geld sammeln, um dann auch Menschen mit geringem Einkommen den Musical-Besuch zu ermöglichen? Aber welche Antwort auf das Teilhabe-Problem gibt eine solche „Sozialfahrt ins Musical"? Sie ändert nichts daran, dass die Betroffenen den Eindruck haben, an diesem Bereich des kulturellen Lebens prinzipiell keinen Anteil zu haben. Sie schafft eine Verbesserung im Stil eines Weihnachtsgeschenks – ohne Bezug zum Alltag. Dies ist möglicherweise eine wichtige Geste an Benachteiligte, aber keine angemessene Antwort auf deren Problem. Eine subtilere Herangehensweise mit einer stärkeren Betonung der Gemeinschaft unter Menschen verschiedener sozialer Lagen ist es, einen Gemeindeausflug zum Musical zu veranstalten. Die Gemeinde kauft eine bestimmte Anzahl von Karten und bittet alle an der Fahrt Beteiligten, sich so weit sie es können, an den Kosten zu beteiligen. Auf diese Weise haben alle das Gefühl, etwas für den Ausflug bezahlt zu haben. Wer über mehr Geld verfügt, kommt für die Kosten anderer mit auf. Auch dies löst nicht das Problem der faktischen Ausgrenzung, aber sie wird aufgefangen durch Erlebnisse von Solidarität und vor allem durch das gemeinsame Erleben. Hier könnte man sagen: Es geht hier nicht um Almosen, sondern um die Kosten der Gemeinsamkeit. Wer über wenig Geld verfügt, „bezahlt" in den Augen der Gruppe durch den Wert der eigenen Anwesenheit bei der Aktion. Ob diese Logik auch in den Augen derer Bestand hat, die von Armut betroffen sind, hängt vermutlich stark davon ab, welche Beziehungen innerhalb der Ausflugsgruppe tatsächlich bestehen.

Stärker auf Teilhabe im umfassenden Sinn bezogen ist ein Modell, in dem eine Gemeinde in einem Projekt für Tätigkeiten für die Gemeinschaft eine Fahrt zum Musical als Gegenwert anbietet: Handwerkliche Arbeiten, Reinigungs-, Betreuungs- oder Servicearbeiten werden nach einem System verrechnet. Mit einem gewissen Umfang von Arbeitsleistung bekommen die hier Aktiven eine Eintrittskarte fürs Musical im Rahmen eines gemeinsamen Ausflugs. Gelingt dieses Vorhaben, sind tatsächlich viele Erfolge erzielt: Die Gemeinde kann Arbeiten kostengünstig erledigen, während die Betroffenen die Möglichkeit erhalten, für das Gemeinwohl tätig zu sein und dafür eine Anerkennung in einer für sie wertvollen Währung zu erhalten. Ob dieses Modell ein tragendes ist und tatsächlich Teilhabe stärkt, bleibt zu erproben.

KAPITEL 4

AUSBLICKE UND KORREKTUREN

Im Verlauf dieser Studie standen die Ergebnisse immer wieder zur Diskussion – innerhalb der Steuerungsgruppe sowie in Veranstaltungen in Hamburg-Wilhelmsburg. Dieses Kapitel soll nun die wichtigsten Aspekte dieser Diskussion in einer stark redigierten Form darbieten, die Ergebnisse damit für spezielle Fachkontexte nutzbar machen und zur Weiterarbeit anregen. Expertinnen und Experten haben zentrale Erkenntnisse aufgegriffen und sie aus ihrer Perspektive vertieft.

Dabei tun sich zwangsläufig Widersprüche auf. Im Vergleich von verschiedenen Argumentationslogiken werden typische Bruchstellen und Kontraste sichtbar. Sie ergeben sich einerseits aus Unterschieden in der fachlichen Perspektive, andererseits aus Differenzen zwischen grundlegenden Annahmen über das Problem von Armut und Ausgrenzung. In diesem Kapitel ist kein Konsens angestrebt, sehr wohl ist jedoch in der Zusammenstellung und Redaktion der Beiträge das Interesse leitend, Widersprüche transparent und für die Weiterarbeit nutzbar zu machen.

Eine Reflexion der Ergebnisse auf dem Hintergrund der EKD-Denkschrift „Gerechte Teilhabe" (4.1), eine Auseinandersetzung mit theologischen Dimensionen der Ergebnisse (4.2) und eine Nachlese aus diakoniewissenschaftlicher Sicht (4.3) machen den Anfang. Die spezifischen Fragestellungen der Bildungsarbeit (4.4), des Kirchlichen Dienstes in der Arbeitswelt (4.5) sowie der diakonischen Arbeit im Kirchenkreis Hamburg-Harburg (4.6) bilden einen fachpraktischen Gegenpart. Ein kritischer Kommentar zur Studie (4.7) und eine Reflexion ihrer Ergebnisse für die aktuelle sozialpolitische Diskussion (4.8) bilden den Abschluss des Buchs.

4.1 GERECHTE TEILHABE – FÜR WEN? RÜCKFRAGEN AN EINE DENKSCHRIFT

GERHARD WEGNER

Armen Menschen fehlt es an Möglichkeiten, ein freies und möglichst selbst bestimmtes und -verantwortetes Leben zu führen, so wie es sonst in der Gesellschaft erwartet – ja auch eingefordert wird. Besonders dort, wo arme Menschen verantwortlich für andere sind, im Blick auf die eigenen Kinder, zeigen sich die Schwierigkeiten deutlich, aber auch dann, wenn man sich wichtige, lebensnotwendige Bedürfnisse nicht mehr erfüllen kann und deswegen seinen eigenen Körper vernachlässigt, bis dahin, dass man sich in der Öffentlichkeit außerhalb der eigenen Wohnung kaum mehr zu zeigen wagt. Zwar können wir in Deutschland nicht von absoluter Armut im Sinne der Gefahr von Verhungern und Verdursten reden – aber dieser Maßstab würde der Situation in einem reichen Land ohnehin nicht entsprechen. Gemessen an den herrschenden Standards ist auch ein Leben in relativer Armut natürlich defizitär – wie dies im Einzelnen auch immer genau aussieht. Die betreffenden Menschen leiden darunter, dass sie nicht mit den anderen mithalten können. Dass solch eine Situation existiert, ist der Beweis dafür, dass es nicht gerecht in der Gesellschaft zugehen kann.

Soweit – so plausibel. Entsprechend ungewohnt muss es deswegen erscheinen, wenn jemand – wie Claudia Schulz – den Versuch wagt, die Definitionssituation einmal aus heuristischen Gründen umzukehren. Das heißt, die Frage zu stellen, *was die betreffenden Armen unter einem guten Leben verstehen*, was denn eigentlich diese Menschen selbst überhaupt wollen, wie sie ihr Leben gestalten möchten und wo sie die drängendsten Defizite sehen, die behoben werden müssen, um halbwegs zufrieden sein zu können. Es könnte ja zumindest denkbar sein, dass sich hier durchaus andere Vorstellungen, zum Beispiel von Verantwortlichkeit, als im Mainstream der Gesellschaft finden. Die Bedeutung der an sie herangetragenen Teilhabeerwartungen könnte durch sie selbst relativiert werden.

In diese umgekehrte Richtung zu fragen, ist ethisch schwierig, weil man – zunächst einmal – davon Abstand nehmen muss, die doch so überaus deutliche Mangelsituation dieser Armen ausschließlich defizitär zu deuten, und sie vielmehr – wohlgemerkt: zunächst einmal! – lediglich als eine Lebenssituation unter vielen anderen zu verstehen versucht. Auch dürfte eine solche Analyse nicht in den Verdacht geraten, die deutlich benachteiligte Situation der Armen auf irgendeine Weise rechtfertigen zu wollen – darum ginge es gar nicht. Das Ziel besteht vielmehr darin, die Eigenständigkeit, die eigene Würde dieser Menschen aus sich selbst heraus zu erkennen, ihre *Selbstwirksamkeit* – wie stark auch immer gemessen sie an üblichen Standards beeinträchtigt ist – zu beschreiben, um ihnen so besser gerecht werden zu können. Es ginge nicht um eine Affirmation der Armut als eine neue „Lifestyle-Attraktivität", sondern darum herauszufinden, wie solidarische *Hilfe auf Augenhöhe* besser als bisher konzipiert werden könnte.

Dass es ein Defizit an solchen Erkundungsgängen gibt, fällt dann nicht auf, wenn man mit besonders artikulierten Personen aus dem Armutsbereich diskutiert. Sie sind zum Glück trotz ihrer schwierigen Situation bisweilen in der Lage, das Leiden der Armen in einer Sprache zu formulieren, die mit gesellschaftlich anerkannten Begriffen wie „Würde", „Gerechtigkeit", „Freiheit", „Partizipation" oder auch „Selbstverantwortung" operieren und so stellvertretend für die vielen anderen plausibel die Aufhebung der Defizite einklagen und einfordern können. Oft sind diese Fähigkeiten dadurch bedingt, dass die Betreffenden über ein gewisses Ausmaß an Bildung verfügen oder sie sich, oft unter großen Schwierigkeiten, angeeignet haben, auf Grund deren sie sich kompetent artikulieren können. Sie sind deswegen trotz der Armutssituation, in der sie sich befinden, nicht so ausgegrenzt, wie es bei den vielen anderen, – den Stummen oder Stummgemachten – im Lande der Fall ist. Das Armutsrisiko ist bei Geringqualifizierten gut sechsmal so hoch wie bei Akademikern. Wie sieht deren Situation tatsächlich aus, wie nehmen sie selbst ihre Lage wahr und wo könnte eine sinnvolle Hilfe als Befähigung zu dem ansetzen, was diese Menschen *selbst* wollen? Das ist die Ausgangsfrage der hier vorliegenden Studie gewesen. Das heißt, es wird – wie gesagt: zunächst einmal – das, was allgemein gesellschaftlich erwartet wird, suspendiert, um überhaupt die Lebenswelt dieser Menschen in den Blick zu bekommen. Das ist das eigentlich Neue an dieser Studie, und es fordert Rückfragen an die herrschenden Standards der Beurteilung von Armut heraus.

An der Debatte um Fragen der Armut hat sich auch die Evangelische Kirche in Deutschland beteiligt. Ausgelöst durch eine immer bedrängender werdenden Armutsproblematik in Deutschland und eine erheblich zunehmende Ungleichheit vor allen Dingen im Jahre 2005 haben der Rat der EKD mit seiner Denkschrift zum Thema Armut im Sommer 2006 und dann die Synode der

EKD im Herbst 2006 Analysen vorgelegt und Forderungen zur Bekämpfung wachsender Armut gestellt. Im Mittelpunkt der entsprechenden Äußerungen stehen spezifische Leitwerte, die sich aufgrund von christlichen Vorstellungen von einer wohlgeordneten bzw. guten und gerechten Gesellschaft her ergeben. Sie kommen bereits in den entsprechenden Titeln der Texte zum Ausdruck, so wenn von „gerechter Teilhabe aller Menschen" gesprochen und dazu „Befähigung zu Eigenverantwortung und Solidarität" eingefordert wird. Insbesondere die Denkschrift konzentriert sich auf das Problem der „Befähigung" der Menschen, selbst Armut zu vermeiden bzw. wenn betroffen, wieder aus ihr herauszukommen, und analysiert unter diesem Aspekt insbesondere die Benachteiligung von Kindern aus ärmeren Familien im deutschen Bildungssystem als eine der Ursachen für die wachsende Armut. Lassen sich von der hier vorgenommenen Umkehrung der Perspektive Rückfragen an die EKD-Texte stellen?

Blickt man nun von den Ergebnissen der Studie auf die vorherrschenden Diskurse bzw. Hilfskonzepte, so ist der erste Eindruck irritierend. Diese Irritation ergibt sich schon beim Durchsehen der Gruppendiskussionen vor allem daraus, dass nur in ganz geringem Maße die Welt der „großen Begrifflichkeiten" wie „Würde", „Freiheit", „Solidarität" oder auch „Gerechtigkeit" zur Interpretation der eigenen Lage benutzt wird. Natürlich gibt es – insbesondere bei einigen Männern – moralische Empörung über bestimmte Zustände. Es gibt eine Sicht auf das „System", das daran schuld ist, dass es einem so schlecht geht. Aber insgesamt stellt sich ein Bild der Mentalität der Armen ein, das selbst sozusagen eine „arme Mentalität" wiedergibt. Es scheint fast so zu sein, dass man sich gar nicht (mehr) traut, große Ansprüche zu erheben und sich entsprechend zu artikulieren. So ist es besonders erstaunlich – ja geradezu erschütternd – zu sehen, wie vielfältige Ungerechtigkeiten, die diese Menschen erleben, in den Gesprächen nur sachlich geschildert werden, ohne dass mit ihnen die heftige moralische Empörung verbunden wären, die man eigentlich erwarten müsste. Dass gar die Betreffenden ihre eigene Würde, Selbstverantwortlichkeit und Freiheit gegen die Verhältnisse oder gegen andere in Anschlag bringen würden, passiert so gut wie gar nicht, ja, es stellt sich der gegenteilige Eindruck ein, dass sie – mehr oder minder bewusst – auf die Artikulation eigener Wünsche und Bedürfnisse verzichten.

Die Schlussfolgerung, dass es gerade der Verzicht darauf ist, eigene Wünsche und Interessen deutlich zu artikulieren, die diese Menschen in der Ar-

mutssituation festhält, liegt deswegen auf der Hand, und sie wird von Claudia
Schulz auch an mehreren Stellen deutlich erwogen. Armut schlägt offensichtlich nicht nur auf den Körper, sondern auch auf das „innere Gerüst", das einen
Menschen aufrecht gehen, seine eigene Würde verteidigen und seine Interessen durchsetzen lässt. Der Erwartung gar, dass diese Menschen ein Recht auf
Teilhabe an dem sonst Üblichen in der Gesellschaft einklagen würden, wird
fast gar nicht entsprochen.

Dies muss damit zusammenhängen, dass das Gefühl, die eigene Situation
aus eigener Kraft nicht mehr wirklich verändern zu können, weit um sich ge-
griffen hat, und zwar soweit, dass man sich von bestimmten attraktiven Teilha-
bemöglichkeiten innerlich längst so stark distanziert hat, dass man sie gar nicht
mehr – nicht einmal in der Phantasie – in den Blick nehmen kann. Täte man
es, wäre die Folge nur Enttäuschung und eine noch höhere Frustration. Claudia
Schulz fragt deswegen: „Könnte es sein, dass Menschen, die sich ... innerlich
bereits von einer als zu bedrückend erlebten Wirklichkeit abgekoppelt haben,
um die Situation bewältigen zu können, in vielerlei Hinsicht zur Teilnahme
nicht mehr zu gewinnen sind?" Es fließt einfach viel zu viel Energie in die
Bewältigung der konkret erlebten konkreten Situation, als dass darüber hinaus
noch Kraft da wäre, an der Gesellschaft in irgendeiner Weise teilhaben zu können, bis dahin, dass man es nicht einmal mehr zu träumen wagt, dass sich die
Verhältnisse für einen selbst grundlegend ändern könnten.

Bei all dem ist es nicht so, dass die allgemein anerkannten gesellschaftlichen Leitvorstellungen für eine wohlgeordnete Gesellschaft von diesen Menschen nicht geteilt würden. Spricht man sie vor allen Dingen auf das Thema
Bildung an – das wird in der Studie ja deutlich herausgearbeitet –, dann wird
der wichtige Stellenwert einer guten Bildung auch von diesen Menschen ausdrücklich betont, allerdings weitgehend nicht für sich selbst, sondern für die
eigenen Kinder. Auf sie wird die Hoffnung transponiert, die man für sich selbst
nicht mehr glaubt einlösen zu können. Auf sie werden die Teilhabeerwartungen projiziert, die man selbst wohl längst aufgegeben hat. Sie sind folglich
nicht verschwunden, aber an den Rand des Horizontes gerückt.

Wie sind diese Eindrücke zu deuten? Ein erster Zugang, der auf der Hand
liegt, würde den Aspekt der Resignation in den Vordergrund rücken. Resignation würde voraussetzen, dass diese Menschen vieles versucht hätten, ihre Teil-
habevorstellungen zu realisieren, damit aber gescheitert seien und sich deswegen aus Frustration nunmehr mit den Dingen abgefunden hätten, wie sie sind,

und keine größeren Erwartungen mehr entwickelten. Resignation wäre in dieser Hinsicht eine durchaus realistische Reaktion auf die nun einmal schlechten Verhältnisse. Und wer würde angesichts der schwierigen Situation eine resignative Reaktion nicht auch gut verstehen können? Besonders verständlich ist eine solche Reaktion für diejenigen, die die Lage der Armen im Wesentlichen als eine Situation der Opfer gesellschaftlicher Unterdrückung interpretieren, die es ihnen in keiner Weise erlaubten, sich auch nur im Ansatz selbstverantwortlich zu verhalten oder gar Verantwortung für andere zu übernehmen. Von daher wäre Resignation mit einer allgemeinen Lähmung der Verhaltens- und Bewegungsmöglichkeiten verbunden, mit dem Rückzug in kleine Welten und dem völligen Ausschluss aus der Kommunikation mit anderen.

Blickt man in die Texte hinein, so wird diese Interpretation der tatsächlichen Lebendigkeit der Menschen in den Gesprächen aber nicht voll gerecht. Natürlich finden sich Spuren von Resignation, die zum Teil auch durchschlagend sind, aber sie führen in keinem der Beispielfälle zu einem nur noch passiv reaktiven Verhalten. Fast bei jeder der betreffenden Personen findet eine aktive und durchaus kreative Auseinandersetzung mit der eigenen schwierigen Situation statt. Wenn man in diesem Zusammenhang von Resignation reden will, dann müsste man, so paradox es klingen mag, von einer „Entscheidung zu Resignation" sprechen – die durchaus auch anders ausfallen könnte. Die Menschen entwickeln trotz – ja in – ihrer Situation durchaus aktive Auseinandersetzungsformen mit ihr und wissen aus dieser Situation heraus durchaus ihre unmittelbaren Interessen einzubringen und umzusetzen.

So wird zum Beispiel, wie Claudia Schulz herausstellt, das Selbstverständnis der alleinerziehenden Mutter fast zu einer Art „Fahne", die man vor sich hertragen kann, um bestimmte Ansprüche zu realisieren. Auch die Vorstellung, es habe ohnehin keinen Sinn, sich als alleinerziehende Mutter um eine Arbeitsstelle zu bemühen, wirkt wie eine Art Alibiformel, um dann entsprechende Bemühungen auch gar nicht mehr unternehmen zu müssen. Es gibt also folglich mentale Selbstkonstruktionen und vorhandene Diskurse, die dazu helfen, die eigene Situation nicht nur hinzunehmen, sondern sie auch mit bestimmten Ansprüchen auszustatten und zu bearbeiten. Wie das im Einzelnen geschieht, kann man für falsch oder zumindest für problematisch halten. Aber: Zeigt sich nicht gerade darin denn doch die Würde und Freiheit der Menschen? Muss man nicht, wenn man ihnen auf Augenhöhe begegnen will, sie genau auf diese Ebene – im Blick auf ihr eigenes Verhalten – ansprechen? Heißt das aber nicht, dass man sie – trotz allem, was dagegen spricht – auf ihre Verantwortlichkeit hin behaften muss?

Es ist so – und dies wird in der Studie ausgesprochen deutlich herausgearbeitet –, dass die Art und Weise, wie mit viel Energie die Armut „bewältigt" wird, im Umkehrschluss immer wieder dazu führt, sich in der Armut so einzurichten, dass man jeden Gedanken, aus ihr herauszukommen, beiseite schiebt. Das Bemühen, das eigene Überleben relativ kreativ unter den gegebenen Bedingungen zu sichern, zieht die Menschen noch stärker in das Milieu der Armut hinein und hält sie in ihm gefangen. Wenn einem sozusagen einmal klar geworden ist, wie schwierig es ist, von anderen Wertschätzung für die eigene Tätigkeit oder gar für den eigenen Körper zu erhalten, dann lernt man sehr schnell, auch vor sich selbst diese Wertschätzung abzustreifen und sich – natürlich gemessen an etwaigen herrschenden Standards – in besonderer Weise habituell zu vernachlässigen. Die Erfahrung der Unmöglichkeit, bestimmte eigene Bedürfnisse zu befriedigen, führt zu einem Verlust, sich überhaupt noch an herrschenden Standards der Bedürfnisbefriedigung zu orientieren und auf ihrer Realisierung zu bestehen.

Die Menschen befinden sich dann in einem circulus vitiosus, aus dem sie deswegen schwer ausbrechen können, weil sie ihn – paradox, aber angemessen formuliert – zwar *gezwungenermaßen* aber dennoch *selbst geschaffen* haben. Er stellt eine höchst kreative Leistung unter den Bedingungen der Armut dar. Er sorgt für das Überleben, aber er reduziert auch die Chance für jeden Ausbruchsversuch und lässt ihn als unsinnig und vollkommen übertrieben erscheinen. Solche Haltungen werden dann insbesondere durch Erfahrungen, dass es sich überhaupt nicht lohnt zu arbeiten, weil einem ja der zusätzliche Verdienst ganz schnell wieder entzogen werden kann, noch zusätzlich bestätigt. Und wer eben überhaupt nicht mehr daran glaubt, dass er noch einen Job bekommen kann, und deswegen selbst auch nicht entsprechend auftritt, der wird, wie Claudia Schulz bemerkt (2.8), auch keinen bekommen.

Man ist auf diese Weise in der Armut eingesperrt, aber man ist in ihr auch in spezifischer Weise geborgen. Man kann sich nicht mehr aus ihr heraus bewegen, ja man kann sich kaum noch im öffentlichen Raum aufhalten und bleibt auf die Wohnung reduziert, fühlt sich dann aber in ihr als einer letzten Bastion irgendwie doch zu Hause. Entsprechend ist es auch mit der Selbstverantwortlichkeit. Keiner dieser Menschen würde bestreiten, dass er selbst für sein Leben in spezifischer Weise verantwortlich ist, aber man würde gleichzeitig immer darauf beharren, dass man doch nichts wirklich tun kann. Viele dieser Menschen suchen die Kommunikation und die Solidarität mit anderen. Dabei erwarten sie aber vorrangig eine Bestätigung ihrer Lebenssituation und keinesfalls einen Ausbruch aus ihr heraus.

Das alles soll sagen: Die Menschen sind auch unter den Bedingungen der Armut Subjekte ihres Tuns. Sie sind in einem spezifischen Rahmen für ihr Tun auch verantwortlich – und doch stockt einem beim Formulieren dieser Sätze der Atem, weil die Begriffe „Subjekt" und „Verantwortung" irgendwie in dieser Situation nicht zu passen scheinen. Sie gelten sozusagen nur auf sehr eingeschränkte Weise. Menschen sind verantwortliche Subjekte in der Art und Weise, wie sie sich selbst in der Armut einrichten, um zu überleben, und auf diese Weise selbst – gezwungenermaßen – für ihre eigene Ausgrenzung sorgen. Sie arbeiten so – nüchtern gesehen – an ihrer eigenen Passivierung selbst mit – betreiben sie aktiv. Bleibt ihnen anderes übrig? Das ist die entscheidende Frage, wenn man mehr Teilhabe ermöglichen will.

Ist dies nun eine „realistische", vernünftige Reaktion auf die Erfahrung von Armut oder ist sie lediglich mit der Verdrängung von Wünschen und Bedürfnissen zu erklären und stellt insofern eine irrationale Reaktion dar? Eine Antwort hierauf kann die Studie von Claudia Schulz nicht liefern. Und es wäre wahrscheinlich auch vermessen, solch eine Antwort von außen geben zu wollen. Die Verdrängungsmechanismen ersparen es den Menschen, zusätzliche Energie aufzubringen, um ihr Leben zu ändern, und verringern so subjektiv gesehen ihr Leiden. Aber sie halten sie eben in dieser Situation auch fest. Sie verhindern, dass sie ihre eigentlichen Stärken mobilisieren können. Die armen Menschen sind folglich Subjekte – und sie sind es doch auch nicht. Die Begrifflichkeit, mit der der Teilhabediskurs operiert, passt an dieser Stelle einfach nicht. Man müsste diesen Diskurs neu von den Erfahrungen dieser Menschen her aufbauen: in einer Form, der die in ihnen schlummernden Kräfte weckt.

Claudia Schulz versucht etwas in diese Richtung am Ende ihrer Ausführungen, indem sie die Ressourcen, über die diese Menschen verfügen, in einer befreienden Hinsicht umdefiniert: den circulus vitiosus in einen circulus virtuosus umformatiert. Genau das, was die Menschen in ihrer Armut festhält, ihr eigenes Tun, müsste als Ressource zum Ausbruch wahrgenommen werden. Das würde bedeuten: „Die Menschen richten sich nicht in ihrer Armut ein, sie bewältigen ihre Situation auf eine ihnen zutiefst angemessene Weise. Sie kapseln sich nicht ab, sondern sie suchen sich ihresgleichen, um sich emotional zu stabilisieren. Sie flüchten nicht in Traumwelten aus Arbeitsgelegenheiten und offenen Frühstückstreffen, sondern sie suchen sich aktiv Räume, in denen sie Anerkennung bekommen und ihr Leben sinnhaft gestalten können." (3.3) Das wäre in der Tat ein angemessener Weg, diesen Menschen in ihrer schwierigen Situation zu helfen. Aber es ist deutlich, dass solch ein Weg nur über eine Transformation der Eingesponnenheiten erfolgen kann, in denen die Menschen leben. Das, was die Menschen in der Armut festhält, müsste aufgesprengt werden durch erfolgreiche Möglichkeiten, aus ihr herauszukommen. Solch ein Aufsprengen kann aber wahrscheinlich nur von außen – als Störung, wie Claudia Schulz formuliert – geschehen. Störung bedeutet aber: Es müsste etwas sein, was den Erwartungen dieser Menschen widerspricht und sie nicht weiterhin in ihrem Milieu bestätigt. Was dies genau sein könnte, darüber lässt sich phantasieren: eine Kombination von Annahme und Distanz, eine Art zupackender Zuwendung, von aktivierender Liebe.

Damit sind entscheidende Herausforderungen für professionelle Hilfstätigkeit im Blick auf die Armutsproblematik gestellt. Man liegt wahrscheinlich nicht falsch darin, entsprechende Hilfe nicht als einseitige Unterstützung zu begreifen, sondern sie in Tauschprozesse umzudefinieren, da jede einseitige Gewährung die Erfahrung von Passivität verstärken muss. Entscheidend wichtig scheint zu sein, dass auch diese Menschen ihr Selbstbewusstsein und ihre Kreativität dann entwickeln, wenn sie sich selbst als in Kooperation mit anderen befindlich erfahren, selbst etwas tun können und ihre Selbstwirksamkeit erleben. In dieser Hinsicht ist die Situation dieser Menschen nicht anders als auch die anderer in der Gesellschaft.

Arbeit wird hochgeschätzt, weil sie die eigenen Kräfte erweitert und die Lebenskräfte steigert und in der Regel auf einer Tauschbeziehung beruht. Gerade dieses Bedürfnis kann aber, wie die Texte mehrfach zeigen, ausgebeutet werden und zum verschärften Gefangensein in bestimmten Kontexten führen. Eine sinnvolle Teilhabeförderung würde darauf achten, dass dies eben nicht geschieht, sondern das Arbeitsinteresse im Interesse der Betroffen realisiert werden kann. Die Ein-Euro-Jobs scheinen in dieser Hinsicht kein geeigneter Weg zu sein, da sie, wie Schulz es beschreibt, die Menschen stark vor den realen Erfahrungen der Arbeitswelt schützen und – so paradox es klingt – eine zu hohe Sinnhaftigkeit von Arbeit suggerieren. Schutz ist nötig – aber zu viel Schutz und zu viel bedingungslose Förderung führen nicht dazu, dass diese Menschen neue Erfahrungen machen, sondern halten sie eher in ihrer Situation fest. Was es braucht, sind konkrete Angebote, sich betätigen und arbeiten zu können und auf diese Weise am gesellschaftlichen Austausch teilzuhaben. Interessanterweise kommt die beste Hilfe bisweilen offensichtlich – das wird mehrfach deutlich – von fürsorgenden Unternehmern, die diese Menschen umsichtig in normale Arbeitsplätze integrieren.

Welches Fazit lässt sich ziehen? Blickt man zurück auf die Positionierungen der EKD in 2006, so kann man zur einen Seite hin sagen, dass am Durchbuchstabieren des Leitbildes der gerechten Teilhabe für alle in der Gesellschaft nicht nur nichts Falsches, sondern sozusagen alles richtig ist. Natürlich widerspricht es dem Leitbild einer gerechten Gesellschaft, Menschen von der Teilhabe an dem, was allen zukommt, auszuschließen. Entsprechende politische Forderungen sind nötig und müssen eingeklagt werden.

Deutlich wird aber zur anderen Seite hin auch, dass dies nicht ausreicht, um den Armen wirklich effizient zu helfen. Will man sie zur Teilhabe gewinnen und befähigen und insofern mehr Solidarität in der Gesellschaft verwirklichen, so braucht es so etwas wie eine *Kritik der Armen* – und nicht nur der Armut. Kritik der Armen bedeutet, ihnen solidarisch – im eigenen Interesse – in ihrer Lebenshaltung konstruktiv zu widersprechen und so wieder den Wunsch, ja das Verlangen nach einem besseren Leben zu wecken, bzw. ihn überhaupt aufrechtzuerhalten und entsprechende Impulse frei zu setzen. Kritik der Armen vollzieht sich als konstruktive Erinnerung an das, was die Menschen können, aber unter den Bedingungen der Armut verlernt haben. Um einen bekannten Satz zu variieren: Sie haben vergessen, dass sie wichtige Kompetenzen zur Teilhabe vergessen haben. Das macht die Situation der Armen aus. Eine solche Kritik der Armen konkretisiert etwas von der Option für die Armen unter den Bedingungen eines reichen Landes. Kritik der Armen ist das Gegenteil einer passivierenden, fürsorgenden Strategie der überkommenen Sozialhilfe. Die Hilfsangebote des Staates, der Verbände und der Kirche sollten daraufhin überprüft werden, ob sie einer solchen Haltung des begrenzten Widerspruchs gerecht werden oder denn doch nur lediglich klassische Klientelpflege und Versorgung betreiben. Die Tatsache, dass die am häufigsten anzutreffende Aktivität von Kirchengemeinden die Einrichtung von Suppenküchen ist, macht hier nicht allzu viel Hoffnung.

Die Durchführung einer solidarischen Kritik der Armen erfordert personelle und institutionelle Ressourcen. Auf der personellen Ebene braucht es „organische Intellektuelle" (Antonio Gramsci), das heißt Personen in den verschie-

densten Bereichen, die sich in den Lebenszusammenhang der Armen sozusagen „einbetten" lassen, Vertrauen erwerben und auf dieser Basis konkrete Verhaltensweisen negieren können: Erzieherinnen, Pastoren, Lehrerinnen – aber
auch Kioskbesitzer und Kleingartenvereinsvorsitzende. Diese werden dadurch
selbst natürlich nicht zu Armen – aber sie partizipieren an ihrer Lebenswelt im
Interesse einer Verbesserung. Es sind Menschen, die sozusagen vom Bauch her
Sympathie mit den Armen verspüren – den Kopf aber frei zu distanzierenden
Analyse halten. Meistens ist es in Teilhabediskursen und auch in Institutionen
wie der Kirche jedoch genau andersherum.

Auf der institutionellen Ebene hängt sehr viel von der Atmosphäre, vom
Klima einer Einrichtung ab, ob in ihr Arme nicht nur als abhängig Integrierte eine Spielwiese erhalten oder ob es wirklich zu gegenseitig bereichernden
Begegnungen kommt. Die Herstellung solcher Situationen eines Kontaktes auf
Augenhöhe zwischen den Armen und den Anderen ist die größte Herausforderung – sie wäre allerdings auch die beste Hilfe, weil sich in ihr ganz zwanglos
eine gelebte Kritik der Armen – und dann auch der anderen – vollzöge. Beste Gelegenheiten hierfür sind Formen des gemeinsamen Arbeitens, auch bestimmte Formen des Sports – und nicht zu vergessen des Essen und Trinkens,
des gemeinsamen Feierns. Körperliche Bezüge sind wichtig. Hierzu ist in der
Armutsdenkschrift des Rates der EKD vieles gesagt worden. All dies setzt
jedoch eine Überwindung des überkommen, patriarchalisch-fürsorgenden
Stellvertreter-Habitus voraus. Am Anfang steht die Beziehung zu den konkreten Menschen.

Eine letzte Bemerkung: Die mögliche Erwartung, die Lebenswelt der Armen böte ein Sprungbrett für eine neue solidarische Vision der Gesellschaft,
wie sie es dermaleinst die Situation der Arbeiter bot, wird in der Studie von
Claudia Schulz enttäuscht. Auch Spuren eines Interesses an Organisierung sind
kaum zu finden. Den seiner Situation bewussten und seine Interessen kämpfe-
risch vertretenden Armen konnte sie nicht finden. Deswegen braucht es andere,
die sich der Situation der Armen aktiv annehmen. Aber sie werden nur dann
helfen können, wenn sie sich auf deren Situation kritisch – solidarisch, und das
heißt professionell – einlassen.

4.2 GOTT HAT DICH (NICHT) LIEB.
DER GLAUBE ALS HILFE ZUM WEG AUS DER ARMUT?

GERHARD WEGNER

Über Armut und arme Menschen wird in der Kirche häufig geredet. Aber ein nüchterner Blick auf die theologische Produktion in Deutschland und die Verkündigungspraxis lässt schnell erkennen, dass die wirkliche Lebenssituation von Armen kaum artikuliert wird. Die hier vorliegende Studie macht zudem deutlich, wie schwierig es ist, Brücken zwischen eingefahrenen und klassischen Verkündigungsformen des christlichen Glaubens und der Erfahrungswelt der armen Menschen zu schlagen. Von Glauben und Religion wird nirgendwo in den Gruppendiskussionen gesprochen – es ist allerdings auch nicht extra danach gefragt worden – was aber auch nur belegt, dass diese Sphären von sich aus wenig Bedeutung haben. Gott hilft offensichtlich nicht sonderlich zur Bewältigung von Armut.

Aber selbst wenn es Interesse an religiöser Kommunikation unter den Armen geben würde: Die Wahl der angemessenen Art und Weise, von Gott zu reden, bliebe problematisch. Dies wird sofort deutlich, wenn man sich klarmacht, dass eine herkömmliche Verkündigungsart, die vor allem auf die bedingungslose Liebe Gottes zu diesen Menschen im Sinne der Rechtfertigungslehre abhebt, leicht dazu führen kann, ein Sichabfinden und Sicheinrichten in und mit der eigenen Situation noch zu verstärken. Die reine Verkündigung von Liebe müsste in den hier beschriebenen Kontexten mit ziemlicher Wahrscheinlichkeit zu weiterer Passivierung führen und trüge wenig dazu bei, dass sich die Menschen aufmachen und ihre schwierigen Bedingungen zu verändern versuchten. Wenn Liebe und Anerkennung, dann müsste es mehr sein: eine Liebe, die Rechte verleiht und ein Besinnen auf die eigene Würde herausfordert. „Wenn Gott mich wirklich liebt, dann kann es doch nicht sein, dass ich all diese Erniedrigungen hinnehmen muss!" Eine solche aktivierende Rede von Gott machte durchaus Sinn. Aber sie ist in der deutschen Theologie selten genug zu finden.

Auch eine sozialrevolutionäre Art von Verkündigung in der Traditionslinie der klassischen Theologie der Befreiung greift anscheinend im Blick auf diese Menschen wenig. Es fehlen entsprechende Anknüpfungspunkte an einen Gerechtigkeits- oder Würdediskurs. Dass Gott als ein Gott der Armen pointiert auf ihrer Seite steht, erschiene wahrscheinlich vielen von ihnen zunächst einmal als ein fremder Gedanke, manchen sicherlich sogar als absurd. Allerdings hängt dies damit zusammen, dass diese Menschen ohnehin die Welt der „großen" Symbole und Begriffe eher meiden. Das wird besonders deutlich, wenn man die Gruppendiskussionen mit den Gesprächen vergleicht, die Ernesto Cardenal seinerzeit mit den Bauern von Solentiname in Nicaragua geführt hat und die lange Zeit als ein Beispiel für eine befreiend-aktivierende Nutzung christlich-religiöser Tradition, insbesondere der Bibeltexte, verstanden worden sind. In diesen Gesprächen wird die biblische Tradition unmittelbar in den revolutionären Kampf der Bauern eingeschmolzen und entsprechend ein für sie nützliches Bild des an ihrer Seite stehenden, für Gerechtigkeit und Freiheit kämpfenden Gottes konstruiert.

Man kann sich kaum vorstellen, dass etwas Ähnliches in der Situation der Armen in Hamburg-Wilhelmsburg greifen könnte. Zu weit ist eine entsprechende Begrifflichkeit von ihrer Erfahrungswelt entfernt. Zwar kommt das „System" mit seinen negativen Konsequenzen und auch die Herrschenden vor allem in der Macht der Behörden oder bisweilen in der Macht der Männer durchaus in den Blick, aber die Perspektive eines wirklichen Kampfes dagegen zur Wahrung eigener Würde und zur Durchsetzung eigener Interessen ist – erstaunlicherweise – kaum zu erkennen. In dieser Hinsicht sind die hier vorgestellten Analysen typisch für Armutserfahrung in reichen Ländern und sicherlich auch für Armutserfahrung unter den Bedingungen eines typisch deutschen Fatalismus. Auch die in bestimmten politischen Kreisen heftig diskutierte These der Verschlechterung der Lebensbedingungen durch die Hartz IV-Gesetzgebung und einer entsprechenden Empörung darüber zeigt sich in diesen Gesprächen kaum. Die „große Welt" der politischen, sozialethischen, aber auch religiösen Diskurse erscheint für die meisten weit entfernt zu sein.

Damit kann man jedoch die Problematik eines theologischen Verständnisses der Situation der Armen noch lange nicht zu den Akten legen. Die Rede von der bedingungslosen Liebe Gottes als Grundlage der Würde im Sinne der Rechtfertigungslehre lässt sich als eine Konstitutionstheorie der Subjektivität der Menschen verstehen. Indem sich Menschen dessen bewusst werden, was sie selbst passiv empfangen haben – nämlich sich selbst –, werden sie frei davon, sich an bestimmte weltliche Verzweckungen verkaufen zu müssen, und können ihre Erfahrungs- und Handlungsfähigkeit durch die Bindung an Gott autonom entwickeln. Diese Rede von der Liebe entfaltet insofern die konstitutive Abhängigkeit, in die Menschen immer eingebunden sind, durch den Bezug auf Gott als eine positive, identitätsstiftende Symbolik, die durch die eigene Annahme in eine entscheidende Handlungsressource verwandelt werden kann. Faktisch bedeutet dies, dass es der christliche Glaube sozusagen prinzipiell möglich macht, die jeweiligen Voraussetzungen der eigenen Existenz anzunehmen und von ihnen her sein Leben produktiv und perspektivisch zu gestalten. Die Folge einer solchen Annahme der eigenen Lebensvoraussetzungen wäre das Absehenkönnen von eigener Selbstdurchsetzung und die Ermöglichung von Liebe zu den anderen Menschen.

Rekonstruiert man diesen theologischen Liebes-Diskurs auf diese Weise, dann kann sich die Vermutung einstellen – und sie ist ja auch in der Geschichte immer wieder diskutiert worden –, dass es sich bei dieser theologischen Konstruktion um die religiöse Verklärung heiler und relativ wohlhabender Sozialisationsverhältnisse handelt. Eine gelingende Konstellation in der Sozialisation, bei der das Kind die bedingungslose Liebe durch die Eltern erfährt, wird faktisch zur Chiffre für die Annahme Gottes. Und es ist auch sozialisationstheoretisch leicht nachzuvollziehen, dass auf diese Weise selbst dann, wenn der Transfer auf das Gottessymbol auf Dauer nicht gelingen sollte, die Handlungsfähigkeit des Subjektes stabil erhalten bleiben könnte und in der Folge ein entsprechendes Verhalten an andere, insbesondere an die eigenen Kinder und die eigene Familie, weitergegeben wird. Die ursprüngliche Anerkennung des Menschen durch andere stiftet Identität. Wer jedoch eine entsprechende „heile" Sozialisation nicht durchläuft, der hätte eigentlich kaum eine Chance, Gottes Zuwendung in der Annahme des eigenen Lebens zu rekonstruieren und so zu „erfahren". Diese Gestalt des Glaubens bliebe mithin „bürgerlich".

Die hier analysierten Lebenserfahrungen der Armen aktualisieren diese Problematik und nötigen zu der Frage, ob ein solches theologisches Denken auch auf deren Situation hin verallgemeinerbar ist. Lässt sich ein Denken in Kategorien der bedingungslosen Annahme und der Liebe so rekonstruieren, dass es den Armen zum Leben im vollen Sinne verhilft? Oder braucht es andere Akzentuierungen des christlichen Glaubens, damit ihre Subjektwerdung überhaupt in den Blick kommen kann? Claudia Schulz spitzt diese Frage zu, indem sie das notwendige Hilfehandeln als eine *Störung* der gewohnten Verhaltens- und Lebensperspektiven dieser Menschen konzipiert. Auch das herkömmliche Rechtfertigungsverständnis stellt eine Störung dar, aber eine Störung im Blick auf die Selbstermächtigungstendenzen des Menschen. Hier ginge es jedoch darum, eine Störung des sich Einrichtens in der Situation der Beschränktheit und Armut herbeizuführen. Beides stellt eine Überforderung dar.

Diese Frage zu stellen, heißt, nach der Universalität des christlichen Glaubens in seiner rechtfertigungstheologischen Fassung zu fragen. Diese Frage ist nicht neu, denn schon lange ist deutlich, dass gerade der Protestantismus vor der Situation der Arbeiter oder allgemeiner vor der „proletarischen Situation" weitgehend kapituliert hat. Noch heute zeigen sich die Folgen in der Entchristlichung der neuen Bundesländer. Angesichts der Armutsproblematik muss folglich neu gefragt werden: Was für ein Glaubensverständnis ist es, das eine menschliche Lage von so großer Bedeutung wie die Lage der Armen nicht erreichen kann?

Ein Blick zurück kann in dieser Situation hilfreich sein. Mit besonderer Deutlichkeit hat nämlich Paul Tillich diese Frage bereits 1931 in seinem Aufsatz „Protestantisches Prinzip und proletarische Situation" abgehandelt. Die proletarische Situation ist für ihn die Situation derjenigen, „deren Angehörige ausschließlich auf den freien Verkauf ihrer physischen Arbeitskraft angewiesen sind und deren soziales Schicksal vollkommen abhängig ist von der Konjunktur des kapitalistischen Marktes" (87). In ihr zeigt sich: „Die Bestimmungswidrigkeit der menschlichen Situation bricht als soziales Schicksal auf in der proletarischen Situation." (89). Dies verlange von den Theologen die Anerkennung der Tatsache, „dass es Lagen gibt, in denen die Bestimmungswidrigkeit des menschlichen Daseins sich primär als soziale Bestimmungswidrigkeit und soziale Schuld darstellt". (89) Es sei die faktische Reduktion auf das rein Materialistische, das die Herausforderung der proletarischen Situation für den Protestantismus ausmache; genauer: eines aufgezwungenen Materialismus.

„Es gibt einen Idealismus auf dem Boden bürgerlich gesicherter Existenz, den zu rühmen der Protestantismus ebenso wenig Anlass hat, wie er Anlass hat, den proletarischen Materialismus herabzuwürdigen." (90) Von diesem bürgerlichen Idealismus und Humanismus müsse sich protestantische Theologie freimachen, wenn sie wirklich einen Glauben formulieren will, der universell gültig ist und deswegen auch in der Lebenssituation der Armen zur Geltung kommen könnte. Entsprechend enthülle die proletarische Situation alle Ideologien, die die materielle Not überdeckten. „Die proletarische Situation zwingt den Protestantismus, seinem eigenen Prinzip das kritische Element neu zu entnehmen, den konstanten Ideologieverdacht gegen sich selbst, den Verdacht gegen

den selbst gemachten Gott." (93) Eine sinnvolle Verkündigung für das Proletariat zu entwickeln, sei unmöglich, solange der theologische Liberalismus
an das humanistisches Persönlichkeitsideal gebunden bleibe. Denn mit diesem
Ideal sei die Ausschließung der Massen, ja erst eigentlich die Entstehung der
Masse als Masse, gegeben.

Tillich weiter: Das Ideal der religiösen Persönlichkeit ist für das Denken des Proletariats völlig unannehmbar. Die Religion bleibe so auf die Be-
wusstseinssphäre beschränkt. Die unbewussten Schichten bleiben unberührt,
leer oder unterdrückt, während die bewussten Schichten durch beständiges,
letztliches Sich-Entscheiden-müssen überbelastet werden. (101) All dies führt
zu einer völligen Unzulänglichkeit der protestantischen Verkündigung für das
Proletariat. „Eine Wandlung ist hier nur möglich, wenn der Protestantismus
unter Besinnung auf sein Prinzip sich befreit von der Bindung an eine als un-
bedingt fixierte Form, wenn er erkennt, dass die Wahrheit alle menschlichen
Festlegungen transzendiert . . . ." (100) Und Tillich schließt geradezu prophe-
tisch: „Die proletarische Situation ist nicht eine beliebige Wirklichkeit, auf die
auch Rücksicht genommen werden muss, sondern sie ist der Ort, von dem aus
die Geschichte selbst den Protestantismus vor die Frage gestellt hat, ob er sein
Prinzip mit bestimmten Formen seiner Verwirklichung gleichsetzen oder ob er
mit seinem Prinzip sich unter die Forderungen stellen will, die von der proletarischen Situation an ihn ergeht und die einen großen, ja den größten Teil seiner
gegenwärtigen Verwirklichung in Frage stellt." (104)

Nun ist die Situation, in die Tillich 1931 hineingesprochen hat, eine völlig andere als die heutige, da sich damals das Proletariat in geschichtsmäch-
tigen Formen und Ideologien organisiert hatte und so zu einer Bedrohung der
humanistisch-protestantischen Welt wurde. Auf diese Weise gewann die proletarische Situation an Selbstbewusstsein und an Interessenmacht. Ähnliches
lässt sich für die Situation der Armen in Deutschland, wie sie hier analysiert
wird, nicht behaupten. Dadurch wird jedoch die Anfrage an die Wirkungs-
kraft der christlichen Verkündigung nicht weniger dringend, sondern nur noch
viel deutlicher. Sollte es tatsächlich so sein, dass auch und vielleicht gerade
heute die christliche Verkündigung Persönlichkeitsideale und Deutungsmuster der Wirklichkeit sowie Wertorientierungen mittransportiert, die faktisch für
die Armen nicht nur nicht nützlich sind, sondern ihrer Lebenssituation sogar
entgegenstehen? Und sollte dies mit dem Kern der Rechtfertigungslehre zu tun
haben?

Was wäre die Alternative? Die hier interviewten Armen lehnen interessanterweise eine Beschäftigung mit Wundern ab, weil es sie zu sehr mit ihrer eigenen unerfüllten Lebenswirklichkeit konfrontiert. Dennoch könnten es aber gerade die Wundergeschichten aus der Bibel sein, die in einer herausragenden Weise das produktive, kreative „Störungspotential" des Glaubens deutlich machen. So drängt sich eine spezifische Wundergeschichte aus der Bibel zur Deutung der Situation geradezu auf: die Heilung der Kranken am Teich Bethesda (Joh. 5,1-9 ff.). Die Situation könnte geradezu als exemplarisch durchscheinend im Blick auf die, mit denen es das Forschungsprojekt zu tun hat, verstanden werden: Jesus kommt auf seinem Weg nach Jerusalem „bei dem Schaftor" an einen Teich, der auf hebräisch Bethesda heißt und an dem fünf Hallen gebaut sind, in denen viele Kranke, Blinde, Lahme und Ausgezehrte liegen, die darauf warten, wann sich das Wasser bewegt. „Denn ein Engel des Herrn fuhr herab von Zeit zu Zeit in den Teich und bewegte das Wasser. Wer nun zuerst, nachdem das Wasser bewegt war, hinein stieg, der ward gesund, mit welcherlei Leiden er behaftet war. Es war aber daselbst ein Mensch, der lag schon achtunddreißig Jahre krank. Da Jesus den sah liegen und vernahm, dass er schon lange gelegen hatte, spricht er zu ihm: „Willst du gesund werden?" Der Kranke antwortete ihm: „Herr, ich habe keinen Menschen, wenn das Wasser sich bewegt, der mich in den Teich bringe; wenn ich aber komme, so steigt ein anderer vor mir hinein." Jesus spricht zu ihm: „Stehe auf, nimm dein Bett und gehe hin!" Und alsbald ward der Mensch gesund und nahm sein Bett und ging hin."

Da liegen die Kranken und warten auf etwas, das von außerhalb kommen soll. Man könnte es so deuten: eine Szenerie des Sich-Abfindens, ja vielleicht sogar des Selbstmitleids. Und einer gar kann im Fall des Falles gar nicht schnell genug sein, so dass er sein Leben lang dort liegen bleiben wird. Warum also aufstehen? Du hast statistisch gesehen keine Chance! Man hat sich mit der Situation der Krankheit und der körperlichen Geschlagenheit abgefunden, eine Versammlung der Benachteiligten, die sich eingerichtet hat, in der Bestätigung der eigenen Unzulänglichkeiten. Man kann ja nichts tun, da einem niemand hilft. Aber dann geschieht es: Es kommt die große Störung in Gestalt von Jesus, der seine Liebe zu diesem Menschen in einem Befehl, in einer deutlichen Aktivierung zum Ausdruck bringt. Ich trage dich nicht zum Teich – denn du kannst es selbst! Und siehe da, der Mensch wurde gesund.

Die Geschichte geht dann noch weiter: Sie wird dadurch spannend, dass dies alles am Sabbat geschah. Entsprechend sagen die Juden dann zu dem, der gesund geworden war: „Es ist heute Sabbat. Du darfst nicht das Bett tragen." Oder: Wie kann der Lahme einfach so gesund werden und umherlaufen? Das ist nicht so vorgesehen, das läuft in unseren Hilfesystemen ganz anders. Und der Gesundgewordene verteidigt sich dadurch, dass Jesus ihm den Befehl dazu gegeben hat. Die Störung kommt von außen, und sie ist eine Aufforderung zur Selbstverantwortung und Selbstwirksamkeit, selbst etwas zu tun. Es ist diese Aufforderung, die heil macht: Aufzustehen und zu gehen. Dies zu tun – und so der Aktivierung Jesu zu folgen – ist gelebter Glaube.

Was Jesus hier tut, lässt sich auch als praktisches Rechtfertigungshandeln deuten. Denn entscheidend ist, dass er dem Betreffenden etwas zutraut und damit unterstellt, dass dieser über eigene Kräfte und ein – wenn auch verschüttetes – Bewusstsein seiner Möglichkeiten, letztlich seiner Würde, verfügt. Er muss dies lediglich wieder in Kraft setzen – sich darauf verlassen und es entschieden nutzen. Dann kann sich volles, heiles Leben wieder einstellen. Jesus bevollmächtigt den Kranken mithin, sein Leben in die eigene Hand zu nehmen – genau dies ist die Störung, die gesund macht. Mache dich auf den Weg und ich werde bei dir sein! Oder auch: Gehe hin und tue desgleichen! Es ist Liebe, die hier wirksam wird, aber eine transformierende, produktive, den anderen herausfordernde und ihn auf seine Fehler hin ansprechende Liebe. Sie identifiziert sich mit dem Anderen – aber sie behält auch eine gewisse Distanz. Nur so kann sie hilfreich wirken. Es ist Rechtfertigung in der Form ethischen Handelns – keine bloße Zusage, sondern ein Ruf, herauszutreten aus falschen Bindungen. Solcher Glaube kann ein Beitrag sein zur Stärkung von Resilienz – von dauerhafter Widerstandsfähigkeit gegen Beeinträchtigungen des Lebens.

Die Deutung der biblischen Geschichte lässt sich noch ausweiten. Man kann die ganze Szenerie am Teich Bethesda als transparent auf die sozialpolitischen Mechanismen unserer Gesellschaft lesen. Sie hat tatsächlich Arbeitslose und Arme in den letzten zwanzig Jahren damit abgefunden, zwar überleben, aber nicht wirklich wieder aktiv werden zu dürfen, und sie mit dem Warten auf das Wunder einer Vollbeschäftigung, die irgendwann wieder kommen sollte, abgespeist. Und wer dann noch schlecht oder gar nicht qualifiziert – also im übertragenen Sinne lahm – war, der hatte auch in Phasen der wirtschaftlichen Erholung keine Chance. So wurden die Hallen am Teich – die Regionen der Armut in Deutschland – immer größer. Es braucht folglich Anstöße von außen, um diese Situation zu ändern. Die Armen werden es von sich aus nicht schaffen.

Lässt sich vorstellen, dass ein entsprechend aktivierender theologischer Diskurs in Deutschland entfaltet wird? Oder unterliegt jeder Versuch in dieser Richtung dem alles totschlagenden Verdacht auf die Übernahme neoliberaler Paradigmen, die den einzelnen für Verhältnisse verantwortlich erklären, für die er gar nichts kann? Die Aktivierungsrede Jesu unterscheidet sich hiervon pointiert dadurch, dass sie den Armen nicht bei seiner Situation behaftet, sondern ihn aus ihr herausruft. Eine Schuldzuschreibung, wenn man überhaupt in diese Richtung denken will, erfolgt nicht für das, was in der Vergangenheit liegt – sie könnte aber durchaus dafür erfolgen, was jetzt versäumt wird. Um es in der Logik klassischer Arbeiterkultur zu formulieren: Es ist nicht schlimm, hin zu fallen – aber es ist schlimm, nicht wieder hoch zu kommen. Letzteres beeinträchtigt die Würde des Menschen, wie es seine Selbstachtung beschädigt. Es gibt mithin auch unter schwierigen Bedingungen zurechenbare Verantwortung. Auf sie hin müssen Menschen auch ansprechbar bleiben (wollen).

Soweit man es sehen kann, sind wir in Deutschland von entsprechenden theologischen Anstrengungen weit entfernt. Dort, wo sich überhaupt noch ein politisch bewusster theologischer Diskurs entfaltet, zielt er im Blick auf Armut bestenfalls auf Mitleid und Barmherzigkeit und erklärt damit die Betreffenden zu Opfern der Situation. Das Paradoxe ist, dass diese Sichtweise dem Selbstverständnis der Betroffenen durchaus entsprechen kann – ihnen aber nicht wirklich hilft. Ein solcher Diskurs stabilisiert eine Solidarität in der Armut – statt Wege aus ihr heraus aufzuzeigen.

4.3 ES KLINGT SO NEU UND IST DOCH SO ALT. ÜBERRASCHENDE ERGEBNISSE UND DEUTUNGEN DER STUDIE, IN EINER ART HOMILIE KOMMENTIERT

HANS-JÜRGEN BENEDICT

Eine Untersuchung wie die vorliegende, die sich die Erforschung der Innenansichten von Armut zum Ziel gesetzt hat, ist sehr zu begrüßen. Das sage ich als jemand, der in den letzten Jahren häufiger über die kirchlich-diakonischen Reaktionen auf die zunehmende Armut veröffentlicht hat. Ich habe über die

Armen und ihre Situation in wohlgesetzten Worten geschrieben, ohne dass ich ausführliche Gespräche mit ihnen geführt hätte. Ich griff zurück auf meine persönlichen Beobachtungen in den Hamburger Stadtteilen Horn und Billstedt, auf Kenntnisse aus den Praktikumsstellen meiner Studierenden und aus Besuchen in diakonischen Beschäftigungsprojekten und Kirchenküchen, auf die ehrenamtliche Tätigkeit in einem Umsonstladen in Billstedt (Kostnix) sowie auf einschlägige Literaturkenntnisse. Das aber ist zu wenig, und deswegen ist die Befragung der Studie so eminent wichtig und hilfreich für jeden, der über heutige Armut und was sie mit den Menschen macht, nachdenkt und schreibt. Worin genau sind die Menschen abgehängt? Wo und wie fühlen sie sich ausgegrenzt? Was hindert sie an gesellschaftlicher Beteiligung? Eben genau dies, was die üblichen schnellen journalistischen Recherchen – klassische Beispiele dafür sind „Das wahre Elend" von Walter Wüllenweber im *stern* (2004) oder Paul Noltes „Das große Fressen" in der ZEIT (2003) – nicht leisten können, hat die Studie in den Gruppengesprächen und ihrer Interpretation erarbeitet.

„Teilhabe von unten". Eines vorweg: Ich habe meine Schwierigkeiten mit den Begriffen „Teilhabe" und „Teilhabegerechtigkeit", die für die Denkschrift und in ihrem Gefolge für die Studie zentral sind. In diesem Zusammenhang ist das vor allem von Traugott Jähnichen vertretene Gerechtigkeitskonzept, das in die Abschnitte 59-74 der Denkschrift Eingang gefunden hat, genauer zu betrachten. Die Denkschrift geht davon aus, dass Teilhabe-, Befähigungs- und Verteilungsgerechtigkeit das Fundament eines theologisch-sozialethisch begründeten Verständnisses von Gerechtigkeit sind. Auf diesem Fundament fordert evangelische Ethik, so heißt es weiter, für alle Menschen den Zugang zu den Grundgütern der Gesellschaft, eine grundlegende soziale Sicherung und eine Qualifikation aller für die Sphäre des gesellschaftlichen Austauschs. Diese Sphäre des gesellschaftlichen Austauschs ist in gerechtigkeitstheoretischer Perspektive wesentlich von der Tauschgerechtigkeit bestimmt. „In dieser Sphäre werden auch bei strikter Gleichbehandlung aufgrund eines unterschiedlichen Leistungsvermögens sowie zufälliger Umstände gesellschaftliche Ungleichheiten hervorgerufen. Diese Ungleichheiten sind dann zu akzeptieren, wenn auch diejenigen, die am schlechtesten gestellt sind, davon Vorteile haben, indem ihre Teilhabe an den wirtschaftlichen und sozialen Prozessen wächst." (44)

Ich halte den Begriff Tauschgerechtigkeit für einen Euphemismus. Er mag in einfachen Gesellschaften stimmen. Auch ohne Marxist zu sein, weiß man, dass die Güter seit Einführung des Feudalismus ungleich verteilt sind und vererbt werden. In der Deuteronomischen Reform (630 v. Chr.) wurde deswegen diese im Lauf der Zeit sich verschärfende Ungleichverteilung durch strukturelle Maßnahmen angegangen (Schuldenerlass etc). Das ist immer noch eine gute Richtschnur, auch wenn sie heute ungleich schwieriger umzusetzen ist. Trotzdem muss sich eine diakonische Sozialethik für strukturellen Ausgleich einsetzen. Gerechte Teilhabe muss staatlich gestaltet, notfalls erzwungen werden. Das tut das Sozialrecht. Denn das von der Denkschrift zitierte Rawlsche Gerechtigkeitstheorem funktioniert in der Nachkriegsgesellschaft nur bis Ende der 80er Jahre. Dann führte die Massenarbeitslosigkeit für immer mehr Menschen zum Ausschluss von der Teilhabe am Arbeitsmarkt und infolgedessen auch vom sozialen und kulturellen Geschehen. Die Verpflichtung zum sozialen Ausgleich (Sozialstaatsgebot) wurde zunehmend ebenso dereguliert wie die Arbeitnehmerrechte (Kündigungsschutz im Krankheitsfall, Tarif- und Mindestlöhne u.a.).

Die Denkschrift spricht nur noch von einem „Impuls zum sozialen Ausgleich" (44). Sie weist auf die Gefahr eines Wohlfahrtspaternalismus hin, wenn durch bloße Finanztransfers nicht zu eigenverantwortlichem Handeln ermächtigt wird. Die Denkschrift fordert deswegen eine enge Verzahnung von Sozial-, Bildungs- und Arbeitsmarktpolitik (14). Der gegenwärtig populären Tendenz (siehe Nolte und Wüllenweber: Armut macht dick und verblödet), mangelnde Bildung für die kulturelle Exklusion der Unterschicht verantwortlich zu machen, entgeht sie Gott sei Dank (wenn auch nur knapp). Der Niedriglohnsektor soll so klein wie möglich gehalten (was heißt das angesichts seiner grassierenden Expansion?), Beschäftigungsförderung für gering bezahlte Arbeitsplätze angestrebt werden. Immerhin plädiert sie wie die Diakonie für öffentlich geförderte und wo nötig auch auf öffentlich bereitgestellte Arbeitsplätze (13).

Gerade die Problematisierung der sozialen Ungleichheit als Ursache von Armut scheint mir bedenklich. Insofern begrüße ich es, dass die Studie dann doch immer wieder zeigt, dass Teilhabe entscheidend von der materiellen Ausstattung abhängt, seien es die der Transferleistungen, die Ein-Euro-Jobs oder die Entlohnungen für Menschen in prekären Arbeitverhältnissen. Das ist dann vielleicht überraschend zu nennen, weil die Studie ja angetreten ist, die These der Denkschrift durch qualitative Sozialforschung in Gestalt von Gruppeninterviews zu untermauern. Ich gehe kommentierend die einzelnen Kapitel durch, sozusagen assoziativ-kritisch.

„Ich seh keine Armen." (2.1) Die innere Distanz der jungen, familiär gut eingebundenen Männer zur Armut wird von der Studie als „leichtfertig" gewertet. Trotz ihrer Fähigkeiten und familiären Netzwerke können sie schnell ausgegrenzt werden, weil sie nicht über ausreichend Bildung verfügen, um sich in schwierigeren Situationen auf dem Arbeitsmarkt zu behaupten. Es ist berechtigt, auf diese Gefahr hinzuweisen. Dennoch ist diese Form von Resilienz auch ein ermutigendes Zeichen. Gerade eine den Ressourcen der Familie verpflichtete diakonische Beratungs- und Unterstützungsarbeit kann hier ansetzen.

Arbeit wird als Sozialform gesehen, die geregeltes Leben schafft, die bei Aktivjobs zur Persönlichkeitsstärkung führt, zu einem psychosozialen Lebensgewinn. Auch diese Erkenntnis ist ein wichtiger Anknüpfungspunkt. Denn genau das ist die Erfahrung, die in dem 1988 von meiner damaligen Gemeinde (M. L. King in Hamburg-Steilshoop) gegründeten Textilwerkstatt seit fast 20 Jahren gemacht wird. Das Projekt hat trotz verschiedener Einschnitte (Abschaffung des Modells „Tariflohn statt Sozialhilfe", Kürzung der Projektdauer für die Teilnehmerinnen) sich bewährt. Es will Frauen mit gekrümmten Rücken helfen sich aufzurichten – diese neutestamentliche Heilungserfahrung kann in Beschäftigungsprojekten unter den Bedingungen der modernen Arbeitswelt gemacht werden.

Nur begrenzt nachvollziehbar ist für mich die Vermutung der Studie (2.2), dass Maßnahmen zur Integration in das Arbeitsleben in sich das Risiko tragen, „das Streben nach einem Beschäftigungsverhältnis auf dem ersten Arbeitsmarkt zu dämpfen." Gerade die Abschaffung des „Tariflohn-statt-Sozialhilfe-Modells", das mit dem Zugleich von Sinnhaftigkeit durch soziale Kontakte und materieller Anerkennung auf den ersten Arbeitsmarkt vorbereitete, war ja erfolgreich. In dem erwähnten Steilshooper Projekt wurden über die Hälfte der Frauen in Stellen auf dem ersten Arbeitsmarkt vermittelt.

Auf den ersten Blick überraschend scheint es, dass in den Gesprächen die Sinnhaftigkeit der Arbeit vom Einkommenserwerb abgekoppelt wird. Stefano sagt: Wenn Arbeit keinen Spaß macht, bedroht sie sinnhaftes Leben. Lieber Musik machen und sich mit Gelegenheitsarbeiten über Wasser halten. Aber hier kehrt unter modernen Bedingungen die antike Unterscheidung zwischen Arbeiten, Herstellen und Handeln wieder (Arendt 1960).

Die Studie attestiert den Männern, die ALG II beziehen und als Ein-Euro-Jobber hoch identifiziert in einer sozialen Einrichtung arbeiten, sie tun etwas für die Ärmeren, „eine unangenehme Mittelposition". Ihr Gefühl, von der Einrichtung wie Dreck behandelt zu werden (keine Lohnfortzahlung im Krankheitsfall), und ihre hohe Aggressivität gegen Staat, Politik und Einrichtungsleiter ist für mich nicht überraschend – der Ausschluss von Teilhabe an den Standards sozialer Sicherheit (Sozialversicherungspflicht etc.) ist genau jene soziale Ungleichheit, die sich zunächst materiell zeigt (weniger Lohn) und dann psychisch, als Ventil, in der Aggressivität dokumentiert.

Erstaunlich finde ich, dass scheinbar überholte Maximen in der Studie wiederkehren. Die Frauen sagen, sie würden vor allem auch deswegen (unter Lohn) arbeiten, um den Kindern ein Vorbild abzugeben. Arbeit als Erziehungsinstrument, aber nicht in dem repressiv-kontrollierenden Sinn, die die tough policy des Forderns und Förderns aufstellt. Eine Regel Wichernscher Erziehungsarbeit war die Erziehung durch Arbeit, die in dem Satz „Die liebe Arbeit erzieht uns alle" zusammengefasst ist. [1] Gerade bei Frauen ist diese Einstellung vorhanden.

Working poor – die Studie fordert aufgrund der Gespräche: Arbeit muss ein Einkommen garantieren, das deutlich über den Regelsätzen staatlicher Transferleistungen liegt. Damit können Kirche und Diakonie in ihren anwaltlichen Interventionen gegenüber Politik und Wirtschaft gut argumentieren.

Die Rolle der Bildung (2.3) – eine Gruppe ärmerer Frauen erhofft für sich von Bildungsanstrengungen nichts mehr, aber für ihre Kinder. Korrespondierend dazu interessiert Bildung solche jungen Frauen, die von Armut nicht betroffen sind. Dazu die Studie: Es geht darum, „eine Perspektive zu stabilisieren, in der Bildung trotz vieler Widrigkeiten ihren Wert behält." (48) Das klingt ein wenig wie das sich Mutmachen im Dunkeln. Oder wie ein Credo quia absurdum. Pablo berichtet ja gerade von der Entwertung der Bildungsabschlüsse bei seinen Kindern. Die elterliche Aufopferung, die Anstrengungen der Kinder zahlen sich nicht aus. Ein zentrales Kapitel von Bourdieus Studie „Das Elend der Welt" beschäftigt sich mit der Dequalifikation der Bildungsabschlüsse. Trotz hoher Schulabschlüsse wissen die älteren Jugendlichen der Banlieus genau, dass sie nicht die ihren Qualifikationen entsprechenden Jobs bekommen. So klar sagt die Studie das nicht, sie umkreist mit dem Glaubensbegriff diesen Widerspruch – spricht von neuen Glaubenssätzen, die den Wert der Bildung aushöhlen (50). Ich würde dagegenhalten: Aber das sind doch

---

[1]   Dieser Satz wird Wichern zugeschrieben, aber er stammt von dem Vorsteher Donndorf aus dem Jahr 1952; vgl. Bergknecht (1995), 46.

keine Glaubenssätze sondern reale Erfahrungen, die die Befragten mitteilen. Allenfalls könnte man sagen: Sie glauben nicht mehr an das Evangelium der Bildung, das momentan überall gepredigt wird. Das ist der common sense der armen Leute, der schon in „Des Knaben Wunderhorn" vor 200 Jahren die Versicherung „An Gottes Segen ist alles gelegen" kommentierte – „wer's glauben tut, wer's glauben tut!"

Wem gehört die Stadt? (2.4) Leben ohne öffentlichen Raum oder Kultur berührt das Menschsein, so eine Gruppe von armen älteren Frauen. Rückzug in die Privatheit isoliert gerade auch bei Armen. Sie erleben eine „gefühlte Aufenthaltsberechtigung" dort, wo sie selbst ehrenamtlich tätig sind, zum Beispiel in der Vorbereitung eines offenen Frühstücks. Hier ist sie wieder – die Erfahrung sozialer Sinnhaftigkeit durch das Tun für andere. Subjektivität stellt sich her im Engagement, sie tun sich selbst ein gutes Werk, wie die Studie schön formuliert. Das ist natürlich ein alter Sinn, der in der Inneren Mission in Wicherns „Die Liebe gehört mir wie der Glaube" eine Handlungsform fand (vgl. Albert 1997), der aber vor allem auch in der Arbeiter- und Gewerkschaftsbewegung üblich war, ohne den christlichen Umweg des „um Christi willen", der ja Anteile masochistischer Selbstverleugnung hat, dann wieder in den Bürgerinitiativen der 70er Jahre. Ich würde es eine „Werkbarmherzigkeit" nennen – im sozialen Engagement erweist man anderen und sich selbst eine gut tuende Barmherzigkeit. Diese findet heute eine zum Teil nach Schichten differenzierte, zum Teil aber auch Schichten übergreifende zivilgesellschaftliche Umsetzung – etwa in den Tafeln und Kirchenküchen. Armutsprojekte in Kirchengemeinden in Zusammenarbeit mit der kreiskirchlichen Diakonie sind dafür ein gutes Lernfeld (vgl. Grosse 2007). Die Befragungsergebnisse machen Mut, weiter nach solchen Umsetzungen zu suchen.

Überraschend die kreative Phantasie bei der Wunderfrage in der Gruppe junger Frauen. Menschen im Stadtteil einzubinden mit sinnvollem Tun, dass sie nicht mehr streunen müssen – hier wird das Streunern oder auf dumme Gedanken Kommen nicht wie in der symbolischen Ordnungspolitik des Staats als Aufforderung zur Repression oder Umerziehung gesehen, sondern als Einladung zur Teilhabe.

Armut am eigenen Leib (2.5). Dies ist ein berührendes Kapitel, weil es die finanzielle Einschränkung bei der Anschaffung von Hilfsmitteln (Brille, aber auch Parfum) besonders deutlich macht – vielleicht auch, weil es schichtübergreifend das Thema „Alter und Körper" berührt, ich bin 66. Die eingeschränkte Mobilität als Folge mangelnden Geldes. Sozial- bzw. günstigeres Seniorenticket wären Anlässe diakonischer Option für die Armen. Der metaphorische Kleiderbügel, den sich Gertrud hinter die Schulterblätter steckt – wo und wie können Kirche und Diakonie ihn anbringen? Noch einmal zeigt sich, wie wichtig kirchliche Altenarbeit ist, selbst da, wo sie ganz traditionell verläuft – Bustransport, Altennachmittag mit Kaffeetrinken, Kurs über „Sich gesund und günstig ernähren im Alter", Kaffee nach der Kirche, Jahresausflug u. a. Die Passage über die Tafel als Gelegenheit zur gesundheitsschädigenden Selbstversorgung ist alarmierend. „Dann guckst du den König der Löwen und gehst früher in die Kiste."

Selbstwert- und Schuldgefühle (2.6) – hochinteressant, weil wir damit auch an den Kern evangelischer Sozialethik kommen, an das Thema „Wert und Würde", das besonders von Ihmig (1995) leider unbeachtet von der Schulwissenschaft behandelt wurde. Die unterschiedlichen Strategien zur Bewältigung der öffentlich infam und geschickt im Interesse der Arbeitgeber und der deutschen Weltmarktposition geführten Diskussion.

Die fünf Positionen, die die Studie erkennt (reflexiv-distanziert, pragmatisch-projektorientiert, individuell-distanziert, rational-optimistisch, kämpferisch-resignativ) sind gut beobachtet und werden geteilt in Positionen innerer Distanzierung, die keine stärkere Teilhabe ausgegrenzter Menschen erlaubt, und eine, die sich diese Option offen hält durch die Erwartung einer Verbesserung der eigenen Lage (Pablo). Also sich abfinden oder kämpfen. Anschlussfähig für den Armutsdiskurs, genauer müsste es heißen: für Armutsbewegungen, die es aber nicht gibt, weil sich eben die meisten damit abfinden und ums kleine Überleben mühen. So erscheint die Situation als Verhängnis, als Unrechtszusammenhang, in den man geworfen ist, als „grundsätzliche Verlorenheit". Anerkennung auf der Basis von Würde (siehe BSHG § 1) und nicht von Wert wäre eine Lösung.

Die Studie macht sich Sorgen, ob solche ausgegrenzten Menschen noch zur gesellschaftlichen Teilhabe zu gewinnen sind. Ihre Wirklichkeitsbewältigung mache sie unfähig zur Gestaltung mit Einblick in die Hintergründe ihrer Situation. Abgesehen von der Frage, ob Teilhabe nicht Gabe und Recht zu sein hat und nicht bloß Aufgabe und Pflicht – darf man das den Subjekten anlasten (unfähig zur Teilhabe), was ihnen doch durch die so belastend gewordene Realität eines prekären Arbeitsmarktes doch auch angetan wurde und wird?

Wenn ein Wunder geschieht – Träume und Lebensziele (2.7). Überraschend ist die Ablehnung der Wunderidee bei den erwerbstätigen Frauen. Sie führt zu gegenteiligen Assoziationen (kaputte Waschmaschine) oder provoziert ein tieferes Nachdenken (illusionärer Konsum). Vor allem aber passt die Frage nicht zu ihrem üblichen Umgang mit der Realität. Das ist aufschlussreich, denn in der Kultursoziologie herrscht ja immer noch die Vorstellung, Frauen würden durch illusionäre Filme über die elende Welt hinweggetröstet (von Siegfried Kracauers „Die kleinen Ladenmädchen gehen ins Kino" über Adorno bis zu Woody Allens „Purple Rose of Cairo"). Die Migrantinnen wünschen sich vor allem die Schulden weg, ohne damit eine Vorstellung vom besseren Leben zu verbinden. Für sie ist das von Gerhard Schulze (1992 und 2006) diagnostizierte Projekt des schönen Lebens noch nicht einmal am Horizont zu sehen, so sehr sind sie dem Überlebenskampf verhaftet. Interessant andererseits die Antwort der Männer mit Ein-Euro-Jobs auf die Wunderfrage, die sich in gewisser Weise sofort auf das altruistische Gleis begibt. Sie übernehmen die Rolle des Wundertäters für die, denen es schlechter geht als ihnen (Charterflug mit Lebensmitteln nach Afrika). Mag darin auch ein Stück Versorger-Heroismus stecken – was die Studie noch vorsichtig anfragt (Einbindung Ausgegrenzter in Hilfeleistung für andere) ist m. E. sicher eine Stärkung von Teilhabe, man denke an den Kreislauf der Gaben in 2. Kor 8 / 9.

Wunderbar finde ich die Interpretation des Gesprächgangs der älteren Frauen – wie hier eine ansteckende, heitere Phantasie sich entwickelt, die Freiheit der eigenen kulturellen Bedürfnisbefriedigung, die auch die zurückhaltende Frau dazu ermuntert, ihren größten Wunsch zu äußern – den König der Löwen zu sehen. So dankten viele Arbeiter-Familien dem französischen Präsidenten der Volksfront Leon Blum 1934 dafür, dass sie zum ersten mal das Meer sehen konnten. Hochinteressant ist der Gedanke der Rotation, der bei Pablo bei der Wunderfrage auftaucht – die Politiker in einen Job, wie er ihn hat, zu schicken. Nicht Rache, sondern eine Art Gerechtigkeit sei das, die es aber nicht gebe. Deswegen wünsche er nur Gesundheit und – eine bessere Welt. Eschatologische Umkehrung der Verhältnisse – eine zentrale jüdisch-christliche Hoffnung – überlebt und wird doch abgewehrt. Religion heißt, noch Sehnsucht und Wünsche zu haben. „Beten ist Wünschen, nur feuriger." (Jean Paul) Dies Wünschen scheint ausgetrieben, wird durch die Wunderfrage auch nicht recht erweckt und dort, wo es zugelassen wird, doch schnell zurückgenommen. Ein Grimmsches Märchen beginnt „Zu der Zeit, als das Wünschen noch geholfen hat...„ Die Befragung übernimmt die Rolle der Wunschfee. Es blitzt eine Ahnung vom besseren Leben auf, die doch schnell ernüchtert wird, wie in dem Märchen von den drei Wünschen, die zu nichts führen als zur Wiederherstellung des alten Zustands. Aber es bleibt doch etwas hängen.

Rückblick: Was ist Ausgrenzung, was ist Teilhabe? (2.8) Durch dieses Kapitel, das hinsichtlich der Schwierigkeit, Ausgrenzung zu überwinden, ehrlich illusionslos argumentiert, werde ich selbst noch einmal als Kommentator der Untersuchung radikal in Frage gestellt. Ich merke, ich habe zu schnell Schuldzuweisungen bei der Hand, ich entschuldige fast automatisch die Ausgegrenzten. Das ist das Überraschende der Studie, dass sie die Schwierigkeiten, auf Seiten der Ausgegrenzten selbst tätig zu werden und nicht zu resignieren, deutlich benennt. Sie tut es mit der Hilfskonstruktion der Glaubenssätze, vielleicht wäre der Begriff „vorgefasste Meinungssätze" besser, weil für Theologen Glauben doch eine etwas andere Bedeutung hat. Aber die doppelte Bedeutung dieser vorgefassten Meinungen, Erschwerung von Veränderung einerseits, Zusammengehörigkeitsgefühl der Deutungsgemeinschaft andererseits, ist wohl richtig. Genauso richtig ist aber auch der primär finanzielle Aspekt der Ausgrenzung. Und hier wären sozialversicherungspflichtige Arbeitsplätze auf einem zweiten Arbeitsmarkt doch ein Weg, aus der finanziell verursachten Ausgrenzung dauerhaft herauszukommen. So bleibt eine Schuldzuweisung an Staat und Gesellschaft, die das nicht mehr wollen, weil sie sich eher diese Überflüssigen leisten wollen, als warnendes Beispiel für die, die jetzt noch in festen Arbeitsstellen sind. Das müsste dann doch deutlich gesagt werden. Im übrigen ist es mit der gesellschaftlichen Teilhabe der besser Gestellten als subjektive Anstrengung auch nicht viel besser – denn ins Theater, Kino, Cafe etc. gehen, was sie reichlich tun, erfüllt ja nicht inhaltlich den Begriff der Teilhabe im Sinne des zivilgesellschaftlichen Engagements.

„Lasst uns reden, wer redet ist nicht tot." (G. Benn) Gilt nicht für Ausgegrenzte, denn reden über Armut hat einen stigmatisierenden Effekt. Auch die Kirchengemeinden bilden da keine Ausnahme, deswegen kommen die Armen nicht in die Gottesdienste und Kreise. Das wissen wir und bekommen es durch die Studie noch einmal bestätigt.

Im übrigen: Mehr Geld ist ein Schlüssel zur Teilhabe. „Wir arme Leut. Geld, Geld! Wer kein Geld hat. (...) Unsereins ist doch einmal unselig in der und der andern Welt. Ich glaub, wenn wir in den Himmel kämen, so müssten wir donnern helfen" (Büchner, Woyzeck).

Wenn ich zum Schluss an die positiven Selbstdeutungen der eigenen ehrenamtlichen Tätigkeiten einiger Befragter denke, bin ich froh – und es macht mich zugleich traurig zu sehen, wie viel gutes menschliches Potential durch diesen den Armen aufgezwungenen täglichen Kampf ums Überleben gebunden wird. Diakonie als Institution, die stark mit anderen sein sollte, kann an diese Potentiale anknüpfen. Indem sie Teilhabe als gutes Recht aller Bürger verteidigt, klagt sie Zustände an, die die Fähigkeit zur Teilhabe einschränken. Das ist eine ihrer Aufgaben, zu der die Ergebnisse dieser Studie sie ermuntern sollten.

4.4 (Identitäts-) Bildung und gesellschaftliche Teilhabe – oder: Von der wunderbaren Vielfalt der Apfelsorten

Jürgen Dege-Rüger

Mehr als 1.500 Apfelsorten gibt es allein in Deutschland. Auf dem Markt, nach Euro-Normierungen, sind z.Zt. lediglich 60 Sorten von wirtschaftlicher Bedeutung. Unter den Anbauern gibt es eine Bewegung zum Erhalt der Vielfalt der Apfelsorten: Sie sollen nicht nur unterschiedlich im Geschmack und in der Farbe sein, sondern auch in der Größe, sogar der Form und nicht nur gleichförmig und blitzeblank. Es ist schon von Bedeutung, welche Vielfalt tatsächlich vorhanden ist, was quasi „salonfähig" und eben gepflegt ist in einer Gesellschaft. Wer teilhaben kann und wer ausgegrenzt wird. Je mehr Vielfalt eine Gesellschaft prägt, desto weniger Ausgrenzung findet statt.

Die vorliegende Untersuchung stellt eindrücklich dar, welche Anstrengungen Ausgegrenzte unternehmen (müssen), um dazu zu gehören und teilnehmen zu können, aber auch, wie sehr sie sich damit „einrichten", arm und ausgegrenzt zu sein, wie sie sich Sicherheit verschaffen: „Man kann das Quartier quasi nicht verlassen, man ist so geborgen wie eingesperrt". So ganz überzeugt sind die Befragten nicht, dass Bildung ihnen bei der Veränderung ihrer Situation wirklich helfen kann: „Sie (die Kinder) sollen viel lernen und es einmal besser haben." Pablo berichtet von seinem Sohn, der einen Schulabschluss hat – und doch: Der Erfolg bleibt ihm verwehrt, kein Ausbildungsplatz, keine Arbeit, kein Geld. Er wird eingeladen zur Arbeit auf Probe für eine Woche. Pablos Kommentar: „Aber normal. Was erwartest du denn".

Bildung schafft eben keine Arbeitsplätze – und schon gar nicht materiellen Reichtum. Es gibt sogar die gebildeten Armen. Trotzdem wissen wir auch, dass der oder diejenige mit mehr Bildung (mit höherwertigem Abschluss oder mit nachgewiesener Kompetenz) bessere Chancen auf Arbeit und Einkommen hat – also bleibt sie wichtig und hilft. Der Zusammenhang von materieller und von Bildungs-Armut ist evident. Aber gleichzeitig ist ebenso richtig: Bildung schafft nicht einmal selbstverständlich die Beseitigung oder auch nur Verminderung von Ausgrenzung. Schon deshalb, weil mit mehr Bildung nur sehr begrenzt die Schaffung von mehr bezahlter Arbeit verbunden ist.

Die Frage kann also nicht heißen: Was kann Bildung gegen Armut bewirken? So heißt es allzu häufig in der Forderung nach besseren Bildungsabschlüssen, in den Beschwörungen vom Lebenslangen Lernen, in den Beschreibungen über die Notwendigkeit von mehr und besserer Bildung für bessere Lebensbedingungen, für einen besseren Wohnstandort, für die Imageverbesserung des Standortes, im Kampf gegen die Arbeitslosigkeit. Die Frage muss viel mehr heißen: Welche Bildung kann etwas bewirken gegen Ausgrenzung, f ü r gelebte und anerkannte Vielfalt in der modernen Gesellschaft? Und damit gegen Armut, Verelendung und auch gegen Verwahrlosung. Welche Bildung fördert Selbständigkeit, Selbstwertgefühle und ist geeignet, Identitäten zu bilden: Starke Identitäten, die sich nicht ausgrenzen lassen und wiederum Teil einer Gesellschaft sind, die Vielfalt und die Entwicklung vielfältiger Identitäten pflegt. Negative Selbststigmatisierung, „sich einrichten" mit der Situation von Abwertung und Demütigung, das zeigen die Interviews, sind gewissermaßen der Eigenanteil im Prozess der gesellschaftlichen Segregation. Sogar die angesprochene Abkapselung durch eine Parallelwelt eigener Werte (wie im Beispiel der jungen Migranten) findet immer wieder statt und ist Teil des Systems der Ausgrenzung. Es ist auch diese Orientierung auf die Verliererstraße, die die eigene Kompetenzbildung aufgibt. Die kluge Interview-Frage nach dem Wunder macht diesen Zusammenhang immer wieder in vielen Beispielen allzu deutlich.

Bildung starker Identitäten – das ist es, was gegen Ausgrenzung im Sinne von fehlender Teilhabe erforderlich ist. Jedenfalls ist dies das hervor-ragende Ergebnis dieser Untersuchung auf die Frage nach der Bedeutung von Bildungsarbeit. Der Focus auf Armut erhellt den grundlegenden Auftrag von Bildungsarbeit in der modernen Gesellschaft, die auf Vielfalt angelegt ist und gegen Auslese und Segregation ihre gestaltende Kraft entwickeln will.

Gegenstand der Untersuchung sind die Armen und Ausgegrenzten der Elbinsel. Sie lebt von der Parteilichkeit für die ausgegrenzten Teile der Gesellschaft, und das ist konsequent durchgehalten (trotz: „kein Fahrgeld mehr, aber einen MP 3-Player um den Hals"). Und es wird ganz deutlich: Wir brauchen eine Bildung, die die Armen, die Ausgegrenzten einbezieht – wir brauchen Kurse des Lebenslangen Lernens, an denen sie teilnehmen wollen und die sie bezahlen können, weil sie nichts kosten. Und auf die andererseits die Menschen setzen, damit sie mehr teilhaben können und so ein Teil des besseren Lebens werden können und wollen, das sie sich allzu häufig erst für ihre Kinder wünschen. Sowieso brauchen wir die Bildung in Kitas und Schulen, Häusern der Jugend und Stadtteilkulturzentren, die sich darum bemühen und daran gemessen werden, wie viele Arme sie nachhaltig erreichen mit ihren Angeboten und auch ihren Pflichtveranstaltungen, zum Beispiel in den Fortbildungskursen für Arbeitslose.

„Bildung in diesem Sinne ist im Rahmen der menschlichen Lebensbewältigung (...) ein Erfordernis, (...) unter den gegebenen und sich ständig wandelnden biografischen und gesellschaftlichen Bedingungen ein den menschlichen Entfaltungsmöglichkeiten angemessenes und gemeinsam mit anderen Menschen verantwortbares Leben zu führen."[2] Wenn das Ziel von „beruflicher Integrationsförderung junger Menschen" so umfassend formuliert wird, dann geht es tatsächlich über das einfache Angebot hinaus, beispielsweise den Computer bedienen zu lernen. Denn dafür sind die Voraussetzungen so unterschiedlich, dass das einfache Bildungsangebot allzu leicht die vorhandene Ausgrenzung nur reproduziert.

Wir wissen aus vielen Untersuchungen, dass – kurz gesagt – Armut „vererbt" wird, das heißt, arme Kinder kommen aus armen Elternhäusern. An anderer Stelle dieser Studie ist schon der erhebliche Anteil an Kindern der Elbinsel benannt, die von Sozialhilfe leben müssen. Für unsere Betrachtung sind aber weitere Armutskategorien zu unterscheiden: Einkommensarmut, Zertifikatsarmut und Kompetenzarmut.[3] Fehlende Konsumchancen aufgrund von geringem Einkommen haben Einfluss auf Teilhabechancen. Das fehlende Zertifikat (der Hauptschulabschluss usw.) mindert die jeweiligen Übergangschancen in der Erwerbsbiografie. Und die Kompetenzarmut wird zum Beispiel regelmäßig in PISA-Tests nachgewiesen: Texterfassung, Rechnen und naturwissenschaftliche Kompetenz.

---

[2]   Vgl. Bundesministerium für Bildung und Forschung (2006), 166.
[3]   Vgl. Allmendinger / Leibfried (2003).

Der Zusammenhang zwischen den drei Kategorien ist keineswegs zwingend – es gibt die (Einkommens-)Armen, die durchaus gebildet sind, und vor allem ist es keineswegs „unnatürlich" und nicht unmöglich, viel zu lernen, gebildet zu sein und trotzdem ohne Erwerbsarbeit und materiellen Reichtum zu bleiben. Die „normale" Verknüpfung von Einkommens- und Bildungsarmut ist das Problem. Es wird zu Recht als Aufgabe gesellschaftlicher Bildung bezeichnet, die Situation der Einkommensarmut von der Zertifikats- und der Kompetenzarmut zu entkoppeln. Bisher gelingt das zu wenig – auch nach den Bildungsreformen der 60er und 70er Jahre, nach Kampagnen wie „Arbeiterkinder an die Uni". Anders gesagt: Es muss Ziel von Bildung sein, ganz allgemein die Teilhabechancen durch Entkoppelung von der sozialen Herkunft zu verbessern.

Was also muss die Bildungslandschaft tun, um die vorhandene Bildungsarmut zu beseitigen? Zunächst: Sie muss realisieren, dass sie selbst nicht nur die Armut reproduziert, sondern sie auch schafft: „... arme Kinder haben oft einen Habitus, den Lehrkräfte, die selber aus der gymnasial geprägten Mittelschicht stammen, von kognitiver und/oder motivationaler Bedürftigkeit nicht zu unterscheiden wissen. Sie verwechseln dann die Folgen von Deprivation mit mangelnder Intelligenz. ... Die sog. LAU-Studie (Lehmann, Peek & Gänsefuß 1997) hat gezeigt, dass bei gleicher gemessener Intelligenz ein Kind aus einem Elternhaus der oberen Dienstklasse eine sechs bis siebenmal höhere Wahrscheinlichkeit hat, eine Gymnasialempfehlung zu erhalten, als ein Unterschichtkind."[4]

Es ist die ganz normale Segregation, die objektiv betrachtet hier so etwas wie eine Armutsfalle darstellt – trotz aller vielfältigen Bemühungen von Lehrkräften, Sozialarbeitern, Sozialpädagogen und Schulpsychologen, die nach Kräften dagegen halten. Die Haupt- und Sonderschulen sind in besonderem Maße die Schulen der Armen, und durch dieses faktische Merkmal reproduzieren sie die unterschiedlichen Merkmale der Ausgrenzung. Integrierte Systeme – wie beispielsweise in Finnland – wären eine wohl gute Perspektive: „In Finnland gelangen fast 100 Prozent der Schüler zum Abschluss der 10. Klasse der Einheitsschule, praktisch ohne Wiederholung einer Klasse auf dem Weg. Dabei bleiben im Prinzip alle Kinder einer Klasse von Anfang an zusammen – ohne Auslese, aber mit hinreichender Unterstützung und individueller Förderung, wenn es in der individuellen Lerngeschichte und in der Entwicklungs-

---

[4] A.a.O., 2.

dynamik der Klasse Bedarf dafür gab. Ein knappes Drittel schlägt am Ende der 10. Klasse einen beruflichen Bildungsweg mit beruflichem Abschluss ein, über 70 Prozent machen nach zwei weiteren Schuljahren, also nach der 12. Klasse, das Abitur. Es gibt keine schulische Vererbung von Statuspositionen, keine Exklusion. Die Klammer zwischen sozialer Herkunft und Schulerfolg ist weitestgehend gelöst." [5]

Wie können Schritte aussehen, die einen Weg in diese Richtung beschreiten? Denn es ist klar: Die finnischen Erfolge sind nur auf einem sehr langen Weg zu erreichen. Ganz einfach und zu allererst müsste Bildungsteilnahme nicht aus Kostengründen unmöglich sein. Der Besuch von Kindertageseinrichtungen und Kursen des Lebenslangen Lernens müssen obligatorisch sein und so allgemein finanziert werden, dass ungleiches Einkommen keinen Hinderungsgrund zur Teilnahme darstellt. Aber: Das Bildungsangebot auf den Elbinseln ist im Handlungsfeld des Lebenslangen Lernens noch außerordentlich gering.

Mit der so genannten „Bildungsoffensive Elbinseln" wird – wie woanders und in vielen einzelnen Projekten auch – ein anderer Versuch unternommen: Stadtentwicklungsfragen und Fragen der Bildungsplanung werden im Zusammenhang betrachtet und vorangetrieben. Im Rahmen der Internationalen Bauausstellung und der Internationalen Gartenschau 2013 („...dieses Blumen Dings") sollen integrierte Systeme geschaffen werden, die Einrichtungen verbinden: Kindertageseinrichtungen, Schulen, Jugendhilfe, Erwachsenen- und kulturelle Bildungsangebote, Beratungsstellen. Sie befördern das Lebenslange Lernen, damit Kinder und Eltern gemeinsam Kompetenzen und Freude an der Beteiligung entwickeln können trotz erlittener Stigmatisierung und fehlender Kompetenzen („Sie sollen viel lernen und es einmal besser haben." „...Und dass man einfach dazugehört, dass man auch von den anderen akzeptiert (wird).") Die Schulen sollen sich in den Stadtteil öffnen („...warum ist eigentlich das wichtigste Gebäude im Stadtteil immer ab mittags geschlossen?") – die Schulen müssen von den Professionellen der Sozialen Arbeit im Stadtteil lernen. Die in der Sozialarbeit Tätigen müssen kompetenzorientiert, konstruktiv und in gemeinsamen Projekten mit Lehrkräften die Individualisierung des Lernens gestalten. Dabei sind dann auch die Eltern zu gewinnen, um die „Vererbung" in der Ausgrenzung zu durchbrechen, und das nicht erst für die eigenen, nachfolgenden Kinder.

---

[5]   A.a.O., 15f.

Dafür sollen auch neue Räume geschaffen werden, die multifunktional und geöffnet für den ganzen Stadtteil sein werden. So soll zum Beispiel ein Sprach- und Bewegungszentrum für die Elbinseln geschaffen werden, ein Umwelt- und Science-Center, ein Medienzentrum und ein Burg-Theater, das eine neue Kantine der Ganztagsschule auch zum (abendlichen) Theater werden lässt und umgekehrt. Der Unterricht wird zur Produktionsstätte für wirkliche Gebrauchsgüter in Gewächshäusern, Werkstätten und Küchen, in denen das reale Mittagessen in Verbindung mit Kursen der Erwachsenenbildung und Maßnahmen der Fortbildung Erwerbsloser hergestellt wird. Der Plan ist, dass darüber auch der Unterricht zum pädagogischen Prozess wird, in dem die Lernenden ihr Lernen mit organisieren und Teilhabe zum allgemeinen Kulturgut wird.

Barrieren müssen in allen Köpfen und in den Bildungseinrichtungen überwunden werden, neue Identitäten entstehen. Selbstverständlichkeiten (auch Stigmatisierungen) werden infrage gestellt. Neues soll entstehen, eine regionale Struktur von Bildungs- und Beratungsnetzen und sogar ein neues, regional geprägtes Profil von Pädagogik. Die Elbinsel mit all ihren spezifischen Implikationen, die viel Armut, kulturelle und ethnische Vielfalt integriert, soll als Stadtteil und damit auch für andere („reichere") Menschen zur Bereicherung der Vielfalt attraktiver werden. Das Quartier muss nicht verlassen werden, sondern das Quartier wird verändert – so, dass Geborgenheit bleibt und die Freiheit durch Öffnung für alle anderen erreicht wird, anstelle des Eingesperrtseins durch Ausgrenzung (2.4).

Und werden dann die Mieten steigen und der Stadtteil unbewohnbar für die, die jetzt dort sind und sich gleichermaßen geborgen wie eingesperrt fühlen? Diese Frage ist offen – und vor allem abhängig von politischen Entscheidungen in der Stadt, die heute noch vor uns liegen. Chancen sind gegeben mit den Vorhaben im Rahmen des „Sprungs über die Elbe", mit den Projekten der Lernenden Metropole, der Bildungsoffensive im Rahmen von IBA und IGS 2013. Diese Vorhaben sind angelegt als Prozesse mit Beteiligung der Bewohnerinnen und Bewohner – diese Anlage ermöglicht mannigfaltigen Einfluss, wendet sich gegen Ausgrenzung und ist eine Aufforderung an alle gesellschaftlichen Einrichtungen und an alle Einzelnen zur Teilhabe vor Ort. Das ist die Chance – und das Ergebnis ist offen, etwa so offen, wie die Frage, wie viele Apfelsorten wir tatsächlich wieder auf dem Markt haben werden.

4.5 Teilhabe und Ausgrenzung durch Erwerbsarbeit – Anmerkungen des Kirchlichen Dienstes in der Arbeitswelt

Angela Halberstadt / Heike Riemann

Als diese Studie im Oktober 2007 präsentiert wurde, meldeten sich immer wieder Journalisten beim Kirchlichen Dienst in der Arbeitswelt (KDA) im Haus der Kirche im Kirchenkreis Hamburg-Harburg. Ihr Wunsch: Mehr über die Studie zu erfahren, vor allem aber einen Kontakt zu Menschen vermittelt zu bekommen, die trotz Arbeit arm sind – den so genannten Working Poor. Es ist schwer, Betroffene zu finden, die bereit sind, über ihre Situation zu sprechen. Diese Erfahrung haben auch die Durchführenden dieser Studie gemacht: Die Betroffenen sind durch ihre Arbeit und familiäre Verpflichtungen derart belastet, dass sie kaum Zeit und Kraft aufbringen, an einer Gruppendiskussion teilzunehmen. Und sie sind bemüht, ihr Leben nach außen und innen als „normal" erscheinen zu lassen. Sie halten den Anschein aufrecht, dass sie mit Erwerbsarbeit ihren Lebensunterhalt sichern, wie es dem gesellschaftlichen Konsens entspricht. Erst durch die Unterstützung der Steuerungsgruppe und eine lange, hartnäckige Suche ist es gelungen, mit armen Erwerbstätigen zu sprechen.

Die Studie gewährt Einblick in die Lebenssituation der so genannten Working Poor. Der Druck, dem sie ständig ausgesetzt sind, der Druck, sich ständig bewähren zu müssen, ist deutlich zu spüren, ebenso wie die Angst davor, den Kindern nicht das bieten zu können, was sie brauchen, um mitzuhalten, die Ohnmacht und die Müdigkeit und trotzdem ein starker Wille, durchzuhalten, weiterzuarbeiten – für nur wenige Euro die Stunde – tagaus, tagein, immer in dem Wissen, dass es nur gerade so für das Nötigste reicht. Oft auch nicht, so dass aufstockende staatliche Leistungen benötigt werden. Dazwischen kommen darf nichts – weder eine kaputte Waschmaschine noch eine Krankheit. Zukunftsperspektiven reichen so nicht weit. Durchhalten wird zur dauerhaften Bewältigungsaufgabe.

In den vergangenen Jahren ist der Anteil der Menschen, die zu einem Niedriglohn arbeiten, an der Gesamtzahl der Erwerbstätigen in der Bundesrepublik Deutschland kontinuierlich gestiegen, zuletzt auf rund 17%. Das Erwerbseinkommen von mehr als einer Million Beschäftigten ist so gering, dass sie zusätzlich Arbeitslosengeld II bekommen. [6] In etlichen Branchen liegen die Stundenlöhne bei drei bis fünf Euro, wobei eine tarifliche Entlohnung in einigen Branchen nicht mehr vor Armut schützt. Als tariflich vereinbarter Stundenlohn galt Ende 2005 beispielsweise für Arzthelfer/innen in den neuen Bundesländern 6,66 und für Hauswirtschafter/innen in Bayern 7,32 Euro. [7]

Die im Rahmen dieser Studie interviewten Working Poor haben die Orientierung auf Teilhabe über Erwerbstätigkeit (noch) nicht aufgegeben. Es ist die Hoffnung, die sie treibt, die Hoffnung, den Anschluss an die Normalität über eine Beschäftigung mit existenzsichernder Entlohnung zu finden. In dieser Hoffnung gelangen das Ringen um Handlungsautonomie und ein hohes Arbeitsethos deutlich zur Geltung, auch wenn die Woorking Poor die Einschätzung teilen, dass ihre Handlungsmöglichkeiten, eine stabile Integration in den Arbeitsmarkt zu erwirken, gering sind. Es ist aber auch gleichzeitig die Angst, die sie zu permanenten Anstrengungen bewegt, die Angst, dauerhaft sozial abzustürzen: Was, wenn die schlecht entlohnte Beschäftigung die einzige Möglichkeit bleibt, ein „Aufstieg" aus dem Niedriglohnbereich immer unwahrscheinlicher wird? So kann die Hoffnung rasch der resignativen Gewissheit weichen, dass Erwerbsarbeit im Niedriglohnbereich ein erzwungener Dauerzustand ist, der den Zugang zu einem „normalen" Absicherungsniveau versperrt. Die Bemühungen um Integration – um Teilhabe – gehen offensichtlich einher mit Ängsten der Desintegration.

Die Hoffnungen der hier interviewten Working Poor beziehen sich auf ihre Kinder: Möge es ihnen gelingen, den Anschluss über Beruf und Erwerbsarbeit zu finden. Für dieses Ziel erscheint die Bildung der Kinder unabdingbar, über eigene Bildungswünsche und entsprechende Anstrengungen sprechen die Befragten jedoch nicht. Vermutlich ist dies keine Folge eines tatsächlich verminderten Zugangs zu Bildung sondern Ausdruck des Habitus der Betroffenen. Die Working Poor orientieren sich an den für sie unmittelbar erfahrbaren Erwartungen der Umwelt, weniger an eigenen Interessen und Zielsetzungen, die sie mit der Erwerbsarbeit zu erreichen versuchen. Auch dies kann man als Ausdruck fehlender Zukunftsperspektiven und Lebensträume deuten.

Es entsteht der Eindruck, dass Teilhabe von der individuell angenommenen Wahrscheinlichkeit abhängt, aus dem Status der Geringverdienenden in einen Status wechseln zu können, der größere materielle Sicherheiten und persönli-

---

[6] Hans-Böckler-Stiftung (2007). Hier auch Details zum Problembereich „Niedriglohn."
[7] WSI-Tarifarchiv, Bruttoentgelte Stand 31.12.2005.

che Perspektiven bietet. Denn erst, wenn eine Beschäftigung formal auf Dauer gestellt ist und eine Entlohnung oberhalb des Existenzminimums garantiert ist, rücken offenbar qualitative Anspruchsdimensionen (wieder) ins Zentrum der Lebensplanung, erst dann wird Zukunft (wieder) geplant.

Die Integration der Working Poor in den Arbeitsmarkt basiert damit weniger auf einem Teilhabeversprechen. Vielmehr gründet sie auf der Hoffnung der Menschen auf Teilhabe, in dem sie den Absprung aus ihrer prekären Situation schaffen. Die Studie führt eindringlich vor Augen, dass diejenigen, die die Hoffnung auf Teilhabe durch reguläre Erwerbsarbeit aufgegeben haben, kaum noch in der Lage sind, Wünsche und Träume zu formulieren. Dennoch findet sich hier eine Wertschätzung – auch gegenüber einer Tätigkeit, die die eigene Existenz nicht sichert: Hoch geschätzt werden die sozialen Kontakte, die über und in der Arbeit entstehen, und die Möglichkeit, den Kindern durch eigene Erwerbstätigkeit ein Vorbild zu sein. Die Befragten betonen das Integrationspotenzial ihrer Arbeit und führen allzu deutlich vor Augen, wie stark ihre Arbeit zugleich ein erhebliches Ausgrenzungspotenzial hat.

Beschäftigte im Niedriglohnsektor und in prekären Arbeitsverhältnissen erfahren täglich, dass ihre Leistungen nicht genügen, um das als angemessen definierte materielle Wohlstandsniveau zu erreichen. Der soziale Abstand zu dieser „Normalität" scheint für sie nicht überwindbar. Diese Erfahrung erzeugt Verunsicherung, Scham, Wut und Resignation. Der notwendige Bezug von aufstockenden Leistungen der Arbeitsagentur kann hier als negative Sanktionierung empfunden werden. Eine Erosion des Arbeitsethos scheint auf diesem Hintergrund eine Folge zu sein. In den Gruppendiskussionen dieser Studie ist diese Erosion, ein Infragestellen der Arbeit in ihrer Funktion, klar zu erkennen.

Working Poor sind Ausdruck der Veränderung (in) der Arbeitswelt und der zunehmenden Flexibilisierung von Arbeitsmärkten. Es sind die gesellschaftlichen, ökonomischen und politischen Kontextbedingungen von Erwerbsarbeit in den Blick zu nehmen, wenn man danach fragen will, ob eine Integration in den Arbeitsmarkt Teilhabechancen eröffnet und soziale Sicherheit garantieren zu vermag.

Weiter zugespitzt lässt sich formulieren, dass eine Integration in den Arbeitsmarkt um jeden bzw. zu jedem Preis zu neuem Ausschluss führen kann, also nicht per se eine soziale Integration garantiert. Damit steht die Funktion von Erwerbsarbeit als einem zentralen gesellschaftlichen Integrationsmodus insgesamt genauso in Frage wie die Grundmechanismen der Arbeitsgesellschaft. In dem Maß, wie Erwerbsarbeit enger an kurzfristige unternehmerische Risiken gekoppelt wird und Arbeitsmarktrisiken individualisiert werden, scheint auch der arbeitsweltliche Integrationsmodus umgestellt zu werden.

Die so genannten Ein-Euro-Jobber sind eine weitere Gruppe, an der in dieser Studie das Phänomen der Ausgrenzung durch Arbeit sichtbar wird. Auch diese „Arbeitsgelegenheiten mit Mehraufwandsentschädigung" sichern nicht den Lebensunterhalt. Dafür sind Leistungen nach der Hartz IV-Gesetzgebung vorgesehen. Ein-Euro-Jobber erhalten für ihre Tätigkeit zwischen einem und zwei Euro pro Stunde zusätzlich. Sie sind keine Arbeitnehmer/innen im eigentlichen Sinne, sie haben keinen Arbeitsvertrag, ihre Tätigkeiten sind nicht sozialversicherungspflichtig, sie erhalten keinen Tariflohn und ihr Einsatz ist von vornherein befristet etc. Schon dieser geringe Zuverdienst, auf bis zu zehn Monate befristet, wird oftmals als „Glück" angesehen, so knapp sind die finanziellen Ressourcen der Betroffenen.

Es heißt, dass durch solche Arbeitsgelegenheiten die positiven Aspekte von „Arbeit" wie Anerkennung, Weiterentwicklung und soziale Kontakte auch denen zugänglich werden sollen, die nicht erwerbstätig sind. Die Gruppendiskussionen der Studie zeigen, wie das Erreichen der genannten positiven Aspekte durchaus gelingen kann. Die Befragten sind in Arbeitsprozesse integriert und erfahren kurzfristig eine Verbesserung ihrer Situation. Sie sind dankbar für diese Gelegenheit, leiden aber zugleich an den Rahmenbedingungen. Eine Teilhabe über den Ein-Euro-Job hinaus, zeitlich und perspektivisch, scheint es nicht zu geben. Letztendlich verdeutlichen die Ein-Euro-Jobs den Befragten: „Eine richtige Arbeit (auf Dauer, mit Gestaltungsspielraum, mit der Möglichkeit, weiterbeschäftigt zu werden, wenn man gut arbeitet) ist dies nicht." Stärker noch: „Eine richtige Arbeit gibt es für mich nicht." Oder aber auch: „Diese Arbeit ist zwar wichtig und muss gemacht werden, aber die Gesellschaft ist nicht bereit, sie entsprechend zu belohnen und angemessene Arbeitskontexte dafür zu schaffen. So verstärken sie in vieler Hinsicht die Perspektivlosigkeit der hier Befragten, indem sie die Hoffnung auf dauerhafte Integration ins Erwerbsleben mindern.

Es gilt, die Arbeitsbedingungen beider Gruppen, also der Working Poor und der Ein-Euro-Jobber, zu hinterfragen. Unter den Bedingungen einer sich transformierenden (Arbeits-) Gesellschaft, in der tradierte Normarbeitsverhältnisse an Bedeutung verlieren und prekäre Beschäftigungsverhältnisse zunehmen, ist es eine Herausforderung für Kirche, Gesellschaft und Politik, der Frage nach der Qualität und den Bedingungen von Teilhabe nachzugehen. Die Ergebnisse der Studie bekräftigen noch einmal mehr, dass die Frage nach gesellschaftlicher Teilhabe untrennbar mit der Frage nach Qualität und Bedingungen von Arbeit verbunden ist.

Fatal wäre, alle Hoffnung auf eine Wachstumsdynamik zu setzen. So ist auch die aktuelle Belebung des Arbeitsmarkts aufgrund der konjunkturellen Situation kein Anlass zur Entwarnung. Nach Angaben des Deutschen Gewerkschaftsbundes ist zwar die Zahl der sozialversicherungspflichtigen Beschäftigungsverhältnisse im Jahr 2006 um 450.000 angestiegen.[8] Allerdings sind diese zu einem hohen Anteil Leiharbeitsverhältnisse, die in der Regel schlechter bezahlt sind und häufig nicht auf Dauer angelegt sind.

Als Fachdienst der evangelischen Kirche für die Themen „Arbeit" und „Wirtschaft" vertritt der KDA bereits seit Jahren das Leitbild der „Guten Arbeit". Eine solche „Gute Arbeit" bedeutet beispielsweise eine Existenz sichernde und leistungsgerechte Bezahlung, Erhalt der Gesundheit, Anerkennung der Leistungen und Sinngebung in der Tätigkeit. Der KDA in den verschiedenen Landeskirchen bearbeitet dieses Thema auf vielfältige Weise und bietet Veranstaltungen an. Er verknüpft soziale und ökonomische mit sozialethischen Fragestellungen und entwickelt und fördert Denkansätze, Betrachtungsweisen und Vorhaben, die zu einer gerechteren, humanen und zukunftsfähigen Arbeits- und Wirtschaftsweise beitragen sollen.

4.6 TEILHABEFÖRDERUNG – DIE SICHT DES DIAKONISCHEN WERKES IM KIRCHENKREIS HARBURG

KATHARINA SEILER-NEUFERT

Es ist eine Frage der Haltung und Sicht, wenn wir in der Studie davon sprechen, dass die so genannten Armen nicht Teil haben an dieser Gesellschaft. Aus Sicht der Studie stehen sie am Rand der Gesellschaft. Das spiegelt, wie die Gesellschaft Menschen mit geringen finanziellen Spielräumen wahrnimmt und als „Arme" stigmatisiert. Was passiert, wenn wir unsere Haltung und Sichtweise korrigierten? Wenn wir den Raum, wo Arme sind, zum Zentrum der

---

[8]   Deutscher Gewerkschaftsbund (2007).

Gesellschaft erklärten? Zumindest aus der Sicht Jesu ist das nicht nur eine Alternative, sondern geradezu geboten. Dabei beziehe ich mich auf das Gebot der Nächstenliebe, auf Aussagen wie „Es soll kein Armer unter Euch sein". Somit haben Kirche und ihre Diakonie hier ihren Auftrag. Im Kirchenkreis Hamburg-Harburg ist die Diakonie Teil der verfassten Kirche. Insofern ist im Folgenden ausdrücklich und absichtlich die Rede von „der Kirche und ihrer Diakonie", zumal diese Sicht dem im Kirchenkreis geltenden Ansatz entspricht.

Die Studie erschüttert zunächst in ihren Ergebnissen. Die Kluft zwischen den Armen und den Nicht-Armen scheint unüberwindbar groß. Was ist denn, wenn arme Menschen sich vornehmlich in ihren vier Wänden aufhalten und für andere im Stadtteil gar nicht sichtbar sind? Was bedeutet es, wenn von Transferleistungen lebende Menschen in allererster Linie tagaus, tagein damit beschäftigt sind, sich für den heutigen Tag um ihr Überleben zu sorgen und gar keine Energie und Freiräume nutzen können, um sich perspektivisch um ihre Freizeit, die Bildung der Kinder oder die Gesundheit zu kümmern? An welchen Orten, in welchen Konstellationen und mit welchen Themen begegnet eine gutbürgerliche Mittelschicht, die in der Kirche nun einmal die potenteste Gruppierung bildet, diesen Menschen?

Die Kirche und ihre Diakonie können vornehmlich auf zwei Ebenen handeln: auf der operativen und auf der politischen. Vor jedweder Aktivität ist es jedoch angezeigt, dem Elend und der Ausweglosigkeit, die sich in der Studie abbilden, wahrnehmend und realisierend Respekt zu zollen und nicht sofort in Aktivismus zu verfallen.

Chancen der Diakonie auf der operativen Ebene

Wenn wir also den Raum der Armen aufgrund der Zahlenverhältnisse – diese Gruppe wird zunehmend größer – und angesichts des christlichen Auftrages als die Mitte der Gesellschaft begreifen, dann gehen wir als Kirche und ihre Diakonie mit unseren „im operativen Geschäft Tätigen" dort hin. In dieses Zentrum. Zumindest entsenden wir unsere Botschafter/innen, diejenigen, die aufgrund ihrer Professionalität Brücken bauen können – in der Hoffnung, dass diese Botschafter/innen die anderen mittelfristig mitnehmen. Entscheidend für die Begegnung dieser sehr unterschiedlichen Milieus ist, dass wir als Kirche das einsetzen, was wir gut können: Beziehungsfähigkeit, Geduld, hohe Professionalität und Solidarität im Umgang mit denen, die von Ausgrenzung bedroht sind, sowie die Fähigkeit, Menschen und Netze miteinander in Kontakt zu bringen. Dazu folgen nun in der Realität erprobte Beispiele dafür, wie Kirche die Bedürfnisse von Menschen aufnimmt, die von Armut betroffen sind:

Die kirchlich eingebundenen Sozialberater/innen knüpfen im Auftrag der Kirchengemeinden Kontakte zu hier lebenden Ein-Euro-Jobbern, Menschen, die Arbeitslosengeld II beziehen, die verschuldet sind etc. Sie beraten sie im Blick auf ihre Ansprüche, versetzen sie in den Stand, für ihre Rechte selbst einzutreten oder aber sich mit der Hilfe Ehrenamtlicher gegenüber Ämtern durchzusetzen.

Die Stadtteildiakoninnen haben den Auftrag, die unterschiedlichen Lebenswelten in dafür geeigneten Veranstaltungen zusammen zu bringen: in Gottesdiensten, bei gemeinsam geplanten Flohmärkten, bei Eltern-Kind-Treffpunkten, Frühstückstreffen oder Ähnlichem. Ihre Aufgabe ist auch, Ehrenamtliche zu gewinnen, die die Hauptamtlichen in den Bereichen kirchlicher Gemeinwesenarbeit, Beratung, Stadtteilarbeit unterstützen. Ihre Aufgabe ist darüber hinaus, sich öffentlich, politisch, parteilich und nachhaltig für die Anliegen Armer einzusetzen. Sie sind es auch, die die entstehenden Konflikte zwischen den eher wohlsituierten Kirchengemeinden einerseits und den nicht wohlsituierten Armen andererseits aushalten, ansprechen und darauf drängen, dass die Gemeinde als ganze Jesu Parteilichkeit für die Armen auch für sich zur Maxime macht.

Hier lässt sich ein entscheidender Unterschied zwischen den Verfasser/innen der Studie (vor dem Hintergrund des Kontextes soziologischer Erhebungsmethoden und darin begründeten Grenzen) und den kirchlichen Mitarbeiter/innen in der Zugangsweise zu den Hilfesuchenden ausmachen: Letztere stellen als Grundsatz ihres Handelns einen tragfähigen Kontakt zu den Hilfesuchenden her, der zur Ermutigung der Hilfesuchenden und – oft – dementsprechendem Handeln führt. Dreh- und Angelpunkt sind also der ausgeprägte Wille der Mitarbeiter/innen und der kirchliche Auftrag, einen guten Arbeitskontakt zu den Adressat/innen herzustellen mit dem Ziel, wesentliche im wahrsten Sinne des Wortes not-wendige Veränderungen zu erreichen. Kirchliche Mitarbeiter/innen, die den Klient/innen in einem beruflichen Kontext begegnen, erzielen andere Arbeitsergebnisse als die (wissenschaftlichen) Mitarbeiterinnen der Studie dies vermochten.

Die Wilhelmsburger Kirchengemeinden sind Mitträgerinnen der Arbeitsloseninitiative Wilhelmsburg e.V. (AIW). Ursprünglich in einer der Gemeinden angesiedelt, hat sie sich im Laufe der Jahre derart vergrößert und ihr Angebot erweitert, dass ein Umzug in ein eigenes Haus notwendig wurde. Die AIW mit ihren verschiedenen Angeboten hat zum Ziel, Menschen im Stadtteil günstige Serviceleistungen anzubieten (Book & Byte, Fahrradwerkstatt, Parkpflegeprojekt, Besuchsdienste), günstige Einkaufsmöglichkeiten vorzuhalten (Tafel, Möbelhilfe, Kleiderkammer) und dabei gleichzeitig Beschäftigungsträger zu sein. Sie beschäftigt mehr als 100 Menschen in Arbeitsgelegenheiten. So sehr die Notwendigkeit einzelner Projekte (z.b. der Tafel) politisch immer wieder diskutiert werden muss, so sehr ist bekannt, dass in dieser Einrichtung aus Nehmenden Gebende werden, die sich und ihre Fähigkeiten einbringen und daraus ein gehöriges Maß an Selbstbewusstsein ziehen.

Die evangelische Kindertagesstätte weihte 2007 gemeinsam mit anderen Trägern ihr Eltern-Kind-Zentrum ein. Zielgruppe sind Eltern mit ihren 0-3 Jahre alten Kindern, die bei der Erziehung, Pflege und Betreuung Unterstützung brauchen und für die die Schwelle zu Elternschulen, Familienbildungsstätten und ähnlichen Einrichtungen zu hoch ist. Es wird davon ausgegangen, dass die Nähe zur nachbarschaftlich gelegenen Kindertagesstätte, die einen großen Vertrauensvorschuss bei den Eltern genießt, dem Betrieb zuträglich ist. Das Eltern-Kind-Zentrum ist ein Ort, der insofern sensibel und präventiv auf Bedarfe von Armen reagiert, als ein nachhaltiger integrativer Ansatz, der *alle* Kinder und ihre Eltern im Blick hat, umgesetzt wird.

Die Studie hat gezeigt, wie hoch der Bedarf bei armen Menschen an frei zugänglichen Räumen ist (2.4). Dieser Aspekt wird in einigen Projekten im Kirchenkreis berücksichtigt: Gemeinsam mit ökumenischen Partner/innen wird die Einrichtung eines Stadtteilladens oder Cafés mitten im Quartier geplant. Ziel ist, einer möglichst breiten, sich mischenden Zielgruppe aus dem Stadtteil den Zugang zu günstigem Freizeitvergnügen und Gastronomie in angenehmer und attraktiver Umgebung zu ermöglichen. Die ortsansässige Kirchengemeinde hat sich Partner/innen gesucht, mit denen sie die Neugestaltung des an zentraler Stelle gelegenen Kirchenvorplatzes prüft und konzipiert. Ziel ist, einen öffentlich zugänglichen kostenfreien Raum so zu gestalten, dass er für unterschiedliche Anlässe und Gruppen genutzt werden kann und attraktiv ist.

Auch im Kontext des „Doppel-Ereignisses" Internationale Bau-Ausstellung (IBA) und Internationale Gartenschau (IGS) auf Wilhelmsburg engagiert sich der Kirchenkreis mit seiner Parteinahme für arme Menschen: Von 2008 bis 2013 wird ein Pastor oder eine Pastorin auf einer Projektpfarrstelle mit dem Auftrag arbeiten, die Anliegen der vor Ort lebenden Bevölkerung mit denen der IBA und IGS zu harmonisieren. Noch scheint es, als lägen die Anliegen insbesondere der Armen weit entfernt von denen der Entscheider/innen der IBA, zu sehr wird in den IBA-Veröffentlichungen das sichtbare Problem der Armut vermieden, gern werden die Chancen und Möglichkeiten in den Vordergrund gerückt. Dies ist im Interesse beider Seiten zu verändern.

Dies alles geschieht nicht reibungslos, zu sehr sind die Mitarbeiter/innen manchmal Einzelkämpfer/innen, zu sehr gehören sie zu einer Minderheit in den Gemeinden, die durchaus den Kontakt zu den Armen scheuen – zu fremd erscheint diese Welt. Und trotzdem: Hier in Wilhelmsburg können wir nur von Glück sagen, dass wir gemeinsam mit der Leitung des Kirchenkreises ein klares Votum hinsichtlich der Konzentration der Aktivitäten auf die Wahrnehmung und die Betroffenen einschließende Bekämpfung von Armut gefasst haben und entsprechend handeln. Dazu gehört auch, in den Armen Menschen zu sehen, die in besonders herausgehobener Weise in der Lage sind, ihr Leben unter erschwerten Bedingungen zu meistern und sich diese Ressource nutzbar zu machen.

CHANCEN DER DIAKONIE IN DER POLITISCHEN ARBEIT

Die Studie könnte den Eindruck vermitteln, Armut sei ein individuelles und damit selbstverschuldetes Problem. Dem wird an dieser Stelle widersprochen. Deswegen kommt der politischen Arbeit der Diakonie besondere Bedeutung zu. Über die Arbeitsansätze im operativen Bereich hinaus verfügen die Kirche und ihre Diakonie über eine Ressource, die es zu nutzen gilt: Sie genießt an vielen Stellen im Stadtteil das Vertrauen der Bevölkerung bzw. einzelner Personen oder Gruppen. Sie ist ohne großartigen Aufwand in der Lage, Menschen zu einem Thema an einem Tisch zu einen, und bildet so den Motor und den Gradmesser für wesentliche Veränderungen im Stadtteil. In dieser Rolle ist es ihr möglich, sowohl auf Stadtteilebene wie stadtweit allein oder in Verbindung mit der Kirchenleitung (zum Beispiel der Bischöfin) bzw. dem Spitzenverband (hier dem Diakonischen Werk Hamburg) ihre politischen Einflussmöglichkeiten geltend zu machen. So ist es etwa dringend angezeigt, sich für steigende Leistungen nach dem SGB II einzusetzen und den Verantwortlichen zu verdeutlichen, dass die vorhandenen Gelder – unabhängig von den persönlichen

Möglichkeiten der Betroffenen – nicht ausreichen, den Lebensunterhalt zu bestreiten.

Die politisch Verantwortlichen gestehen ein, dass momentan nicht ausreichend Arbeit für alle Arbeitswilligen vorhanden ist. Mit dieser Tatsache gilt es weiterzuarbeiten: Es ist not-wendig, diese Realität anzuerkennen und die landauf-landab salonfähig gewordenen Schuldzuweisungen in Richtung der Armen als den „unwilligen Arbeitslosen und Faulenzern" zu beenden.

Eine solche Aufgabe des sozialpolitischen Engagements wird von Leitenden im Kirchenkreis übernommen, diese sind jedoch auf die Berichte, Vorgaben und Hinweise der Mitarbeiter/innen im Feld angewiesen. Hierbei steht eine gründliche Wahrnehmung der unterschiedlichen Lebenswelten im Vordergrund – nicht nur durch Professionelle aus Sozialarbeit und Diakonie, sondern durch eine breite Öffentlichkeit. Armut darf kein „unsichtbares Problem" bleiben, das die Betroffenen so gut wie möglich zu verbergen versuchen. Nur so lässt sich verhindern, dass Politik und Lebenswirklichkeit der von Armut Betroffenen zwei getrennte Welten bleiben. Nur so lässt sich dauerhaft eine Teilhabe von Menschen fördern, die – noch – am Rand der Gesellschaft stehen.

4.7 Erweiterung der Perspektiven! Herausforderungen an die Stadtteildiakonie und (sozial)politische Forderungen. Kritische Anfragen an und durch die Studie „Teilhabe von unten"

Wolfgang Völker

Die Studie „Teilhabe von unten" befasst sich mit dem subjektiven Blick auf das Leben in Armutssituationen. Es ist sinnvoll, kirchliche und diakonische Arbeitsansätze, die ebenfalls die Armutssituationen von Menschen im Blick haben, vor diesem Hintergrund zu betrachten und zu fragen, inwieweit sie durch die Ergebnisse der Studie herausgefordert werden. Schließlich ist es wichtig zu sehen, wie Angebote der sozialen Arbeit der Kirche und politische Forderungen zu den Wahrnehmungen und Deutungen von armen Menschen passen. Auch wenn die Studie keine repräsentativen Aussagen machen kann, lohnt es sich, ihre Ergebnisse zur Praxis von Stadtteildiakonie und sozialpolitischen Forderungen in Beziehung zu setzen. Die Wahrnehmung und Aufarbeitung der

Ergebnisse in der (Fach)Öffentlichkeit führt ja gewollt und ungewollt zu Verallgemeinerungen und damit zu Anfragen an Praxis und Forderungen.

Die Antworten, die im Folgenden auf die Anfragen aus der Studie gegeben werden, nehmen auf Aussagen der Studie Bezug, sind jedoch geprägt von einer Skepsis gegenüber dem der Studie zugrunde liegenden Begriff der Teilhabe bzw. der Ausgrenzung und gegenüber einer Konzentration auf den subjektiven Blick der Menschen, bei dem die gesellschaftlichen Prozesse des Wandels zum Beispiel in der Arbeitswelt und in den sozialstaatlichen Sicherungssystemen keinen Platz finden. Wenn Ausgrenzung nicht als ein Begriff betrachtet wird, der einen Prozess beschreibt, in dem es Institutionen und Akteure gibt, die ausgrenzen, dann besteht die Gefahr, soziale Ungleichheitsverhältnisse nicht in Kategorien von Machtungleichheiten und sozialer Hierarchien, Klassen, Schichten und Milieus zwischen „unten" und „oben" zu denken, sondern in Kategorien von „drinnen" und „draußen", „Mitte" und „Rand". Ein Denken und Reden in diesen dichotomischen Begriffen verführt leicht dazu, Menschen in unteren Soziallagen als Ausgeschlossene und kulturell ganz Andere zu betrachten. Oder auch als Menschen, deren Wiedereingliederung betrieben werden muss.

Gegenüber diesem Blick auf den „Rand" oder die „Randgruppen" wäre es sinnvoll, Ausgrenzung als einen Prozess zu begreifen, der seinen Ausgang nimmt von dem zentralen gesellschaftlichen Feld der Ökonomie und der Erwerbsarbeit und in dem Machtverhältnisse eine Rolle spielen: Welche sozialen Positionen stehen zur Verfügung und wie funktioniert die Verteilung der Menschen auf diese Positionen? Ausgrenzung in diesem Sinne stellt – mit Martin Kronauer gesprochen – ein besonderes gesellschaftliches Ungleichheitsverhältnis dar. Das Scheitern an vorhandenen gesellschaftlichen Normalitätsvorstellungen ist der Tatsache geschuldet, dass Erwartungen für alle formuliert werden, die aber gar nicht von allen erreicht werden können. Mit einem solchen Verständnis von Ausgrenzung sind Menschen dann in der Gesellschaft ausgegrenzt, nicht aus der Gesellschaft ausgegrenzt. Auf diese Weise werden die Verhältnisse wichtig, in denen sie ausgegrenzt sind.

Bezogen auf Armut bedeutet dies, dass die materielle Lebenssituation von Menschen zu betrachten ist. Welchen Beitrag leistet diese Situation zu Prozessen der Ausgrenzung? Die materielle Lebenssituation wird unterbewertet, wenn Armut und Ausgrenzung gegenüber gestellt werden[9]. Eine solche Gegenüberstellung ist vor allem dann nicht sinnvoll, wenn man dem Konzept relativer Armut folgt und sich auf Lebenslagen bezieht. Leben in Armut heißt demgemäß, in wesentlichen Lebensbereichen wie Einkommen, Arbeit, Wohnen, Bildung, Gesundheit unter dem durchschnittlichen Niveau der Gesellschaft zu leben. Die Definition des Abstands zum durchschnittlichen Niveau ist letztlich eine normativ-politische Entscheidung, die sich dann beispielsweise in prozentualen Armutsgrenzen bestimmter Messkonzepte der Einkommensarmut ausdrückt.

Im Unterschied zum Teilhabe-Begriff führt ein solches Verständnis von Armut dazu, die materielle Lebenslage als bestimmend für subjektive Handlungsspielräume zu sehen. Die Position der Menschen im sozialen Raum einer Gesellschaft und die mit der Position verbundenen Ressourcen (wirtschaftlich, sozial, bildungsmäßig) führen zu unterschiedlichen, ungleichen Möglichkeiten und Spielräumen. Auf Basis der sozial ungleichen materiellen Lebenslagen ergibt sich dann auch kein Blick auf die soziale Position von Menschen als „draußen / ausgegrenzt" oder „drinnen / eingegliedert", sondern es eröffnet sich ein Blick auf die ungleichen alltäglichen Spielräume, die etwa das jeweilige Einkommen, die jeweilige Arbeit, die jeweilige Bildung bieten. Es kommen so unterschiedliche Niveaus oder Zonen von Handlungsmöglichkeiten, sozialen Sicherheiten und sozialen Gefährdungen in der Gesellschaft in den Blick. In dieser Sichtweise sind die Menschen keineswegs passive Opfer von Verhältnissen. Sie bleiben Akteure, Subjekte in ihren Verhältnissen. Aber diese Sichtweise schützt vor politisch problematischen Interpretationen einer Zuschreibung von freier, individueller Selbstverantwortung für das eigene Leben unabhängig von der sozialen Position. Denn die Möglichkeiten und Freiheiten, das eigen Leben gestalten und kontrollieren zu können, sind sozial ungleich verteilt.

Trotz dieser Skepsis, trotz des Wissens um die begrenzte Aussagekraft der Studie, trotz Schwierigkeiten damit, wie diese Berichte aus dem Leben in den unteren Stockwerken der Gesellschaft interpretiert werden, bleibt die Frage legitim, ob die Sicht von Armen auf den Alltag und die Welt in der Praxis von Kirchengemeinden und diakonischen Einrichtungen vor kommt. In Hamburg gibt es seit über zehn Jahren einen Arbeitsansatz kirchengemeindlicher diako-

---

[9] So z.B. in der Einleitung (1.), wo es heißt, dass das zentrale Problem nicht Armut, sondern Ausgrenzung sei.

nischer Praxis, der für sich beansprucht, die soziale Wirklichkeit im Stadtteil und die damit gegebenen Lebenssituationen von Stadtteileinwohnerinnen und -einwohnern zum Ausgangspunkt für das eigene Handeln zu nehmen.

Dieser Arbeitsansatz heißt Stadtteildiakonie und hat dem Konzept nach drei Handlungsebenen: Sie ist erstens konkrete Hilfestellung für einzelne Menschen in schwierigen Lebenssituationen. Die Hilfestellung wird vorrangig durch das Angebot einer Allgemeinen Sozialen Beratung praktiziert, aber auch durch die Organisation von Ämterbegleitung, Second-Hand-Läden, Tafeln, offenen Treffs etc. Sie nimmt zweitens die sozialen Verhältnisse im Stadtteil in den Blick. Sie versteht sich nicht nur als Hilfe im Einzelfall, sondern ist Arbeit im und am Gemeinwesen. Sie fördert die aktive Einmischung der Bürgerinnen und Bürger in die öffentlichen Angelegenheiten und vernetzt sich im Rahmen ihrer Ziele mit anderen Initiativen und Institutionen. Sie ist drittens sozialpolitische Einmischung in die sozialen und politischen Bedingungen, die den Rahmen für die Alltagssituation der Menschen im Stadtteil bilden. Sie hat ein sozialpolitisches Mandat, Fragen und Forderungen der sozialen Gerechtigkeit, der Bekämpfung von Armut und Ausgrenzung in den gesellschaftlichen und sozialpolitischen Streit einzubringen.

BEWÄLTIGUNG ALS SELBSTAUSGRENZUNG?

Betrachten wir, welche in der Studie herausgearbeiteten Themen in den Handlungsebenen der Stadtteildiakonie vorkommen. Schaut man auf die erste Handlungsebene, so ist sie sicher gut dem Begriff der Bewältigung der Armutssituation zuzuordnen, wie er in der Studie beschrieben wird. Die Allgemeine Soziale Beratung versteht sich explizit als Beitrag zum Bewältigungshandeln. Menschen kommen in diese Beratung aus verschiedenen Gründen: Sie haben versucht, einen Antrag bei der ARGE auf ALG II zu stellen und sind abgewiesen worden. Sie haben einen Bescheid bekommen, den sie nicht verstehen. Sie wollen ein Gespräch mit ihrem Sachbearbeiter vorbereiten. Sie haben eine Aufforderung bekommen, sich eine billigere Wohnung zu suchen. Sie sind schwanger und fragen nach einmaligen Beihilfen. Ihr Kind kommt in die Schule und sie fragen, wo sie für die Mehrausgaben Geld beantragen können. Sie wollen sich bewerben und wollen eine Beurteilung ihrer Bewerbungsunterlagen. Sie tragen sich mit dem Gedanken, eine geringfügig bezahlte Arbeit zu übernehmen, und fragen, wie viel vom Einkommen angerechnet wird.

Die Mehrheit der Anlässe für die Nutzung der allgemeinen Sozialberatung hat mit finanziellen Nöten oder mit dem rechtlichen Verhältnis zu tun, in dem sich erwerbslose und arme Bürgerinnen und Bürger gegenüber dem Leistungsträger des SGB II oder des SGB XII befinden. Die Anlässe sind Reaktionen auf den Mangel an eigenen materiellen Ressourcen und auf den mangelhaften Umgang mit dieser Situation seitens der Sozialleistungsträger, zum Beispiel der ARGE. Diese Mangelhaftigkeit wiederum kann darin bestehen, dass die ARGE die Menschen nicht vernünftig und nachvollziehbar über die sozialrechtlichen Regelungen und ihre korrekte Handhabung aufklärt, dass die ARGE sich im rechtlichen Sinne fehlerhaft verhält und so Leistungen nicht oder nicht angemessen gewährt. Es kann auch sein, dass gesetzliche Regelungen und Verfahrensregeln das subjektive Gerechtigkeitsgefühl der Menschen verletzen. All diese Anlässe bringen Menschen in die Beratung mit, und sie wollen Informationen, Erklärungen, Handlungsoptionen.

Die Studie fragt mehrfach, inwieweit Bewältigungshandeln den Status der Armut und Ausgrenzung überwindet oder bestärkt. Sie hält Strategien der Bewältigung sogar für Strategien der eigenen Aussonderung aus dem gesellschaftlichen Gesamtzusammenhang. Diese Bewertung kann durchaus als Ergebnis des Teilhabe-Blicks nach einem „drinnen" und „draußen" gelesen werden. Denn die konkreten sozialstaatlichen Institutionen, mit denen es die Befragten zu tun haben, und nicht nur „gesellschaftliche Ideale wie Bildung und Arbeit" (Wer formuliert diese Ideale? Welche Bildung, welche Arbeit ist gemeint?) sind wesentliche Momente des gesellschaftlichen Gesamtzusammenhangs. Es stellt sich die Frage: Wie sollte die individuelle Bewältigung einer Situation diese denn überwinden? Überwindung gelingt nur durch Veränderung der Situation. Die Situation der Armen ist eine gesellschaftliche Situation, eine soziale Lage. Individuelle Bewältigung ist doch geboten im notwendigen Sinne, ganz wörtlich: Die Not so (ab) zu wenden, dass das eigene Leben – und das der Angehörigen – existenziell gesichert ist. Die allgemeine Sozialberatung im Rahmen der Stadtteildiakonie liefert sozialpädagogisch vernünftigerweise einen Beitrag zur Bewältigung des gegebenen gesellschaftlichen Status. Aber macht sie als Hilfeleistung Arme deshalb abhängig in dieser Situation? Trägt sie zur Absonderung bei? Nein. Sie stattet die Menschen auf der Ebene der Beziehung zu den Sozialleistungen und den Sozialleistungsträgern mit Wissen über die rechtlichen Regelungen aus. Das Wissen hat die selbstermächtigende, stärkende Funktion, die eine interviewte Frau in der Studie mit einem symbolischen Kleiderbügel beschreibt, mit dem sie sich täglich ihren Rücken stärkt. Was die Menschen dann mit diesem Wissen machen, ist ihre Entscheidung.

Bewältigungshandeln wird auch in anderen, nicht armen Schichten der Bevölkerung praktiziert. Doch käme wohl niemand auf die Idee zu behaupten, dass Bewältigungshandeln in der eigenen gehobenen Lebenssituation – nehmen wir einfach die Nutzung einer Steuerberatung – problematisch ist oder gar Abhängigkeit schafft. Das Gegenteil ist der Fall: Man spricht von steuerlicher Gestaltungsfreiheit. Der Blick auf die Armen und die Bewertung des an ihnen Entdeckten ist also immer auch geprägt von sozialen Wert- und Normalitätsvorstellungen derer, die als Forscher/innen, Sozialarbeiter/innen, Diakon/innen mit ihnen tätig sind. Dies ist bei der fachlichen, sozialpolitischen Reflexion und Diskussion über die Studie zu berücksichtigen.

POLITISCHE BILDUNG ALS BEFREIENDE PRAXIS

Nun wäre die Allgemeine Sozialberatung im Rahmen der Stadtteildiakonie unzureichend beschrieben, würde man nicht ihre überschießenden, durchaus auch seelsorgerlichen Anteile beachten. Neben den alltäglichen Sorgen, die bewältigt werden müssen, werden auch Fragen der Perspektive, des „Wie geht es mit mir weiter" gegenüber den Berater/innen formuliert. Und zwar im Rahmen einer grundsätzlichen Anerkennung als Person – auch wenn ihre Lebenspraxis nicht den mittelschichtsorientierten Vorstellungen von Normalität entspricht – und nicht im Rahmen einer defizitären Zuschreibung als „Betreuungskunde". Das Gespräch über das Selbstwertgefühl, über Schuldgefühle, über Ängste und Wünsche ist im Rahmen dieser Handlungsebene von Stadtteildiakonie ebenfalls explizit erwünscht.

Wenn man die Interviewauszüge der Studie liest, so drängt sich der Vorschlag auf, Gespräche über Sorgen und Perspektiven aus dem individuellen Rahmen zu holen und zum Gegenstand nicht von psychologisierender Selbsterfahrung, sondern von politisch aufgeklärter Selbsterfahrung zu machen. Die konzeptionelle Anfrage hier wäre eine nach Schaffung von Arrangements politischer Bildung. Sie nimmt ihren Ausgang in der alltäglichen Erfahrung und sucht die individuellen und (sozial-)politischen Perspektiven zu korrigieren, statt angebliche Sachzwänge ohnmächtig hinzunehmen. Das ist kein Aufruf zur powerpointgestützten trichterpädagogischen „Aufklärung", sondern der Aufruf zur Nutzung vielfältiger pädagogischer Möglichkeiten.

Im Rahmen der evangelischen Erwachsenenbildung gibt es bekannterma-
ßen Traditionen einer so verstandenen Bildung als Praxis der Befreiung. Ansätze in diese Richtung bieten alle Angebote der Stadtteildiakonie, in denen
Menschen sich um ein gemeinsames Thema versammeln (Kinder, Arbeiten,
Gesundheit, Schule, Mobilität ...), das ihnen auf den Nägeln brennt. Dass
auch in diesen Arrangements die Bewältigung der eigenen Situation im Vordergrund steht, ist sehr wahrscheinlich. Aber allein, dass die Situation als eine
wahrnehmbar wird, die nicht „mich allein" / „immer nur mich" betrifft, ist heil-
sam emanzipatorisch, wird doch eine individuelle Erfahrung als gesellschaftliche interpretierbar.

Auch lässt sich in solchen Situationen vernünftig betrachten, was für die
Einzelnen möglich ist, wo Grenzen der Einzelnen und Grenzen der gesellschaftlichen und politischen Verhältnisse zu verorten sind. Die in der Studie
aufgeführten Glaubenssätze der Menschen über ihre Lage und Glaubenssätze aus der politischen Öffentlichkeit („Sachzwänge") würden in dieser Art der
politischen Bildung eine wichtige Rolle spielen. Dass bei armen Menschen das
Interesse an derartigen Vorhaben da ist, lässt sich zum Beispiel aus der Frage
einiger Interviewpartnerinnen herauslesen, ob solche Gespräche, wie sie die
Interviewrunden darstellten, nicht in regelmäßiger Form stattfinden könnten.

Arme als politische Bürger/innen

Von diesem Hinweis auf politische Bildung wird schon die zweite Ebene der
Stadtteildiakonie berührt, der Blick auf den Stadtteil als Gemeinwesen. Ein
Ausgangspunkt der Studie ist es ja, Menschen aus einem Stadtteil zu befragen,
der als geografischer und sozialer Raum beschrieben werden kann, in dem im
Unterschied zum Hamburger Durchschnitt der Anteil von erwerbslosen Menschen, Menschen mit Ansprüchen auf grundsichernde Sozialleistungen, gering
verdienenden Menschen, Menschen mit formal niedriger Bildung oder ohne
Schulabschluss höher ist. Stadtteildiakonie als Kirche mit anderen verfolgt angesichts dieser Situation konzeptionell zweierlei. Sie hört den Armen und den
anderen Menschen im Stadtteil zu, sie bietet ganz praktisch Raum zur Formu-
lierung von Problemsichten, Interessen und Veränderungswünschen.

Stadtteildiakonie bindet die Gemeinde ein in existierende soziale Netzwerke des Stadtteils, von der Stadtteilkonferenz bis zu Entwicklungspartnerschaf-
ten. Hier könnte sie – nimmt man die Bürgerinnen und Bürger als Subjekte
ernst – sicher in noch stärkerem Maße demokratisierend wirken – demokra-

tisierend verstanden als Möglichkeit, Bedürfnisse von unten zu formulieren. Denn die bisherige Praxis von Initiativen zur Verbesserung der Lebenssituation ist stark von der Logik von Förderprogrammen geprägt. Diese Logik ist gut handhabbar von professionell qualifizierten und kompetenten Akteuren. Die vorgesehenen Nutzerinnen und Nutzer der Programme haben keine aktive Rolle, sondern sollen in der Regel aktiviert werden. Selbst wenn zu den Standards der Programme Begriffe wie Empowerment gehören, liegt die Macht der Definition über Ziel und Verfahren doch eher bei Behörden, Trägern und anderen artikulationsstarken Akteuren.

Auch die institutionalisierten Beteiligungsstrukturen sollten genauer betrachtet werden. Stadtteildiakonie als Praxis von Kirchengemeinden in der Region könnte hier stärker Prozesse anregen, in denen gerade arme Bürgerinnen und Bürger zur Sprache kommen. Die Studie interpretiert die Praxis ehrenamtlichen Engagements als Möglichkeit der Eingebundenheit in Netzwerke der Anerkennung und des Bewusstsein, eine Rolle zu spielen. Hier wäre eine Erweiterung des Bedürfnisses, eine Rolle zu spielen und bedeutsam zu sein, über ehrenamtliche Arbeit im sozialen Bereich hinaus denkbar und sinnvoll in Richtung aktiver politischer Bürger/innen. Die Einmischung in die Gestaltung der Verhältnisse vor Ort kann Glaubenssätze der Ohnmacht revidieren helfen. Voraussetzung dafür ist jedoch die Erfahrung von Macht statt die Erfahrung bloßen Angehört-Werdens und Mit-Redens. Eine solche Erweiterung demokratischer Teilhabe böte auch die Chance, dass Menschen sich zu Wort melden, die aufgrund ihres rechtlichen Status aus öffentlichen Willensbildungsprozessen ausgeschlossen sind.

ARMUT AN PERSPEKTIVEN DER POLITIK

Die dritte Handlungsebene von Stadtteildiakonie kann durchaus als passende Antwort auf die Verhältnisse gesehen werden, die in der Studie mit dem Begriff der „Perspektivenarmut" beschrieben wird. Nimmt man an diesem Begriff eine Korrektur in dem Sinne vor, dass er nicht als individualisierendes Plädoyer für „positiv thinking" im Sinne der einer Selbstsuggestion missverstanden werden kann, dann fragt er doch letztlich danach, welche Lebenswege, Bildungs- und Erwerbsbiografien, welche soziale Positionen denn gesellschaftlich offen stehen und sozial- und arbeitsmarktpolitisch offen gehalten werden.

Die Studie lädt mit ihrem Blick auf die subjektiven Sichtweisen, vor allem aber mit den Interpretationen dieser Sichtweisen, dazu ein, Perspektivenarmut und pessimistische Glaubenssätze als individuelle Unzulänglichkeiten misszuverstehen. Gerade weil die Studie den Blickwinkel der Befragten ins Zentrum rücken will, hieße das, ihre Sichtweise zu verstehen und für Menschen, die nicht in dieser Situation sind, nachvollziehbar zu machen. Etliche interpretierende Formulierungen und die These von der Ununterscheidbarkeit von Ursache und Wirkungen der Armut [10] legen es jedoch nahe, das eigene Verhalten als Grund der eigenen sozialen Situation zu sehen. Die skeptische Einschätzung der eigenen Lage bei vielen zur Sprache kommenden Menschen kann demgegenüber aber auch als schlicht realistisch interpretiert werden. An drei Beispielen soll das angedeutet werden:

Erstens: Warum sollten denn Ein-Euro-Jobber/innen ihr Arbeitslosengeld II als Lohn oder Teil ihrer Entlohnung verstehen? [11] Das Arbeitslosengeld II ist eine Fürsorgeleistung angesichts einer wirtschaftlichen Notlage. Und die Mehraufwandsentschädigung, die Ein-Euro-Jobber/innen gezahlt wird, ist per Definition ebenfalls kein Lohn, sondern soll den erhöhten Aufwand an Kleidung, Ernährung und Fahrtkosten decken, der mit der Ausübung der Arbeitsgelegenheit verbunden ist. Weder Arbeitslosengeld noch Mehraufwandsentschädigung sind rechtlich und faktisch ein Lohn. Doch es ist ein derzeit politisch mächtiger Wille, die Ausübung eines Ein-Euro-Jobs als einen Lohn oder Gegenleistung für das Arbeitslosengeld II verstanden wissen zu lassen.

Zweitens: Die Frage „Wer ist Subjekt dieser Ausgrenzung" und der Hinweis auf die stabilisierende Wirkung der sozialen Umgebung am Beispiel der Frauen, die über ihre Chancen am Arbeitsmarkt sprechen können als Parteinahme für bestimmte Glaubenssätze, für individuelle Ausstiegsperspektiven gelesen werden: „... aber wenn man sich bemüht, kriegt man schon Arbeit". [12]

Drittens: Bei der Darstellung der Reaktionen auf die Wunderfrage ist ein Unterton der Enttäuschung hörbar, dass die Befragten sich zu wenig als Gestaltende ihrer Verhältnisse begreifen. Demgegenüber ließe sich sagen, dass in den Antworten auf die Wunderfrage Belege dafür zu finden sind, von welchen Problemen sich die Menschen am stärksten bedrängt fühlen und dass sich die Befragten gerade nicht von den vorherrschenden Werten der Gesellschaft abgekoppelt haben. [13]

---

[10] Vgl. Kapitel 2.6.
[11] Vgl. Kapitel 2.2.
[12] Vgl. Kapitel 2.1.
[13] Vgl. Kapitel 2.7.

Die Feststellung des Gefangen-Seins in der eigenen prekären Lage und
der Appell an die individuellen Chancen müsste konsequenterweise die Frage stellen, welche Handlungsoptionen denn gesellschaftlich und politisch geöffnet werden, will man nicht bei Diskussionen über individuelle Schuld und
Versagen landen. Die vernünftige Antwort des Konzepts Stadtteildiakonie an
dieser Stelle ist die Forderung nach sozialpolitischer Einmischung von Kirche und Diakonie. Die Frage ist, mit welchen Forderungen an die Politik dies
geschehen soll.

Bezogen auf Armutsbekämpfung sind die wichtigen Forderungen solche,
die sich auf die materielle Lebenssituation beziehen und die Handlungsspielräume erweitern. Ein höheres Einkommen, auch als Transfereinkommen, bietet ein höheres Maß an Beteiligung am gesellschaftlichen Leben als die jetzt
unzulänglich niedrigen Regelsätze bei Sozialhilfe und Arbeitslosengeld II. In
einer Gesellschaft, in der die Ausstattung mit Geld den Zugang zur Befriedigung fast aller Bedürfnisse regelt, ist es politisch fatal, gerade Armen gegenüber zu predigen, dass Geld nicht das vorrangige Problem für sie sei oder
das Geld als „Abfindung" für den niedrigen sozialen Status mit geringen Auf-
stiegschancen zu interpretieren. In sehr vielen in der Studie lesbaren Äußerungen der Interviewten werden Einschränkungen und Wünsche angesprochen,
bei denen mehr Geld als Verbesserung schon genügen würde. Die Forderung
nach einer Erhöhung der Regelsätze wird schon lange mit guten Argumenten
erhoben. Da gerade von Kirche und Diakonie immer darauf hingewiesen wurde, dass wir in einer reichen Gesellschaft leben, liegt die Forderung nach einer
Verteilungspolitik nahe, die solche bedarfsdeckenden Grundsicherungen auch
finanzieren lässt. Die Umverteilung von Reichtum steht nach wie vor als politische Aufgabe an, auch wenn politische Konzepte der gerechten Teilhabe sich
im Grunde von Verteilungsfragen verabschieden. Das Verhältnis von privatem
und öffentlichem Wohlstand kann beispielsweise durch eine andere Steuer-
politik neu justiert werden, die den privaten Reichtum in die Verantwortung
nimmt.

Der Hinweis auf den Zustand öffentlicher Kassen soll durchaus so gelesen werden, dass die Wahrnehmung von kulturellen Angeboten, Bildungs- und
Verkehrsangeboten politisch gesteuert werden kann. Werden diese als öffentliche Güter verstanden und nicht marktmäßig organisiert zur Verfügung gestellt,
können sie auch den Menschen in armen Verhältnissen Freiheitsspielräume eröffnen, etwa durch Sozialrabatte oder als Gratisleistungen für alle. Der Hin-

weis auf die Menge und Verteilung öffentlicher Mittel und Güter kann auch für die Konflikte um die Geografie sozialer Ungleichheit in einer Großstadt wie Hamburg wichtig werden, da soziale Disparitäten nicht endogene Probleme der Stadtteile mit großer Armutsbevölkerung sind.

Neben der Frage nach der Höhe einer Grundsicherung stellt sich auch die Frage nach den Bedingungen, unter denen sie gewährt wird. Die aktuell wirksame Maxime des „Förderns und Forderns" ist nicht geeignet, Menschen zu stärken. Sie trägt eher zur sozialen Verunsicherung bei, untergräbt Rechtsansprüche und macht abhängig vom Fallmanagement der Behörden. An die Gewährung dieser grundsichernden Leistungen sollten keine Bedingungen geknüpft sein, wie Nachweise der Arbeitsbereitschaft oder Ähnliches, da diese Bedingungen letztlich Schuldzuschreibungen fördern. Gerade, weil die Ausstattung mit Rechten als Bürgerin und Bürger in einer modernen Gesellschaft wesentliches Moment der Zugehörigkeit ist, muss die rechtliche und soziale Stärkung von Menschen erfolgen. Dabei geht es nicht nur um Stärke gegenüber den Anforderungen flexibilisierter, unsteter Beschäftigungsverhältnisse. Sondern es geht auch darum, dass beispielsweise eingewanderte Menschen die mit dem Bürgerstatus verbundenen Rechte auch bekommen.

Um die Option zu haben, aus armen Verhältnissen heraus zu kommen, braucht es anderes als geringfügige Beschäftigung, Ein-Euro-Arbeitsgelegenheiten und Verweis auf Niedriglohnbeschäftigung. Denn diese bedeuten gerade keine sicheren Leitern des beruflichen und wirtschaftlichen Aufstiegs. Damit ist danach gefragt, was Politik auf dem Feld der Erwerbsarbeit leisten kann. Vergessen werden sollte jedoch auch nicht die Erfahrung, dass es immer Menschen gibt, die aufgrund ihrer besonderen sozialen und persönlichen Situation nicht in das Erwerbsarbeitssystem integriert werden können und von daher ganz andere Rechte und Unterstützungen brauchen.

Eine Erweiterung der Perspektiven der Politik ergibt sich aus der Erfahrung, dass der Markt nicht in der Lage ist, die Nachfrage nach Erwerbsarbeit in dem Umfang zu befriedigen, wie sie vorhanden ist. Selbst in konjunkturellen Aufschwüngen bleiben bestimmte Gruppen von Arbeitslosen ohne Chancen. Und auch neu entstandene Arbeitsplätze bieten nicht immer die Sicherheiten und Einkommen, die man braucht, um seinen Lebensunterhalt gut bestreiten zu können. Die Teilhabe an Erwerbsarbeit ist so zwar erreicht, jedoch nicht das Verlassen der Armutssituation.

Die Forderungen, die im Feld der Arbeitsmarktpolitik hier nahe liegen, sind mindestens vier. Erstens: Mit öffentlichen Mitteln sozialversicherungspflichtige Arbeitsplätze finanzieren in Bereichen, in denen ein gesellschaftlicher Bedarf an Arbeit besteht, der bisher nicht befriedigt wird oder für dessen Befriedigung die Mittel knapp gehalten werden. Zweitens: mit öffentlichen Mitteln sozialversicherungspflichtige Arbeitsplätze subventionieren für Menschen, die der Bestenauswahl des Arbeitsmarktes zum Opfer fallen. Drittens: Mindestlöhne und Mindestbedingungen für Arbeitsplätze festlegen, um Armut trotz Arbeit zu überwinden. Viertens: Ausbildungsmöglichkeiten für junge Menschen ausweiten und Weiterbildungsmöglichkeiten für Erwachsene fördern.

Sowohl das Interview mit den Ein-Euro-Jobbern als auch die Interviews mit den jungen Männern und den jungen Frauen (vgl. 2.2 und 2.4) machen deutlich, dass bei aller grundsätzlich vorhandenen Ambivalenz gegenüber lohnabhängiger Erwerbsarbeit Ansprüche an Arbeit gestellt werden, die mit dem „Einkommen", dem „Sinn", der Anerkennung in der Arbeit zu tun haben. Die Forderung nach einer arbeitsplatzschaffenden und qualifizierenden Arbeitsmarktpolitik sollte nicht so verstanden werden, als könne sie die Arbeitsplatzlücke „vollbeschäftigt" schließen, die durch betriebswirtschaftliche unternehmerische Entscheidungen immer wieder aufgerissen wird. Es geht hier um nicht mehr und nicht weniger als einen staatlich-öffentlichen Beitrag zur Erhöhung von Erwerbsmöglichkeiten. Da ein Ende der Massenarbeitslosigkeit angesichts vorherrschender ökonomischer Prinzipien nicht denkbar ist, erscheint die auskömmliche, materielle Grundsicherung schlicht vernünftig. Politisch vernünftig wären auch Perspektiven, die Umverteilung der Erwerbsarbeit und die Verteilung der Sorgearbeiten zwischen den Geschlechtern in den Blick zu nehmen. Die Frage der Erweiterung der Perspektiven stellt sich selbstverständlich auch der Bildungspolitik. Soll der Zusammenhang von sozialem Status und Bildungschancen bearbeitet werden, kommt man an der Forderung nach einer Bildungspraxis – von klein auf –, die soziale Selektion vermeidet, nicht vorbei.

Die hier angesprochenen Punkte stehen beispielhaft und grundlegend für die Bearbeitung von Perspektivenarmut im politischen Raum. Kirche und Diakonie sind in der Praxis der Stadtteildiakonie von Gemeinden und Kirchenkreisen und in anderen Praxisformen (als Freie Träger, als Wohlfahrtsverband ...) als gesellschaftliche Akteurinnen gefragt, diese politische Perspektivenarmut zu problematisieren. Wer den Anspruch hat zu zeigen, wie Armut funktioniert, muss die gesellschaftlichen und politischen Prozesse betrachten, die Armutssituationen herbeiführen.

4.8 „Sie haben Ihr Ziel erreicht!" Politische Schlussfolgerungen

Gerhard Wegner / Harry W. Jablonowski

Die Wilhelmsburger Armutsstudie wirft ein Schlaglicht auf die Lage von armen Menschen im Hamburger Süden. Es ist eine Momentaufnahme – schon beim Erscheinen dieses Buches kann sich vieles verändert haben. Die wirtschaftliche und soziale Dynamik am Rande des Hamburger Hafens als eines Drehpunkts der Globalisierung ist hoch – und zwar zur Zeit in einer durchaus positiven Richtung: Es entstehen hier Arbeitsplätze auch für diejenigen, die in der Studie befragt worden sind. Vielleicht ist es einigen ja bereits gelungen, einen halbwegs ordentlichen Job zu bekommen. Hilfen durch die Arbeitsagenturen – zum Beispiel neue Profiling-Verfahren – stehen durchaus zur Verfügung. Nur in Pessimismus zu verharren, wäre kaum berechtigt.

Auch wenn dem so ist, bleibt dennoch nach der Lektüre der Studie das Gefühl zurück, dass es von sich aus nur wenige der Befragten schaffen werden, sich aus der Armut zu befreien und im Kampf um einen Job erfolgreich zu sein. Denn es ist ja banal: Verfügten sie über die Fähigkeiten, sich auf den Arbeitsmärkten zu behaupten, wären sie nicht arm. Dann lebten sie möglicherweise auch nicht auf dem „Kiez" – am Reiherstieg oder in Kirchdorf-Süd, jenen Gegenden, die im Sinne der Studie die alles durchziehende Ambivalenz von Gefangenschaft und Geborgenheit kultivieren: Hier sammelt sich die „Gemeinschaft der Betroffenen". Hier richtet man sich gezwungenermaßen in seinem Leiden ein und verbietet sich die Träume, die doch fast alle anderen in der reichen und Hansestadt Hamburg träumen. Da heraus zu kommen, das wäre wie gegen eine Rolltreppe aufwärts anzulaufen, die doch nur abwärts rollt. Das kostet Kraft – woher soll sie kommen?

Was es braucht in dieser Situation, ist mithin Unterstützung – Hilfe von anderen. Wie sie aussehen müsste, wird in der Studie mehrfach deutlich: Sie müsste vor allem zupackend sein, die Routinen der Armen aufbrechend, ihnen Erfolgserlebnisse verschaffend auf dem Weg, ihre eigenen Möglichkeiten wieder zu entdecken und zu nutzen. Das müsste individuell ansetzen – für jeden und jede ein eigenes „Navigationssystem", um den Weg aus der Armut auch zu finden. Bis dann zum Schluss kommt: „Sie haben Ihr Ziel erreicht!" Und es müsste im Umfeld ansetzen: den Kiez so gestalten, dass die ja durchaus vorhandenen Ressourcen an gegenseitiger Bestätigung und Hilfe eben nicht alle Betroffenen immer wieder runterziehen.

Wer könnte diese passgenaue und zielorientierte Unterstützung leisten? Wahrscheinlich ist es für einige Leserinnen und Leser dieser Studie überraschend, wenn man darauf hinweist, dass es das erklärte Ziel der Hartz IV-Gesetzgebung (SGB II) ist, genau dieses zu leisten – und zwar im deutlichen Unterschied zu der Art von Hilfe, die es bisher gab. Um den Unterschied etwas holzschnittartig zuzuspitzen: Endlich geht die sozialstaatliche Hilfe nicht mehr von irgendwelchen Defiziten aus, die es zu beheben gilt – und für die dann je nach Art des Defizits jeweils jemand anders mittels eines neuen Formblattes zuständig ist, – sondern sie hat ein Ziel, dessen Erreichung sich überprüfen lässt: Es geht darum, Hilfesuchende aus der Fürsorge zu befreien und nicht mehr dauerhaft in der Alimentierung zu versorgen. Die Unterstützung und Beratung nach der neuen Gesetzeslage soll mittels der Erstellung individueller Förderpläne „die Eigenverantwortung von erwerbsfähigen Hilfebedürftigen und Personen, die mit ihnen in einer Bedarfsgemeinschaft leben, stärken und dazu beitragen, dass sie ihren Lebensunterhalt unabhängig von der Grundsicherung aus eigenen Mitteln und Kräften bestreiten können." (§ 1, SGB II) Zu diesem Zweck soll unter anderem die „Erwerbsfähigkeit" der Hilfebedürftigen „erhalten, verbessert oder wiederhergestellt werden", geschlechtsspezifischen Nachteilen entgegengewirkt; familienspezifische Lebensverhältnisse berücksichtigt und behindertenspezifische Nachteile überwunden werden. Im Prinzip ist mit dieser Zielsetzung für die Grundsicherung für Arbeitssuchende eigentlich fast alles beschrieben, was nötig ist, um wirklich effizient Hilfe zu leisten. Das Ziel, woran die Ergebnisse von Hartz IV gemessen werden müssen, ist in der Tat die Schaltung von „Navis" für jeden und jede Einzelne. Man sollte sich klar machen: Hartz IV ist dann gelungen, wenn es für möglichst viele Menschen heißt: „Sie haben ihr Ziel erreicht!" Sollte dies nicht erreicht werden, scheitert das SGB II.

Nun wird man nach den ersten Erfahrungen mit der Praxis des SGB II sagen: Im Prinzip mag das ja alles so sein – in der Wirklichkeit sind diese Grundsätze aber noch nicht angekommen. Die Enttäuschung an dieser Stelle ist groß – und sie schlägt bisweilen in Empörung um, weil ja mittlerweile Millionen von Menschen von der Grundsicherung abhängig sind und sich vielfach gerade nicht individuell betreut und oft schon gar nicht gefördert fühlen. Dann trifft diese Enttäuschung auf die Erfahrung vieler ehemals von der Arbeitslosenhilfe Lebender, die durch das SGB II reale Kürzungen in der finanziellen Leistung und neue Zumutungen erlebt haben, und lässt dann jeden ganz alt aussehen, der überhaupt noch irgendetwas Gutes an Hartz IV entdecken zu können meint. Auch diese Studie belegt deutlich die großen Kommunikationsprobleme, die es offensichtlich nach wie vor an den Schaltern der Arbeitsagenturen oder der Arbeitsgemeinschaften gibt. Um die Ziele des SGB II zu erreichen, wären deutlich mehr und deutlich besser ausgebildete Fallmanager/innen nötig als bisher. Vorgesehen war das ursprünglich auch. Nur so könnte in der Beratung ein möglichst angstfreies Klima hergestellt werden, ohne das keine Beratung der Welt erfolgreich sein kann. Nur so kann im Übrigen auch für die Beratenden die Arbeit auf Dauer handwerklich-fachlich befriedigend sein. Auf der anderen Seite muss man sehen, dass der Geist des Förderns, den das SGB II enthält, sich gegenüber der früheren „Verwaltung" der Arbeitslosigkeit durch eine „Anstalt" noch längst nicht durchgesetzt hat und Jahre, wenn nicht Jahrzehnte brauchen wird, um wirklich alle zu ergreifen. Der erforderliche Mentalitätswechsel weg von der zuteilenden Versorgung und hin zur erfolgsorientierten Befähigung ist für deutsche Beamte nur noch mit einem Quantensprung zu vergleichen!

Aber auch, wenn dem so ist, lässt sich natürlich auch jetzt schon über Verbesserungen in den Leistungen für Arme nachdenken – etwas, das sozialpolitisch wichtiger als die Erhöhung des ALG I für Ältere ist. Uns scheint aus der Studie die Notwendigkeit von weiteren finanziellen Einzelfallhilfen, als es sie bisher (für Erstausstattungen bei Wohnungsbezug oder für Klassenfahrten) gibt, gut belegbar zu sein. Hiermit könnten bedrängende Engpässe besser überwunden werden – und damit gegebenenfalls befähigende Maßnahmen besser abgefedert werden. Zu überlegen wäre, ob solche Einzelfallhilfen insbesondere für Bildungsausgaben gewährt werden.

Darüber hinaus steht natürlich die Frage an, ob der Regelsatz von 347 Euro erhöht werden muss. Hierfür gibt es gute Gründe – sie liegen vor allem in der Intransparenz der bisherigen Berechnungsgrundsätze und dem Stagnieren der Regelsatzhöhe seit mehreren Jahren trotz gestiegener Kosten. Blickt man rein auf die aktuell bedrängende Situation der Betroffenen, so legt sich eine Erhöhung – gegebenenfalls auf die von der Diakonie und anderen Verbänden geforderte Höhe von 420 Euro – nahe. Das einzige, aber durchaus gewichtige, Gegenargument an dieser Stelle weist über den Kontext des SGB II hinaus. Die Grundsicherung nach SGB II sei faktisch – wenn auch nicht intentional – eine Art von Mindestlohn und würde auf diese Weise die Schaffung von Arbeitsplätzen im Niedriglohnsektor behindern. Dem kann man allerdings die Zumutbarkeitsregeln im SGB II entgegenhalten, die sehr viel deutlicher als früher die Annahme jeder Form von Arbeit erzwingen sollen. Insofern ist die Höhe des Regelsatzes im Blick auf die Lohnhöhe nicht mehr so bedeutend. Die alten Diskussionen über die Notwendigkeit eines Lohnabstandes zwischen Grundsicherung und Einkommen auf dem Arbeitsmarkt haben sich eigentlich – wiederum gilt hier: im Prinzip – erübrigt. Faktisch funktioniert die Logik ja mittlerweile anders herum: Die Höhe des Regelsatzes nach SGB II definiert offensichtlich, was unter einem menschwürdigen Einkommen verstanden wird. Deswegen kommt es dann ja auch zu Aufstockungen, wenn der Job zu wenig einbringt. Von daher spricht sogar vieles für eine gründliche Erhöhung, jedenfalls so lange der Niedriglohnsektor in Bezug auf die Entlohnung derartig instabil ist wie zur Zeit. Deswegen spricht insgesamt wenig dagegen, den Regelsatz anzuheben.

An dieser Stelle muss nun der Blick noch weiter über das SGB II hinaus gehen. Grundsicherung, Förderung, Beratung und gegebenenfalls weitere Qualifikation sollen die Voraussetzung dafür schaffen, dass sich die Betroffenen aktiv um eine Arbeitsstelle bemühen können. Das Problem ist jedoch nur zu banal: Wenn es keine freien Stellen für geringer Qualifizierte gibt, müssen alle befähigenden Maßnahmen als sinnlos empfunden werden. Viele der im Projekt Befragten sehen die Situation aber exakt so und werden sich deswegen auch nur ungern für Bildungsmaßnahmen oder anderes erwärmen lassen. Wo also können entsprechende Arbeitsplätze – in diesem Fall exemplarisch in Hamburg-Wilhelmsburg – herkommen? Es liegt auf der Hand, dass sie nicht in hochqualifizierten Facharbeiterstellen bestehen können, wie es sie zum Beispiel auf der Norddeutschen Affinerie oder anderswo gibt. Es müssen Arbeitsplätze sein, die notwendigerweise zunächst einmal im Niedriglohnbereich – wenn man so will: auf dem Kiez – entstehen.

Damit allerdings könnte es gar nicht so schlecht aussehen. Im Kontext der in Wilhelmsburg im Jahr 2013 stattfinden Internationalen Bauausstellung (IBA) entwickelt zum Beispiel der Stadtplaner Prof. Dr. Dieter Läpple den folgenden Plan: „Wir haben in Hamburg sehr gute Modedesigner, aber es wird hier praktisch keine Kleidung produziert. Dabei gibt es Tausende türkische

Frauen oder auch Sintifrauen, die sehr gut nähen können. Wenn wir die Nä-
herinnen sozial absichern könnten, auf einem Kostenniveau, das es ermöglicht, hier zu produzieren, das könnte eine enorme Dynamik entfalten. In Paris,
Mailand oder New York gibt es solche Näherinnen- Manufakturen mit tausen-
den Arbeitsplätzen, die eingebunden sind in kreative Distrikte, wo entworfen,
produziert und vermarktet wird. Hier finanzieren wir die Arbeitslosigkeit. Die
Frauen kommen nicht aus ihren Wohnungen, lernen kein Deutsch. Man könnte sie aber produktiv integrieren. Im nächsten Schritt könnte sich dann auf
der Elbinsel die Vermarktung solcher Kleider ansiedeln. Man könnte das über
Kombilöhne, negative Einkommensteuer, Mikrokredite und ähnliches unterstützen – um Arbeit zu ermöglichen, aus der sich eine unglaubliche Produk-
tivkraft und soziale Phantasie entfalten kann." [14] Das ist doch wenigstens mal
eine Vision! Natürlich kann man auch gegen sie viel einwenden. Aber die Frage, ob die Sicherung von qualifizierter Teilhabe für die Armen gelingt, hängt
an solchen Visionen, Jobs zu schaffen und so den Kiez aufzuwerten. Sie hängt
im Übrigen auch nicht zuletzt an Unternehmern, die sich auf entsprechende
Abenteuer einlassen und ihr Geld nicht nur auf den Finanzmärkten vermeh-
ren wollen. Vielleicht sogar auch an der nicht ganz neuen Gattung der „Social
Entrepreneurs": Unternehmer und Unternehmerinnen, die ihren Spaß an der
Sache gerade aus der Arbeit mit Armen und Schwächeren ziehen – aber nicht,
um ihnen altruistisch zu helfen, sondern um mit ihnen Geld zu verdienen.

Letztendlich hängt nicht nur das Experiment SGB II, sondern die Zukunft
des deutschen Sozialmodells insgesamt daran, ob das Versprechen, Arbeit für
alle bereit zu stellen, eingelöst werden kann. Erst dann könnte zu Recht gesagt
werden: „Sie haben ihr Ziel erreicht!" Allzu lange ist in den letzten zwanzig Jahren dieses Ziel vernachlässigt, ja die Situation durch ganz große Ko-
alitionen der Einigkeit im Herausdrängen der Leistungsschwächeren aus der
Arbeitswelt noch verschärft worden. Es ist paradox, wenn ausgerechnet das
so umstrittene Projekt Hartz IV auf genügend Arbeitsplätze für Geringqualifizierte setzt, während es selbst in diesem Bereich keinen einzigen Arbeitsplatz
schaffen kann. Sollte Hartz IV aber scheitern, dann stellen sich ganz andere
Fragen, die wahrscheinlich in Richtung eines bindungslosen Grundeinkom-
mens beantwortet werden müssten. Das allerdings würde das gesamte Gefüge
der befähigenden und fürsorgenden Institutionen in Deutschland kräftig durch-
schütteln – aus unserer Sicht ohne jede Garantie, dass es besser werden könnte.

---

14 IBA Blick 03 (2007), 3.

Bis auf weiteres bleibt es dabei, dass volle Teilhabe verbunden ist mit dem Verfügen über einen bezahlten Arbeitsplatz und damit über die Möglichkeit, für sich selbst sorgen zu können. Abhängig zu sein von fürsorgenden Institutionen, verstößt gegen die Menschenwürde. Um diese Abhängigkeit nachhaltig zu verringern, braucht es die individuellen „Navis" – was ja faktisch Menschen sind, die sich fachlich geschult aber auch sensibel auf die Betroffenen einlassen. Davon hängt alles ab.

LITERATUR

Ahrendt, Hannah, Vita activa oder Vom tätigen Leben, Stuttgart (1960).
Albert, Jürgen, Christentum und Handlungsform bei Johann Hinrich Wichern (1808-1881). Studien zum sozialen Protestantismus, Heidelberg (1997).
Allmendinger, Jutta / Leibfried, Stephan, Bildungsarmut, in: Aus Politik und Zeitgeschichte, Bd. 21-22 (2003), 12-18.
Ames, Anne, „Ich hab's mir nicht ausgesucht . . .„ Die Erfahrungen der Betroffenen mit der Umsetzung und den Auswirkungen des SGB II. Eine Studie im Auftrag des Zentrums Gesellschaftliche Verantwortung der Evangelischen Kirche in Hessen und Nassau, Mainz (2007).
Andreß, Hans-Jürgen / Krüger, Anne, Ausstiege aus dem unteren Einkommensbereich. Institutionelle Hilfsangebote, individuelle Aktivitäten und soziale Netzwerke, Berlin (2006).
Andreß, Hans-Jürgen, Zur Entwicklung von Lebensstandard und Deprivation in Deutschland von 1996-2003, in: DIW (2006), 131-151.
Arndt, Christian / Volkert, Jürgen, Amartya Sens Capability-Approach. Ein neues Konzept der deutschen Armuts- und Reichtumsberichterstattung, in: DIW (2006), 7-29.
Bedford-Strohm, Heinrich, Vorrang für die Armen. Auf dem Weg zu einer theologischen Theorie der Gerechtigkeit, Gütersloh (1993).
Berger, Johannes, Über den Ursprung der Ungleichheit unter den Menschen. Zur Vergangenheit und Gegenwart einer soziologischen Schlüsselfrage, in: ZfS 33 (2004), 354-373.
Bergknecht, Gerald, Zwischen Restauration und Neuanfang, Diplomarbeit an der Ev. Fachhochschule des Rauhen Hauses, Hamburg (1995).
Böhnke, Petra, Am Rande der Gesellschaft. Risiken sozialer Ausgrenzung, Opladen (2006).
Böttcher, Wolfgang, Soziale Auslese und Bildungsreform, in: Aus Politik und Zeitgeschichte, Heft 12 (2005), 7-13.
Bourdieu, Pierre, Die feinen Unterschiede. Kritik der gesellschaftlichen Urteilskraft, Frankfurt a.M. (1982).

Bourdieu, Pierre et. al., Das Elend der Welt. Zeugnisse und Diagnosen alltäglichen Leidens an der Gesellschaft, Konstanz (1997), frz. Paris (1993).

Brandt, Martina, Soziale Kontakte als Weg aus der Erwerbslosigkeit, in: KZfSS 58 (2006), 468-488.

Bremer, Helmut / Lange-Vester, Andrea (Hg.), Soziale Milieus und Wandel der Sozialstruktur. Die gesellschaftlichen Herausforderungen und die Strategien der sozialen Gruppen, Wiesbaden (2006).

Bude, Heinz / Willisch, Andreas (Hg.), Das Problem der Exklusion. Ausgegrenzte, Entbehrliche, Überflüssige, Hamburg (2006).

Bundesministerium für Bildung und Forschung, Bausteine zur nachhaltigen Gestaltung einer individualisierten beruflichen Integrationsförderung junger Menschen. Ergebnisse der Entwicklungsplattform 3 „Individuelle Förderung", Bd. IIc der Schriftenreihe zum Programm „Kompetenzen fördern – berufliche Qualifizierung für Zielgruppen mit besonderem Förderbedarf (BQF-Programm)", Bonn / Berlin (2006). Verfügbar unter: http://www.bmbf.de/pub/band_IIc_bqf_programm.pdf, Zugriff am 04.10.2007.

Burzan, Nicole / Lökenhoff, Brigitta / Schimank, Uwe / Schöneck, Nadine, Inklusionsprofile. Eine differenzierungstheoretische Sozialstrukturanalyse Deutschlands, Fernstudienkurs 03620, FernUniversität Hagen (2005).

Burzan, Nicole, Soziale Ungleichheit, Wiesbaden (2004).

Deutsche Bundesregierung, Lebenslagen in Deutschland. Der erste Armuts- und Reichtumsbericht der Bundesregierung, Berlin (2001)

Deutsche Bundesregierung, Lebenslagen in Deutschland. Der zweite Armuts- und Reichtumsbericht der Bundesregierung, Berlin (2005).

Deutscher Gewerkschaftsbund, Prekäre Beschäftigung – Herausforderung für die Gewerkschaften. Anregungen und Vorschläge für die gewerkschaftliche Diskussion, Informationen zur Sozial- und Arbeitsmarktpolitik (2007).

DIW, Armut und Reichtum. Vierteljahreshefte zur Wirtschaftsforschung, Berlin (2006).

Dörre, Klaus, Prekäre Arbeit. Unsichere Beschäftigungsverhältnisse und ihre sozialen Folgen, in: Arbeit 15 (2006), 181-193.

Eiffe, Franz F. / Heitzmann, Karin, Armut im Kontext reicher Staaten. Zur wissenschaftlichen Operationalisierung eines normativen Begriffs, in: DIW (2006), 43-57.

Freie und Hansestadt Hamburg, Behörde für Arbeit, Gesundheit und Soziales, Amt für Gesundheit (Hg.), Stadtdiagnose 2, Zweiter Gesundheitsbericht für Hamburg, Hamburg (2001).

Friedrich, Ellen, Alltagsrealitäten und Bewältigungsstrategien marginalisierter Jugendlicher. Eine qualitative Studie zu den Orientierungen und Perspektiven junger Menschen in einer Großwohnsiedlung, Berlin (2003).

Gaschke, Susanne, Arm ist nicht gleich arm. Ein Gespräch mit der Familienforscherin Uta Meier-Gräwe, in: DIE ZEIT vom 22.02.2007, 5.

Glaser, Barney G. / Strauss, Anselm L., Grounded Theory. Strategien qualitativer Sozialforschung, Bern (1998).

Grosse, Heinrich, „Wenn wir die Armen unser Herz finden lassen ...„. Kirchengemeinden aktiv gegen Armut und Ausgrenzung. Ergebnisse einer empirischen Untersuchung des Sozialwissenschaftlichen Instituts (SI) der Evangelischen Kirche in Deutschland, epd-Dokumentation 34 (2007).

Hans-Böckler-Stiftung, Service der Hans-Böckler-Stiftung vom 14.06.2007. Verfügbar unter: http://www.boeckler.de/cps/rde/xchg/hbs/hs.xsl/547.html, Zugriff am 24.10.2006.

Häußermann, Hartmut, Die Krise der „sozialen Stadt". Warum der sozialräumliche Wandel der Städte eine eigenständige Ursache für Ausgrenzung ist, in: Bude, Heinz / Willisch, Andreas (Hg.), Das Problem der Exklusion. Ausgegrenzte, Entbehrliche, Überflüssige, Hamburg (2006), 294-313.

Häußermann, Hartmut / Kronauer, Martin / Siebel, Walter, An den Rändern der Städte. Armut und Ausgrenzung, Frankfurt a.M. (^{2}2004).

Hagen, Christine / Kurth, Bärbel-Maria, Gesundheit von Kindern alleinerziehender Mütter, in: Aus Politik und Zeitgeschichte 42 (2007), 25-31.

Hauser, Richard, Gut gemeint und doch zu wenig, in: Berliner Republik, Heft 2 (2005), 32-38.

Holz, Gerda / Puhlmann, Andreas, Alles schon entschieden? Wege und Lebenssituationen armer und nicht-armer Kinder zwischen Kindergarten und weiterführender Schule. Zwischenbericht einer AWO-ISS Längsschnittstudie, ISS Eigenverlag, Frankfurt a.M. (2005).

Hradil, Stefan, Soziale Ungleichheit in Deutschland, Opladen (^{7}1999).

Huster, Ernst-Ulrich, Bekämpfung von Armut als Herausforderung an diakonisches Handeln, in: Ruddat, Günter / Schäfer, Gerhard K. (Hg.), Diakonisches Kompendium, Göttingen (2005), 485-498.

IBA Hamburg GmbH (Hg.), IBA Blick. Magazin der Internationalen Bauausstellung Hamburg, Ausgaben 01 und 03 (2007). Verfügbar unter: http://www.iba-hamburg.de/2007/seiteninhalte/mediathek/mediathek_magazin.php, Zugriff am 26.10.2007.

Ihmig, Harald, Wertschätzung in der Marktgesellschaft, in: Benedict, Hans-Jürgen (Hg.), Wenn die Posaune einen undeutlichen Ton gibt, Hamburg (1995), 10-49.

Kirchenamt der EKD (Hg.), Gerechte Teilhabe. Befähigung zu Eigenverantwortung und Solidarität. Eine Denkschrift des Rates der EKD zur Armut in Deutschland. Mit einer Kundgebung der Synode der EKD, Gütersloh (2007).

Kirchenamt der EKD (Hg.), Wem viel gegeben worden ist, bei dem wird man auch viel suchen. Ein Beitrag des Vorbereitungsausschusses für die Arbeit der Synode der EKD am Thema „Armut und Reichtum", in: Lesebuch zur Vorbereitung, 5. Tagung der 10. Synode der EKD: Gerechtigkeit erhöht ein Volk – Armut und Reichtum, Hannover (2006), 9-19.

Klagge, Britta, Armut in westdeutschen Städten. Strukturen und Trends aus stadtteilorientierter Perspektive. Eine vergleichende Langzeitstudie der Städte Düsseldorf, Essen, Frankfurt, Hannover und Stuttgart, Stuttgart (2005).

Klinger, Nadja / König, Jens, Einfach abgehängt. Ein wahrer Bericht über die neue Armut in Deutschland, Berlin (2006).

Krause, Peter / Ritz, Daniel, EU-Indikatoren zu sozialen Inklusion in Deutschland, in: DIW (2006), 152-173.

Kreckel, Reinhard, Politische Soziologie der sozialen Ungleichheit, Frankfurt a.M. / New York (1997).

Lessenich, Stephan, Der Arme in der Aktivgesellschaft. Zum sozialen Sinn des „Förderns und Forderns", in: WSI Mitteilungen, Heft 4 (2003), 214-220.

Leßmann, Ortrud, Lebenslagen und Verwirklichungschancen (capability). Verschiedene Wurzeln, ähnliche Konzepte, in: DIW (2006), 30-42.

Loos, Peter / Schäffer, Burkhard, Das Gruppendiskussionsverfahren. Theoretische Grundlagen und empirische Anwendung, Opladen (2001).

Meier, Uta / Preuße, Heide / Sunnus, Eva Maria, Steckbriefe von Armut. Haushalte in prekären Lebenslagen, Wiesbaden (2003).

Müller, Hans-Peter / Schmid, Michael (Hg.), Hauptwerke der Ungleichheitsforschung, Wiesbaden (2003).

Nationale Armutskonferenz für die Bundesrepublik Deutschland, Partizipation. Beteiligung von Menschen mit Armutserfahrungen, Sozialpolitische Bilanz (2007). Verfügbar unter: http://www.nationale-armutskonferenz. de/publications/SopoBi-H2007-Script.pdf, Zugriff am 20.10.2007.

Neckel, Sighard, Kampf um Zugehörigkeit. Die Macht der Klassifikation, in: Leviathan 31 (2003), 159-167.

Nolte, Paul, Das große Fressen, ZEIT vom 17.12.2003. Verfügbar unter: http: //www.zeit.de/2003/52/Essay_Nolte, Zugriff am 15.10.2007.

Nullmeier, Frank, Eigenverantwortung, Gerechtigkeit und Solidarität. Konkurrierende Prinzipien der Konstruktion moderner Wohlfahrtsstaaten? In: WSI-Mitteilungen, Heft 4 (2006), 175-180.

Palentin, Christian, Aufwachsen in Armut – Aufwachsen in Bildungsarmut. Über den Zusammenhang von Armut und Schulerfolg, in: Zeitschrift für Pädagogik, 51 (2005), 154-169.

Peters-Leimbach, Corinna, Predigt vom 26.06.2001 im Gottesdienst in der Ev.-luth. Kirche St. Raphael in Wilhelmsburg, unveröffentlichtes Manuskript (2001).

Rawls, John, Gerechtigkeit als Fairness. Ein Neuentwurf, Frankfurt a.M. (2003).

Richter, Matthias / Hurrelmann, Klaus, Warum die gesellschaftlichen Verhältnisse krank machen, in: Aus Politik und Zeitgeschichte 42 (2007), 3-10.

Rinderspacher, Jürgen P., Perspektiven lernen. Regionale Bündnisse für Bildung im Kampf gegen Armut und Ausgrenzung, in: Zeeb, Matthias, Beteiligungsgerechtigkeit. Bildung, Arbeit, Niedriglohn, Berlin (2006), 79-120.

Salentin, Kurt, „Kultur der Armut" oder nur Niedrigeinkommen? – Armut und die Bewältigung finanzieller Probleme, in: Soziale Probleme 11(2000), 116-139.

Schlippe, Arist von / Schweitzer, Jochen, Lehrbuch der systemischen Therapie und Beratung, Göttingen (1997).

Schultheis, Franz / Schulz, Kristina (Hg.), Gesellschaft mit begrenzter Haftung. Zumutungen und Leiden im deutschen Alltag, Konstanz (2005).

Schulze, Gerhard, Die Erlebnisgesellschaft. Kultursoziologie der Gegenwart, Frankfurt a.M. (1992).

Schulze, Gerhard, Die Sünde. Das schöne Leben und seine Feinde, München (2006).

Sen, Amartya, Ökonomie für den Menschen. Wege zu Gerechtigkeit und Solidarität in der Marktwirtschaft, München / Wien (1999).

Tillich, Paul, Protestantisches Prinzip und Proletarische Situation, in: Ders.,
Der Protestantismus als Kritik und Gestaltung. Schriften zur Theologie I,
GW Band VII, Stuttgart (1962), 84-104.

Volkert et al., Operationalisierung der Armuts- und Reichtumsmessung, Bonn
(2004).

Wegner, Gerhard, Kehren die alten Gespenster zurück? Zum neuen Armutsdiskurs und der Diskussion in der EKD, ZEE 51(2007), 88-116.

Wolff, Joachim / Hohmeyer, Katrin, Förderung von arbeitslosen Personen
im Rechtskreis des SGB II durch Arbeitsgelegenheiten: Bislang wenig zielgruppenorientiert, IBA Forschungsbericht 10 (2006). Verfügbar
unter: http://doku.iab.de/forschungsbericht/2006/fb1006.pdf, Zugriff am
20.10.2007.

Wüllenweber, Walter, Das wahre Elend, *stern* vom 16.12.2004. Verfügbar
unter: http://www.stern.de/politik/deutschland/533666.html, Zugriff am
15.10.2007.

Zander, Margherita, Aufwachsen in Armut. Bewältigungsstrategien und Resi-
lienzförderung, Wiesbaden (2007).

Zukunftskonferenz Wilhelmsburg (Hg.), Wilhelmsburg – Insel im Fluss –
Brücken in die Zukunft. Weissbuch, Hamburg (2002). Verfügbar
unter: http://www.pure-stuff.de/_Forum_Wilhelmsburg/weissbuch/main.
htm, Zugriff am 28.09.2007.

AN DER STUDIE UND IHRER PUBLIKATION WAREN BETEILIGT

Amelingmeyer, Liesel, Dipl. Sozialpädagogin, Hamburg, freiberuflich tätig als Beraterin, Projektentwicklerin und Moderatorin. Kontakt: Liesel. Amelingmeyer@Hamburg.de

Benedict, Hans-Jürgen, Dr. theol., Prof. em. an der Ev. Hochschule für Soziale Arbeit und Diakonie, Hamburg. Kontakt: hjbenedict@rauheshaus.de

Dege-Rüger, Jürgen, Leiter der Koordinierungsstelle Bildungsoffensive Elbinseln, IBA Hamburg GmbH. Kontakt: juergen.dege-rueger@iba-hamburg. de

Halberstadt, Angela, Dipl. Sozialpädagogin, Bundesgeschäftsführerin Kirchlicher Dienst in der Arbeitswelt, Hannover. Kontakt: a.halberstadt@ kda-ekd.de

Jablonowski, Harry W., Dr. rer.pol., Sozialwissenschaftler, tätig im Sozialwissenschaftlichen Institut (SI) der EKD, Hannover. Kontakt: Harry. Jablonowski@si-ekd.de

Riemann, Heike, Sozialsekretärin und Geschäftsführerin im Kirchlichen Dienst in der Arbeitswelt der Nordelbischen Evangelisch-Lutherischen Kirche, Hamburg. Kontakt: HRiemann@kda-nordelbien.de

Schulz, Claudia, Dr. phil., Sozialwissenschaftlerin und Theologin, Bremen, tätig in der empirischen Religions- und Sozialforschung. Kontakt: claudia. schulz@nord-com.net

Seiler-Neufert, Katharina, Dipl. Sozialpädagogin und Diakonin, Leiterin des Diakonischen Werks Hamburg-Harburg. Kontakt: Seiler.KKHarburg@ nordelbien.de

Völker, Wolfgang, Dipl. Pädagoge, Referent für Arbeitslosigkeit und Existenzsicherung, im Diakonischen Werk Hamburg. Kontakt: voelker@ diakonie-hamburg.de

Wegner, Gerhard, Prof. Dr. theol., Pastor, Direktor des Sozialwissenschaftlichen Instituts (SI) der EKD, Hannover. Kontakt: Gerhard.Wegner@ si-ekd.de

Protestantische Impulse für Gesellschaft und Kirche
hrsg. von Gerhard Wegner für das Sozialwissenschaftliche Institut der Evangelischen Kirche in Deutschland

Gerhard Wegner
„Outsourcen Sie nicht Ihre Seele!"
Spiritualität, Wirtschaft und Arbeit
Lange Zeit war der Eindruck vorherrschend, dass sich Spiritualität, christlicher Glaube und die rational organisierte industrielle Arbeit als Leitbild moderner Wirtschaftskultur ausschlossen. In der modernen Organisation fand sich der Mensch als Funktion eingeordnet und in seinen menschlichen Bezügen entsprechend reduziert vor. Moral und Ethik kamen durch das Aushandeln des Gegensatzes von Kapital und Arbeit in diese Welt hinein. Diese Situation hat sich verändert. Moderne Unternehmenskulturen nutzen das Kreativitätspotenzial der Menschen anders als früher. Deswegen können sie im Prinzip auch andere neue Bezüge auf Spiritualität aufweisen. Ihre Nutzung des Menschen bleibt aber ambivalent. Aus diesem Grund empfiehlt der Band am Ende auch Führungskräften in der Wirtschaft, die eigene Seele nicht outzusourcen.
Bd. 1, 2006, 128 S., 14,90 €, br., ISBN 3-8258-9550-5

Matthias Zeeb (Hg.)
Beteiligungsgerechtigkeit
Bildung, Arbeit, Niedriglohn
Alle Bestrebungen, die stets wachsende Arbeitslosigkeit in Deutschland zu verringern, sind vor allem an der Qualifikationsstruktur der längerfristig Arbeitslosen gescheitert. Es gibt viel zu wenige Arbeitsplätze für Geringqualifizierte. Und diese Situation hat sich in den letzten Jahren noch weiter verschärft. Dem soll nun durch Initiativen zur Gestaltung eines umfassenden Niedriglohnsektors abgeholfen werden. In diesem Bereich werden Menschen arbeiten, die trotz eigener Arbeit arm bleiben müssen. Aber sie hätten wenigstens Arbeit und wären so gesellschaftlich beteiligt. Welche Chancen ein solches Konzept hat, wird in dem vorliegenden Band wirtschafts- und sozialpolitisch sowie sozialethisch kontrovers diskutiert und vor allem im Hinblick auf den Zusammenhang von Armut und Bildung konkretisiert.
Bd. 2, 2006, 128 S., 19,90 €, br., ISBN 3-8258-9551-3

LIT Verlag Berlin – Hamburg – London – Münster – Wien – Zürich
Fresnostr. 2 48159 Münster
Tel.: 0251 / 620 32 22 – Fax: 0251 / 922 60 99
e-Mail: vertrieb@lit-verlag.de – http://www.lit-verlag.de

Gerhard Wegner
Wirtschafts-Werte
Wertschöpfung mit Begeisterung?
Im überkommenen Wirtschafts- und Sozialmodell Deutschlands spielte Wirtschaftsethik kaum eine Rolle, denn die Frage der Gestaltung der Wirtschaft wurde durch korporatistische Einigungen zwischen Kapital und Arbeit geregelt. Der Leuchtturm hierfür war das legendäre Programm der Humanisierung der Arbeit. Im freigesetzten Kapitalismus der Gegenwart funktioniert dies so nicht mehr. Nunmehr entsteht ein großer Bedarf, ethische Fragestellungen auf anderen Wegen in die Gestaltung der Wirtschafts- und Arbeitsbeziehungen einzuspeisen. Nicht zuletzt geht es hierbei auch um Fragen der ethischen Orientierung von Managern, Unternehmern und Führungskräften selbst. Der Band schließt mit einer Diskussion der Frage, was Werte denn überhaupt sind.
Bd. 3, 2006, 120 S., 16,90 €, br., ISBN 3-8258-9609-9

LIT Verlag Berlin – Hamburg – London – Münster – Wien – Zürich
Fresnostr. 2 48159 Münster
Tel.: 0251 / 620 32 22 – Fax: 0251 / 922 60 99
e-Mail: vertrieb@lit-verlag.de – http://www.lit-verlag.de

PROTESTANTISCHE IMPULSE FÜR GESELLSCHAFT UND KIRCHE

Wolfgang Vögele

Weltgestaltung und Gewißheit

Alltagsethik und theologische Anthropologie

L<small>IT</small>

Wolfgang Vögele
Weltgestaltung und Gewißheit
Alltagsethik und theologische Anthropologie
„Ratgeber für das tägliche Leben, Lebenshilfe-Breviere, Literatur zum Zeitmanagement erlebt im Moment eine große Konjunktur. Psychologen, Theologen und Philosophen, aber auch Manager und ehemalige Mönche kümmern sich um dieses Themenfeld. Solche alltagsethische Orientierungsliteratur versucht, die gegenwärtige starke Nachfrage zu bedienen und gleichzeitig alte Traditionen aus der Philosophie der Antike, aus der Theologie der Kirchenväter und des Klosterlebens sowie aus der Alltagspsychologie aufzunehmen. Dieses Phänomen bedarf der theologischen Analyse aus Perspektiven der Sozialethik, der praktischen wie der systematischen Theologie. Es ergeben sich Fragen nach dem Verständnis von Alltag, nach einer zeitgemäßen modernen Spiritualität. Im vorliegenden Band werden aktuelle alltagsethische Entwürfe analysiert; in einem zweiten Schritt werden konstruktive theologische Perspektiven entwickelt."
Bd. 4, 2007, 184 S., 14,90 €, br., ISBN 978-3-8258-9865-6

L<small>IT</small> Verlag Berlin – Hamburg – London – Münster – Wien – Zürich
Fresnostr. 2 48159 Münster
Tel.: 0251 / 620 32 22 – Fax: 0251 / 922 60 99
e-Mail: vertrieb@lit-verlag.de – http://www.lit-verlag.de